新世纪高职高专实用规划教材——经管系列

管理学原理与实务
(第3版)

胡建宏　周树立　主　编

清华大学出版社
北　京

内容简介

本书较为系统地介绍了管理学的基本知识和理论，并及时吸纳了现代管理理论的最新研究成果，围绕管理活动的计划、组织、领导、控制、创新五大职能展开叙述。全书共分为12章，分别阐述了管理概论、管理理论历史演进、管理环境与管理道德、决策、计划、组织、人员配备、领导、激励、沟通、控制、创新等内容，特别注重管理理论与实践的紧密结合。

本书在内容组织、结构形式、配套资源上独具特色，力求在讲清楚基础理论知识的同时，通过具有针对性、启发性、趣味性、实用性内容的安排，提高学生的学习兴趣和实践能力。具体表现为每一章先从引例入手，理论部分穿插小案例、小阅读、小资料、即问即答、互动话题；每章后附管理故事、管理定律、知识测试、素质拓展和案例分析，满足教师个性化授课的需要；也为学生提供丰富的学习资源，满足学生自主性、兴趣性学习的需要。

本书可作为高职高专经济管理类各专业的教材，也可供从事管理工作的人员学习参考。

本书封面贴有清华大学出版社防伪标签，无标签者不得销售。
版权所有，侵权必究。举报：010-62782989，beiqinquan@tup.tsinghua.edu.cn。

图书在版编目(CIP)数据

管理学原理与实务/胡建宏，周树立主编. —3版. —北京：清华大学出版社，2020.1(2024.1重印)
新世纪高职高专实用规划教材. 经管系列
ISBN 978-7-302-54828-7

Ⅰ. ①管⋯ Ⅱ. ①胡⋯ ②周⋯ Ⅲ. ①管理学—高等职业教育—教材 Ⅳ. ①C93

中国版本图书馆 CIP 数据核字(2020)第 005287 号

责任编辑：陈冬梅
装帧设计：刘孝琼
责任校对：吴春华
责任印制：杨 艳

出版发行：清华大学出版社
网　　址：https://www.tup.com.cn, https://www.wqxuetang.com
地　　址：北京清华大学学研大厦 A 座
邮　　编：100084
社 总 机：010-83470000
邮　　购：010-62786544
投稿与读者服务：010-62776969, c-service@tup.tsinghua.edu.cn
质量反馈：010-62772015, zhiliang@tup.tsinghua.edu.cn
课件下载：https://www.tup.com.cn, 010-62791865

印 装 者：三河市铭诚印务有限公司
经　　销：全国新华书店
开　　本：185mm×260mm　　印　张：16　　字　数：389 千字
版　　次：2009 年 6 月第 1 版　2020 年 3 月第 3 版　　印　次：2024 年 1 月第 5 次印刷
定　　价：48.00 元

产品编号：084992-01

前　言

习近平总书记在中国共产党第二十次全国代表大会上的报告中明确指出，要办好人民满意的教育，全面贯彻党的教育方针，落实立德树人根本任务，培养德智体美劳全面发展的社会主义建设者和接班人，加快建设高质量教育体系，发展素质教育，促进教育公平。本书在编写过程中力求深刻领会党对高校教育工作的指导意见，认真执行党对高校人才培养的具体要求。

管理学是经济管理类专业的重要基础课程之一，是一门理论性和实践性都很强的课程。笔者在多年的教学中发现，虽然学生们可以记住管理学的理论内容，但在学习、生活和日后工作中却不能灵活运用。其原因很多，有学生自身和教学质量的因素，但也与教材的启发性、趣味性、针对性、实用性还不够深入有很大关系。鉴于此，我们以建设"管理学原理"精品课程为核心，编写了本书，力求在讲清楚基础理论知识的同时，通过具有针对性、启发性、趣味性、实用性内容的安排，提高学生的学习兴趣和实践能力，事实证明，效果很好。本书第1版于2010年12月获江西省第四届普通高校优秀教材评比二等奖，该课程课件获江西省第四届优秀多媒体课件比赛二等奖。

本书较为系统地介绍了管理学的基本知识和理论，并及时吸纳了现代管理理论的最新研究成果，围绕管理活动的五大职能(计划、组织、领导、控制、创新)展开。全书共分12章，分别阐述了管理概论、管理理论历史演进、管理环境与管理道德、决策、计划、组织、人员配备、领导、激励、沟通、控制、创新等内容，同时特别注重管理理论与实践的紧密结合。

当前管理学教材很多，本书尽管在主体内容上无异于已有的经典管理学教材，但在内容组织、结构形式、配套资源上却独具特色。本书每一章先从引例入手，理论部分穿插小案例、小阅读、小资料、即问即答、互动话题；每章后附有管理故事、管理定律、知识测试、素质拓展、案例分析。这些独具特色的内容既能满足教师个性化授课的需要，也为学生提供了丰富的学习资源，满足学生自主性、兴趣性学习的需要。

本书第1版自2009年6月出版以来，深受读者的好评，连续重印了十余次。2013年我们对本书进行了修订，出版了第2版。经过历次重印和使用后，汲取了不少宝贵建议。2019年，我们再次进行修订，根据实际情况与时俱进地进行内容的调整和更新。

本书由胡建宏、周树立、张武根、付伟等编写和修订，具体分工为：胡建宏负责第一、二、三章；周树立负责第四、五、六章；付伟负责第七、八、九章；张武根负责第十、十一、十二章。

本书在编写过程中，参考了国内外几十位专家、学者的著作，在此向这些作者表示由衷的感谢。同时向所有对本书提出过意见、建议的读者致以衷心的感谢。

虽然做了修订，但由于编著人员水平有限，书中错误依然难免，敬请广大读者批评和指正。

编　者

目　　录

第一章　管理概论 ... 1
　第一节　管理的含义与特征 ... 2
　　一、管理的含义 ... 2
　　二、管理的特征 ... 2
　第二节　管理的性质与职能 ... 4
　　一、管理的性质 ... 4
　　二、管理的职能 ... 5
　第三节　管理者的角色和技能 ... 7
　　一、管理者的含义及分类 ... 7
　　二、管理者的角色与技能要求 ... 8
　第四节　管理机制与方法 ... 11
　　一、管理机制 ... 11
　　二、管理方法 ... 12
　管理故事 ... 13
　管理定律 ... 14
　知识测试 ... 14
　素质拓展 ... 15
　案例分析 ... 16

第二章　管理理论的历史演进 ... 17
　第一节　中外早期的管理思想 ... 18
　　一、中国早期的管理思想 ... 18
　　二、外国早期的管理思想 ... 19
　第二节　古典管理理论 ... 20
　　一、科学管理理论 ... 20
　　二、组织管理理论 ... 23
　第三节　行为科学理论 ... 25
　　一、霍桑试验和梅奥的人际关系论 ... 25
　　二、行为科学学派的主要理论 ... 26
　第四节　管理理论丛林 ... 28
　　一、管理过程学派 ... 28
　　二、经验学派 ... 28
　　三、行为科学学派 ... 29
　　四、社会系统学派 ... 29
　　五、决策理论学派 ... 29
　　六、交流中心学派 ... 29
　　七、权变理论学派 ... 30
　　八、管理科学学派 ... 30
　第五节　管理理论新发展 ... 31
　　一、学习型组织 ... 31
　　二、精益思想 ... 31
　　三、业务流程再造 ... 32
　　四、核心能力理论 ... 32
　管理故事 ... 33
　管理定律 ... 34
　知识测试 ... 34
　素质拓展 ... 35
　案例分析 ... 36

第三章　管理环境与管理道德 ... 39
　第一节　管理环境 ... 39
　　一、组织环境的含义 ... 40
　　二、组织外部环境 ... 40
　　三、组织内部环境 ... 42
　　四、管理环境的 SWOT 分析法 ... 43
　第二节　管理道德 ... 45
　　一、道德的含义与功能 ... 45
　　二、管理与道德 ... 46
　　三、三种道德观 ... 46
　　四、影响管理者道德素质的因素 ... 47
　　五、提升员工道德修养的途径 ... 49
　第三节　社会责任 ... 50
　　一、社会责任的概念 ... 50
　　二、社会责任的两种观念 ... 51
　管理故事 ... 51
　管理定律 ... 52

知识测试 52
　　素质拓展 53
　　案例分析 53

第四章　决策 55

第一节　决策的含义和类型 55
　　一、决策的含义与特征 55
　　二、决策的类型 57
第二节　决策的程序和标准选择 59
　　一、决策的程序 59
　　二、决策的标准选择 60
　　三、决策的影响因素 61
第三节　决策的基本方法 62
　　一、定性决策方法 62
　　二、定量决策方法 65
　　管理故事 70
　　管理定律 70
　　知识测试 70
　　素质拓展 71
　　案例分析 72

第五章　计划 73

第一节　计划概述 73
　　一、计划的含义 73
　　二、计划的作用 74
　　三、计划的类型 76
　　四、影响计划有效性的权变因素 77
第二节　计划工作的原理和编制程序 78
　　一、计划工作的原理 78
　　二、计划的编制程序 80
第三节　计划的组织实施 82
　　一、目标管理 82
　　二、滚动计划 85
　　三、网络计划技术 86
第四节　战略管理 86
　　一、战略 86
　　二、战略管理的作用和过程 88
　　管理故事 90
　　管理定律 91

　　知识测试 91
　　素质拓展 92
　　案例分析 93

第六章　组织 94

第一节　组织和组织工作 95
　　一、组织的含义 95
　　二、组织的构成要素 95
　　三、组织的分类 96
　　四、组织工作 99
第二节　组织结构的类型 101
　　一、组织结构设计程序 101
　　二、组织结构设计的内容 103
　　三、组织结构的类型 107
第三节　组织文化 112
　　一、组织文化的概念 112
　　二、组织文化的特征与功能 113
　　三、组织文化的建设 115
第四节　组织变革 117
　　一、组织变革的一般规律 117
　　二、组织变革的过程与程序 118
　　管理故事 119
　　管理定律 120
　　知识测试 120
　　素质拓展 121
　　案例分析 122

第七章　人员配备 123

第一节　人员配备概述 123
　　一、人员配备的内涵 123
　　二、人员配备的原则 124
　　三、人员配备的职能 124
第二节　人员配备计划 125
　　一、工作分析 125
　　二、人员配备的供求预测 129
　　三、人员配备计划的过程 129
第三节　员工的招聘与培训 130
　　一、员工招聘的来源与方法 130
　　二、员工的解聘 132

三、人员的培训 132
第四节 人员的考评与报酬 134
　　一、绩效评估 134
　　二、报酬 137
管理故事 139
管理定律 140
知识测试 140
素质拓展 141
案例分析 142

第八章　领导 144

第一节　领导概述 145
　　一、领导的含义 145
　　二、领导的影响力 145
　　三、领导的作用 147
　　四、领导者与管理者 148
　　五、领导风格类型 149
第二节　领导理论 150
　　一、领导特性理论 151
　　二、领导行为理论 152
　　三、权变理论 157
第三节　团队建设 160
　　一、团队的含义与特征 161
　　二、团队的类型 161
　　三、团队建设的要领 162
第四节　领导艺术 162
　　一、领导人的艺术 162
　　二、处理事的艺术 164
管理故事 165
管理定律 166
知识测试 166
素质拓展 167
案例分析 168

第九章　激励 169

第一节　激励概述 169
　　一、激励的含义 169
　　二、激励的构成要素 170
第二节　激励理论 171

　　一、激励的内容理论 171
　　二、激励的过程理论 175
　　三、激励的行为理论 176
第三节　激励的原则与方法 179
　　一、激励的原则 179
　　二、激励的方法 180
管理故事 184
管理定律 184
知识测试 185
素质拓展 186
案例分析 188

第十章　沟通 190

第一节　沟通概述 191
　　一、沟通的含义 191
　　二、沟通的过程 191
　　三、沟通的作用 193
　　四、沟通的种类 193
第二节　有效沟通 196
　　一、有效沟通及其特征 196
　　二、沟通障碍 198
　　三、有效沟通的管理 199
第三节　冲突管理 202
　　一、冲突的类型 202
　　二、冲突形成的原因 202
　　三、管理冲突的策略 203
管理故事 204
管理定律 205
知识测试 205
素质拓展 206
案例分析 207

第十一章　控制 208

第一节　控制概述 208
　　一、控制的含义 208
　　二、控制的必要性 209
　　三、控制工作职能与计划工作职能
　　　　的关系 210
　　四、控制的内容 210

第二节 控制的类型 211
    一、按控制点的位置划分 212
    二、按控制性质划分 212
    三、按控制时所采用的控制方式
      划分 213
    四、按逻辑发展划分 213
  第三节 控制工作的过程 214
    一、控制工作的步骤 214
    二、控制工作的要求 217
  第四节 控制方法 218
    一、预算控制 218
    二、作业控制 219
    三、审计控制 221
  第五节 有效控制 222
    一、实时控制 222
    二、适度控制 223
    三、客观控制 224
    四、弹性控制 224
  管理故事 225
  管理定律 225
  知识测试 225
  素质拓展 226
  案例分析 227

第十二章 创新 229
  第一节 创新概述 229
    一、创新的含义 230
    二、创新的作用 230
    三、创新的类别与特征 231
  第二节 创新的基本内容 232
    一、目标创新 232
    二、技术创新 233
    三、制度创新 235
    四、组织机构和结构的创新 235
    五、环境创新 236
  第三节 创新过程及其管理 237
    一、创新的障碍 237
    二、创新活动的过程 238
    三、领导创新 240
    四、创新管理的技能 241
  管理故事 243
  管理定律 244
  知识测试 244
  素质拓展 245
  案例分析 245

参考文献 247

第一章 管理概论

管理就是做好无数小的细节工作。

——国际战略管理顾问林正大

【学习目标】

知识点：
- 掌握管理的概念及其职能。
- 了解作为不同管理者的角色要求。
- 理解管理的性质和管理的双重性。
- 理解管理机制的深刻内涵。

技能点：
有意识地培养作为管理者应具备的技能。

【引例】

求 道

有一个年轻人经过千山万水的跋涉来到森林中的寺院，请求寺院里德高望重的住持收他为徒。住持郑重地告诉他："如果你真要拜我为师追求真道，你必须履行一些义务和责任。""我必须履行哪些义务和责任呢？"年轻人急切地问。"你必须每天从事扫地、煮饭、劈柴、打水、扛东西、洗菜……的工作。""我拜你为师是为了习艺正道，而不是来做琐碎的杂工、无聊的粗活的。"年轻人一脸不悦地丢下这句话，就悻悻然离开了寺院。

正道不是高不可攀或高深莫测的理论，它隐藏在日常的工作琐事及生活细节中；同样地，管理的道理随处可得，只要认真去从事，用心去体验，工作过程中自可深刻体悟管理的奥妙及意义。

(资料来源：豆丁网 http://www.doc88.com)

在当今这个社会，无论从事什么职业的人都要与管理打交道，要么从事管理，成为管理者，即管理主体；要么接受管理，成为管理对象，即管理客体；更多的时候，既是管理者又是管理对象，也就是我们平时所说的中层管理者，他们既有上司，也有下属。

把管理作为一门学科进行系统的研究是最近一二百年的事情，而管理活动自古就有，它起源于人类的共同劳动。当人们组成一个集体去实现共同目标时，就必须有管理，目的是协调集体中每个成员的活动。管理的范围很广，大到管理一个国家，小到管理自己，管理是我们这个社会普遍存在的现象。

第一节　管理的含义与特征

一、管理的含义

"科学管理之父"泰罗(Frederick W. Taylor,也译作泰勒,1856—1915)认为,管理就是要"确切地知道要别人干什么,并指导他们用最好的办法去干"。

法约尔(Henri Fayol)说:"管理就是实行计划、组织、指挥、协调和控制。"

西蒙(Herbert Alexander Simon)说:"管理就是决策。"

霍德盖茨(R. M. Hodgetts)说:"管理就是经由他人去完成一定的工作。"

哈罗德·孔茨(Harold Koontz)说:"管理就是设计并保持一种良好环境,使人在群体里高效率地完成既定目标的过程。"

综合各家之说,管理既强调了过程及过程中的职能,又强调了效率。所以,本书认为,管理是指一定组织中的管理者,通过实施计划、组织、领导、控制、创新等职能来优化配置,协调人、财、物、信息等资源,以有效地实现既定目标的过程。

二、管理的特征

管理是引导人力和物质资源进入动态的组织,以达到这些组织的目标的过程。自从有人群组织以来,便存在管理这类活动。这类活动不同于文化活动、科学活动和教育活动等,是因为它有自己的特性。

1. 目的性

管理是人类一种有意识、有目的的活动,因而它有明显的目的性。管理的这一特征是我们区别自然界和人类社会中那些非管理活动的重要标志。凡是盲目的、没有明确目的的活动,都不能称其为管理活动;那些属于由生理功能驱使、无意识的本能活动,都不能称其为管理活动。管理的目的性是由管理活动产生和发展的内在要求决定的。如果管理没有一定的目标,那么管理就没有存在的必要了。管理的目的性要求管理人员要时刻明确管理的目标是什么,围绕目标实施有效的管理。

2. 动态性

管理的动态性主要表现在管理活动需要在变动的环境与组织本身中进行,需要消除资源配置过程中的各种不确定性。由于各个组织所处的环境与具体的工作环境不同,各个组织的目标与从事的行业不同,因而导致了每个组织中资源配置的差异性,这种差异性也是管理动态性的一种派生。管理活动要随外部环境的变化而变化,因而没有一成不变的管理模式。管理的动态性要求管理者要时刻研究和关注组织内外环境的变化,保持管理模式与环境的动态适应性,适时调整管理的内容、手段、方式和方法。

3. 人本性

管理的人本性是指在管理过程中以人为中心,把理解人、尊重人、调动人的积极性放在首位，把人视为管理的重要对象及组织最重要的资源。①从管理者来看，因为管理者是实施管理的人，所以管理者的管理能力直接影响组织管理的水平；②从被管理者来看，如果被管理者素质较差、能力较低，不能接受和理解管理者的指令或不能自我约束，就不能保证实施有效的管理；③从管理的过程来看，管理的过程就是要实现人力资源与物质资源的有效配置，而物质资源再先进，也必须由人来使用和管理，否则就是一堆废物；④从人与科学技术的关系来看，科学技术的成果是人类智慧的结晶，离开人的实践与思维活动，就不会有科学技术；⑤从管理的核心来看，管理的核心就是处理各种人际关系。所以在管理过程中，只有把人作为根本，才能协调好其他要素，实现高效率的管理。管理的人本性要求管理者在管理活动中一方面要不断提高自身素质和管理能力，另一方面还要不断加强对被管理者的培训，以提高下属的工作技能，同时还要不断激励下属，提高他们完成工作任务的积极性，使他们不断获得一种高度的自豪感和成就感。

4. 组织性

管理的载体是组织。无论是从改造自然还是从改造社会的任务来看，个体的能力都是有限的，个体的无序组合也不能发挥作用。所以现实社会普遍存在着由两个以上的人组成的、为一定目标进行协作活动的集体，这就形成了组织。显然，组织是社会中普遍存在的现象。任何性质、任何类型的组织都要保证组织中各种要素的合理配置，从而实现组织的目标，这就需要在组织中实施管理。另外，一切管理活动都要通过一定的手段来实现，而实现管理活动的最佳手段就是建立一个健全的、富有生机的组织系统，通过这个组织系统来有效地实施管理活动。因此，组织是管理的载体。管理的组织性要求管理者在管理活动中要加强组织建设，建立学习型组织，使组织高效率地运转。

5. 科学性

管理的科学性是指人们在发现、探索、总结和遵循客观规律的基础上，建立系统化的理论体系，并在管理实践中应用管理原理与原则，使管理成为理论指导下的规范化的理性行为。管理活动可以分为程序性活动和非程序性活动两大类。程序性活动就是指有章可循，照章运作便可以取得预想效果的管理活动；非程序性活动是无章可循，需要边运作边探索的管理活动。管理科学性就是不断地实现管理活动由非程序性向程序性的转化，这种转化的过程就是人们对这类活动进行规律性的科学总结。管理的科学性要求管理者在管理活动中遵循客观规律，不断建章立制，实施科学管理。

6. 艺术性

管理虽然可以遵循一定的原理或规范办事，但它绝不是"按图索骥"的照章操作行为。管理理论作为普遍使用的原理、原则，必须结合实际应用才能奏效。管理者在实际工作中面对千变万化的管理对象，灵活多样地、创造性地运用管理艺术与技艺，这就是管理的艺术性。管理的艺术性要求管理者必须学会熟练地掌握实际情况，因势利导，总结经验，理论联系实际。

7. 创新性

管理的创新性主要表现为管理理念、管理思想、管理内容、管理手段、管理方式和管理方法的不断更新，以适应不断变化的客观环境对管理活动的需要。组织内外环境及管理对象的变化，客观上决定了管理也要不断地推陈出新，不断地更新管理理论、管理思想、管理内容、管理手段、管理方式和管理方法，也就是说，管理的创新性是客观环境发展变化对管理活动发展变化的内在要求。认识到管理创新性有助于管理者克服重技术、轻管理的倾向，人们开始把技术与管理看作经济起飞的两个轮子。

8. 经济性

首先，管理的经济性表现在资源配置的机会成本上，管理者选择何种资源配置方案是以放弃另一种资源配置方案为代价而取得的。

其次，管理的经济性反映在管理方式方法选择上的成本比较，因为在众多可帮助进行资源配置的方式方法中，其所耗成本不同，所以如何选择就有个经济性的问题。

最后，管理是对资源有效整合的过程，因此选择不同的资源供给配比，就有成本大小的问题。管理的经济性要求管理者不断提高自身的决策能力，用尽可能少的投入取得尽可能多的产出，努力提高管理效率。

第二节 管理的性质与职能

一、管理的性质

(一)管理的双重性

管理的双重性是马克思管理学说的重要原理之一。在《资本论》中，马克思明确指出："凡是直接生产过程中具有社会结合过程的形态，而不是表现为独立生产者的孤立劳动的地方，都必然会产生监督劳动和指挥劳动，不过它具有双重性。"这里的监督劳动和指挥劳动就是指管理，双重性具体是指管理所具有的自然属性和社会属性。

1. 管理的自然属性

管理的自然属性，一方面是指管理活动的产生具有客观必然性，是由人们的共同协作劳动而引起的。任何社会，只要存在有组织的集体活动，分工与协作就不可缺少，管理活动就普遍存在，这是不以人的意志为转移的。另一方面是指管理具有与生产力、社会化大生产相联系的属性，该属性表明管理是有效组织共同劳动所必需的。因此管理活动的主要任务之一就是要处理好人与自然、自然与自然之间的关系，合理组织生产力，而不受社会制度、生产关系性质与人的阶级属性的影响。这些管理理论、方法与技术是无国界、无阶级性的，国外能用，我们也能用，因为它们是为提高社会生产力服务的。这体现了管理的共性的一面。

2. 管理的社会属性

管理的社会属性是指管理具有与生产关系、社会制度相联系的属性。任何管理都是一定社会制度下的管理，都要反映一定的生产关系。

首先，管理者不是抽象的管理者。在阶级社会中，他们总是某一阶级的成员，是某一阶级利益的代表，会自觉或不自觉地为维护与实现本阶级的利益服务。

其次，在现代社会中，管理的权力是基于财产的权力。哪一个阶级是生产资料的所有者，哪一个阶级就是社会的统治者、管理者。管理的权力就是为这个阶级服务的。

最后，生产关系是一个抽象的表述，它必须通过生产、交换、分配、消费等活动来体现。开展这些活动，都离不开管理，所以说管理也是社会生产关系的实现方式之一。

管理的社会属性表明，组织处于不同的社会制度和不同的生产关系性质下，其用于改善、维护与发展生产关系方面的管理理论、方式、手段往往存在差异，社会生产关系的性质决定了组织管理的目的，决定了管理方式、管理手段的选择和运用。这体现了管理的特殊性与个性的一面。

(二)学习管理双重性理论的意义

学习管理的双重性理论，对于我们正确认识管理的地位与作用，科学运用管理理论与方法来指导社会实践活动，不断提高我国各类组织的管理水平，建立具有我国特色的管理科学体系，具有重要的现实意义。

首先，管理的双重性理论有利于人们全面认识管理人员的素质结构。管理体现的是生产力与生产关系的辩证统一关系，它一方面要合理组织生产力，致力于生产效率的提高；另一方面要不断改善与维护生产关系，努力提高组织成员对工作的满意度、个人价值的实现度以及不同成员之间的和谐相处。这就要求管理人员必须有合理的知识、能力与素质结构。一个优秀的管理者应该成为"复合型人才"，既要具备组织生产力方面的技术、知识和能力，又要掌握处理各种人际关系与社会关系方面的知识、能力与技巧。任何人要想成为优秀的管理者就应当加强管理理论知识的学习和人际关系协调能力与技巧的培养及训练。

其次，管理的双重性理论有利于我们正确对待发达国家的管理经验。我们必须客观对待发达国家的管理理论、方法与经验，既不能全盘照抄，也不能盲目排外，应当根据国情去其糟粕，取其精华为我所用。只有这样，才能在引进发达国家的资金与先进技术的同时，也引进发达国家的先进管理理论知识与经验，在与我国国情相结合的过程中实现管理的共性与个性的统一。

互动话题

在中国农村实行家庭联产承包责任制的改革是改变了管理的社会属性还是自然属性？谈谈它的巨大成就。

二、管理的职能

管理活动是通过一系列具体的职能来完成的。所谓管理的职能是指管理活动所具有的功能及其所体现出的不同性质、不同类型的工作内容。历史上最早系统地提出管理职能思想的是法国管理学者、实业家亨利·法约尔(Henri Fayol，1841—1925)，他在1916年出版的《工业管理与一般管理》一书中提出，管理可以分为计划、组织、指挥、协调和控制五项职能。之后，尽管有许多管理学者站在各自不同的角度，对管理职能的划分提出了自己不同的见解(例如，20世纪30年代，戴维斯(Ralph Currier Davis)提出的管理职能包括计划、组织和控制三项；40年代，布雷克(Blake)提出的管理职能包括计划、协调、控制和激励四项；50年代，孔茨(Koontz)提出的管理职能包括计划、组织、指挥、控制与人事五项等)，但就本质而言，这些划分都是对法约尔的管理五项职能理论的一种微调和修改。进入20世纪七八十年代以后，尤其是80年代以来，随着社会科学技术的飞速发展，生产力水平的不断提高，组织的内外环境发生了根本性变化，管理活动的内容也日趋复杂化、多样化。一些学者对管理职能的划分又增添了不少新的内容，具有代表性的是将决策与创新活动作为管理的两项新的职能看待。本书综合国内外一些学者的观点，将管理职能划分为计划、组织、领导、控制、创新五项职能。

(一)计划职能

计划是对未来活动的预先筹划。人们在从事一项活动之前一般首先要制订计划，这是进行管理的前提。

计划职能是决策的具体化。在决策目标方案既定的前提下，还要详细分析为了实现这个目标，需要采取哪些具体的行动，这些行动对组织的各个部门和环节在未来各个时期的工作提出了哪些具体的要求。因此，编制行动计划的工作实质上是将决策目标在时间和空间上分解到组织的各个部门和环节，对每个单位、每个成员的工作提出具体的要求。

(二)组织职能

为保证计划的顺利实现，管理者要根据计划对组织活动中的各种要素和人们在工作中的分工合作关系进行合理的安排，这就是管理的组织职能。组织职能要完成以下工作。

(1) 设计组织，包括设计组织的机构与结构。机构设计是在分解目标活动的基础上，分析为了实现组织目标需要设置哪些岗位和职务，然后根据一定的标准将这些岗位和职务加以组合，形成不同的部门。结构设计是根据组织活动及其环境的特点，规定不同部门在活动过程中的相互关系。

(2) 人员配备。根据各岗位所要从事工作的具体要求以及组织员工的素质和技能特征，将适当的人员安置在组织机构的适当岗位上，使适当的工作由适当的人去承担。

(3) 组织运行。根据各岗位上的人员发布工作指令，并提供必要的物质和信息条件，以推动并维持组织的运行。

(4) 组织变革。根据组织业务活动及其环境特点的变化，研究和实施组织机构与结构的调整与变革。变革的内容包括组织机构形式变革、组织结构关系变革、组织文化变革和组织流程变革等。

(三)领导职能

组织中最重要的资源是人，管理者的任务是不仅要设计合理的组织，把每个成员安排在适当的岗位上，而且要指导和协调组织成员，调动其工作积极性，发挥其主观能动性，努力使每位员工以高昂的士气、饱满的热情投身到组织活动中去。所谓领导，是指管理者利用组织赋予的权力和自身的能力去指挥和影响下属，为实现组织目标而努力工作的一种具有很强艺术性的管理活动过程。它包括领导方式的选择、对下属的激励和沟通渠道的选择等内容。作为有效的领导者，在工作中要注意处理好以下问题：使下属了解本部门目标及其与总目标之间的关系；指令正确，要求明确；单线指挥，避免令出多门；对下属既要严格要求，又需注意激励。

(四)控制职能

控制是指为了确保组织目标及为此制定的行动方案能够顺利实现，在方案计划的实施过程中，根据反馈的信息将计划实施结果与计划目标进行对比分析，发现或预见到偏差及时采取措施予以纠正或修改目标的管理活动。控制的内容包括收集能够衡量组织近期绩效的有关信息和组织内外部环境变化方面的信息；比较已实现的绩效与先前计划中设定的期望绩效的差异；确认组织是否有必要采取行动纠正这种差异或重新修订组织目标；制定修正差异的具体措施并组织实施。需要注意的是，控制是一个动态的过程，管理者需要不断地收集信息进行对比分析，发现问题及时处理并通过组织内的创新来不断改进管理水平。随着科学技术的进步和管理理论的发展，特别是控制论、信息论和电子计算机的广泛应用，控制已由原先单纯事后的监督控制，发展为事先的超前控制和即时的过程实时控制，控制的作用与效果更加显著。

(五)创新职能

创新是一项重要的管理职能，在一个科技迅猛发展、环境瞬息万变的社会，任何因循守旧、墨守成规、缺乏创新的组织都将在激烈的竞争中被淘汰出局。经济学家熊彼特(Schumpeter Joseph Alois)认为，资本主义的发展主要依赖企业家的创新活动这一"内在因素"。这种创新包括引进新产品、采用新技术、开辟新市场、发掘原材料新来源等"技术创新"及改进企业组织等"制度创新"。现代社会创新的内容更加广泛，除了技术创新与制度创新以外，还包括观念创新和管理创新等内容。

以上五项管理职能在管理实践中不是互相独立的，而是相互联系、相互制约、相互渗透的一个统一体，是一个完整的管理活动所包含的各项工作内容。作为一个管理者，不能机械地按照这五项职能来依次从事管理工作，卓越的管理是这五项职能在运作上的高度契合，成功的管理者应该用联系的、发展的、辩证的眼光看待这些职能。

第三节 管理者的角色和技能

一、管理者的含义及分类

(一)管理者的含义

广义上讲，管理者应泛指所有执行管理职能，并对组织目标的实现做出实质性贡献的人。这个概念既包括执行传统意义上的管理职能，对他人工作负有责任的人；也包括承担特殊任务，而不对他人工作负有责任的人；或者介于这两者之间的人。只要他利用其职位和知识，以个人的方式对组织做出实质性的贡献，使该组织工作有成果，就是一位管理者，而不管他对他人是否具有管理监督的权力，是否具有下属。

(二)管理者的分类

1. 按管理人员所处的组织层次划分

1) 高层管理者

高层管理者是指组织中的高级领导人,对管理负有全面责任。其主要任务是:制定战略目标;把握发展方向;控制资源分配权等。如学校的正副校长、企业的董事会成员、某城市的正副市长等就属于高层管理者。

2) 中层管理者

中层管理者介于高层和一线管理人员之间。其主要职责是:执行重大决策和管理意图;监督和协调基层管理人员的工作活动;具体工作的规划和参谋。如学校中的系主任、处长,企业中计划、生产、财务等部门的负责人,政府中的主任、局长等就属于中层管理者。

中层管理者一般可分为三类:行政管理人员、技术性管理人员和支持性管理人员。

3) 基层管理者

基层管理者是指最直接的一线管理人员,是直接监察实际作业人员的管理者。其主要职责是:直接给下属人员分派任务;直接指挥和监督现场作业活动;保证上级下达的各项计划和指令的完成。如工长、领班、小组长等就是基层管理者。

上述三个不同层次的管理人员,其工作内容和性质存在很大的差别。一般来说,一线管理人员所关心的主要是具体的战术性工作,而高层管理人员所关心的则主要是抽象的战略性工作。

互动话题

蒋华是某新华书店邮购部经理,该邮购部每天要处理大量的邮购业务,在一般情况下,登记订单、按单备货、发送货物等都是由部门中的业务人员承担的,但在前一段时间里,接连发生了多起A要的书发给了B,B要的书却发给了C之类的事,引起顾客极大不满。今天又有一大批书要发送,蒋华不想让此类事情发生。

请问:他应该亲自发送这批书,还是仍由业务员来处理?为什么?

2. 按管理人员所从事的工作领域划分

1) 综合管理人员

综合管理人员是指负责管理整个组织或组织中某个事业部的全部活动的管理人员。

2) 专业管理人员

专业管理人员是指负责管理组织中某一类活动(或职能)的管理人员,如生产部门管理人员、营销部门管理人员、人事部门管理人员、财务部门管理人员和研究部门管理人员等。

二、管理者的角色与技能要求

(一)管理者的角色

1. 人际角色

管理者在处理与组织成员和其他利益相关者的关系时,他们就扮演着人际角色。

(1) 代表人角色。作为所在单位的领导,管理者必须行使一些具有礼仪性质的职责,如出席集会、宴请重要客户等。

(2) 领导者角色。由于管理者对所在单位的成败负重要责任,因此他们必须在工作单位或所在的小组内扮演领导者角色。

(3) 联络者角色。管理者无论对内对外都起着联络者的角色。

2. 信息角色

管理者确保和他一起工作的人具有足够的信息,从而能够顺利完成工作,这时他们就扮演信息角色。

(1) 监督者角色。作为监督者,管理者持续关注组织内外部环境的变化以获取对组织有用的信息。

(2) 传播人角色。作为传播者,管理者把重要的信息传递给工作小组成员,管理者有时也因特殊目的向工作小组隐藏特定的信息。但更重要的是,管理者必须保证员工具有必要的信息,以便切实有效地完成工作。

(3) 发言人角色。管理者把信息传递给单位或组织以外的个人。

3. 决策角色

管理者在处理信息并得出结论的过程中即扮演决策角色。

(1) 企业家角色。管理者对所发现的机会进行投资以利用这种机会,如开发新产品、提供新服务、发明新工艺。

(2) 干扰对付者角色。管理者必须善于处理冲突或解决问题,如平息客户的怒气,同不合作的供应商进行谈判,或者对员工之间的争端进行调解等。

(3) 资源分配者角色。管理者决定资源用于哪些项目。

(4) 谈判者角色。研究表明,管理者把大量的时间花费在谈判上。谈判对象包括员工、供应商、客户和其他工作小组等。

小阅读

南宋嘉熙年间,江西一带山民叛乱,身为吉州万安县令的黄炳,调集了大批人马,严加守备。一天黎明前,探报来说,叛军即将杀到。

黄炳立即派巡尉率兵迎敌。巡尉问道:"士兵还没吃饭怎么打仗?"黄炳却胸有成竹地说:"你们尽管出发,早饭随后送到。"黄炳并没有开"空头支票",他立刻带上一些差役,抬着竹箩木桶,沿着街市挨家挨户叫道:"知县老爷买饭来啦!"当时城内居民都在做早饭,听说知县亲自带人来买饭,便赶紧将刚烧好的饭端出来。黄炳命手下付足饭钱,将热气腾腾的米饭装进木桶就走。这样,士兵们既吃饱了肚子,又不耽误进军,打了一个大胜仗。这个县令黄炳,没有亲自捋袖做饭,也没有兴师动众劳民伤财,他只是借别人的手,烧自己的饭。县令买饭之举,算不上高明,看来平淡无奇,甚至有些荒唐,但却取得了很好的效果。

一个优秀的管理人员,不在于你多么会做具体的事务,因为一个人的力量毕竟是有限的,只有发动集体的力量才能战无不胜,攻无不克。管理人员尤其要注重加强培养自己驾驭人才的能力，知人善任，了解什么时候什么力量是可以助力自己取得成功。

四两拨千斤，聪明的人总会利用别人的力量来获得成功。

(二)管理者的技能

1. 专业技能

专业技能是指与特定工作岗位有关的专业知识和技能，如生产技能、财务技能、营销技能等。管理者不必成为精通某一领域的技能专家，但需要了解并初步掌握与其管理的专业相关的基本技能，否则很难与其所主管的组织内的专业技术人员进行有效的沟通，从而无法对所管辖业务范围内的各项工作进行具体的指导。

不同层次的管理者，对于专业技能要求的程度是不同的。

2. 人际技能

人际技能是指与处理人际关系有关的技能，即理解、激励他人并与他人共事的能力，包括领导能力，但其内涵远比领导能力广泛。因为管理者除了领导下属外，还要与上级领导和同级同事打交道，还得学会说服上级领导，领会领导意图，学会与同事合作等。

小阅读

珍妮是个总爱低着头的小女孩，她一直觉得自己长得不够漂亮。有一天，她到饰物店去买了只绿色蝴蝶结，店主不断赞美她戴上蝴蝶结很漂亮，珍妮虽不信，但是挺高兴，不由得昂起了头，急于让大家看看，出门与人撞了一下都没在意。

珍妮走进教室，迎面碰上了她的老师，"珍妮，你昂起头来真美！"老师爱抚地拍拍她的肩说。那一天，她得到了许多人的赞美。她想一定是蝴蝶结的功劳，可往镜前一照，头上根本就没有蝴蝶结，一定是出饰物店时与人碰撞时弄丢了。

自信原本就是一种美丽，而很多人却因为太在意外表而失去了很多快乐。

3. 概念技能

概念技能是指综观全局、认清为什么要做某事的能力。即管理者在任何混乱、复杂的环境中，敏锐地辨清各种要素之间的相互关系，准确地抓住问题的实质，果断地做出正确决策的能力。

小阅读

在一次讨论会上，一位著名的演说家没有讲一句开场白，手里却高举着一张20美元的钞票。

面对会议室里的200个人，他问："谁要这20美元？"一只只手举了起来。他接着说道："我打算把这20美元送给你们中的一位，但在这之前，请准许我做一件事。"他将钞票揉成一团，然后问："谁还要？"仍有人举起手来。他又说："那么，假如我这样做又会怎么样呢？"他把钞票扔到地上，又踏上一只脚，并且用脚碾它。尔后他拾起钞票，钞票已变得又脏又皱。"现在谁还要？"还是有人举起手来。"朋友们，你们已经上了一堂很有意义的课。无论我如何对待那张钞票，你们还是想要它，因为它并没有贬值，它依旧值20美元。人生路上，我们会无数次被自己的决定或碰到的逆境击倒、欺凌甚至碾得粉身碎骨。我们觉得自己似乎一文不值。但无论发生什么，或将要发生什么，在上帝的眼中，你们永远不会丧失价值。在他看来，不管是肮脏或洁净，衣着整齐还是不整齐，你们依然是无价之宝。

要成为有效的管理者，必须具备上述三种技能，缺一不可。对于高层管理者，最重要的是概念技能，而基层管理者最接近现场，专业技能格外重要。由于管理者的工作对象是人，因此人际技能对各个层次的管理者来说都是重要的。

第四节　管理机制与方法

一、管理机制

(一)管理机制的含义

机制的原意是指机器的构造及工作原理，引入管理领域后提出了管理机制的概念。所谓管理机制，是指管理系统的结构及运行机理。

(二)管理机制的特征

(1) 内在性。管理机制是管理系统的内在结构与机理，其形成与动作是完全由自身决定的，是一种内在运动过程。

(2) 系统性。管理机制是一个完整的有机系统，具有保证其功能实现的结构与作用系统。

小阅读

大雁有一种合作的本能，它们团队飞行时都呈V型并在飞行时定期变换领导者，因为为首的大雁在前面开路，能帮助它两边的大雁形成局部的真空。科学家发现，大雁以这种形式飞行，要比单独飞行每小时多飞12%的距离。

(3) 客观性。任何组织，只要客观存在，内部结构、功能既定，则必然要产生与之相应的管理机制。这种机制的类型与功能是一种客观存在，是不以任何人的意志为转移的。

(4) 自动性。管理机制一经形成，就会按一定规律、秩序、自发地、能动地诱导和决定企业的行为。

(5) 可调性。机制是由组织的基本结构决定的，只要改变组织的基本构成或结构，就会相应地改变管理机制的类型和作用效果。

(三)管理机制的构成

对于一般的管理系统，管理机制主要包括运行机制、动力机制和约束机制三种子机制。

(1) 运行机制。运行机制是组织中最基本的管理机制，是管理机制的主体，主要指组织基本职能的活动方式、系统功能和运行原理。运行机制具有普遍性。任何组织，大到一个国家，小到一个企业、单位、部门，都有其特定的运行机制。

(2) 动力机制。动力机制是一种极为重要的管理机制，是为管理系统运行提供动力的机制，是指管理系统动力的产生与动作机理，主要由利益驱动、政令推动和社会心理推动三个方面构成。

(3) 约束机制。约束机制是对管理系统行为进行修正的机制，其功能是保证管理系统正确运行，以实现管理目标。它是指对管理系统行为进行限定与修正的功能与机理，主要包括权力约束、利益约束、责任约束和社会心理约束等。

二、管理方法

管理方法是指为保证管理活动的顺利进行及实现管理目标，在管理过程中管理主体对管理客体进行有目的运作的方式、手段、办法、措施、途径的总和。管理方法具体包括行政方法、法律方法、经济方法和思想教育方法四种类型。

(一)行政方法

行政方法是指依靠行政组织的权威，运用命令、规定、指示、条例等行政手段，按照组织行政系统，以权威和服从为前提，直接指挥下属工作。行政方法的实质是通过行政机构中的职务和职位来进行管理。

行政命令方法的运用有以下几个要点。

(1) 命令必须建立在客观规律的基础上，符合被管理者的根本利益和实际情况，按客观规律办事。

(2) 组织机构的建立必须贯彻精简、统一、高效、服务的原则，做到以任务为中心，因任务设机构，因机构定职务，因职务择人。

(3) 突出目标导向，努力协调管理者与被管理者的目标，使其最大限度地保持一致。

(4) 与其他方法结合使用，并尽量减少其使用频率，因为这种方法有横向协调、沟通困难，被管理者主动性、创造性受到限制，容易使人产生"人治"印象等弊端。

(二)法律方法

法律方法是指通过法律、法令、条例和司法、仲裁工作，调整社会经济总体活动和相应的各种关系，以保证和促进社会发展的管理方法。它既包括国家正式颁布的法律，也包括各级机构和各个管理系统制定的具有法律效力的规范。

法律方法的运用要求必须有效的法律机构和配套措施来保证其科学实施，并且要在全社会以及组织系统中进行必要的法律、法规宣传教育，以强化法治意识，树立法律的权威性。法律方法的作用取决于社会对法律的认识和接受程度，取决于公民的法律意识和执法机关的公正公平执法水平。

(三)经济方法

经济方法是指根据客观经济规律，运用各种经济手段，调节各种不同经济利益之间的关系，以提高组织的经济效益与社会效益的方法。

在市场经济条件下，各类组织的管理活动中的经济方法是极其重要的管理方法。由于经济方法的具体形式与内容相当丰富，适用范围十分广泛，因而，在具体运用时必须以遵循经济规律为前提，正确处理好各方面的经济利益关系。

(四)思想教育方法

思想教育方法就是通过教育向组织成员宣传组织认可的价值观念、行为准则等，促进组织成员的思想观念、行为方式向组织所期望的方向转化，从而有利于组织目标实现的方法。

思想教育方法要与行政方法、法律方法、经济方法等结合使用。其具体运用要做到理论联系实际，坚持批评与表扬相结合，与解决实际问题相结合，遵循民主平等原则，突出思想教育与道德教育。

小阅读

有个渔夫有着一流的捕鱼技术，被人们尊称为"渔王"。然而"渔王"年老的时候非常苦恼，因为他的三个儿子的捕鱼技术都很平庸。

于是他经常向人诉说心中的苦恼："我真不明白，我捕鱼的技术这么好，我的儿子们为什么这么差？我从他们懂事起就传授捕鱼技术给他们，从最基本的东西教起，告诉他们怎样织网最容易捕捉到鱼，怎样划船最不会惊动鱼，怎样下网最容易'请鱼入瓮'。他们长大了，我又教他们怎样识潮汐、辨鱼汛……凡是我长年辛辛苦苦总结出来的经验，我都毫无保留地传授给了他们，可他们的捕鱼技术竟然赶不上技术比我差的渔民的儿子！"

一位路人听了他的诉说后，问："你一直手把手地教他们吗？"

"是的，为了让他们学到一流的捕鱼技术，我教得很仔细很耐心。"

"他们一直跟随着你吗？"

"是的，为了让他们少走弯路，我一直让他们跟着我学。"

路人说："这样说来，你的错误就很明显了。你只传授给了他们技术，却没传授给他们教训，对于才能来说，没有教训与没有经验一样，都不能使人成大器！"

管 理 故 事

纪 昌 学 箭

纪昌向飞卫学射箭，飞卫没有传授具体的射箭技巧，却要求他必须学会盯住目标而眼睛不能眨动。纪昌花了两年时间，练到即使锥子向眼角刺来也不眨一下眼睛的功夫。飞卫又进一步要求纪昌练眼力，标准是要达到将体积较小的东西能够清晰地放大，就像在近处看到一样。纪昌苦练了三年，终于能将最小的虱子看成车轮一样大，纪昌张开弓，轻而易举地一箭便将虱子射穿。飞卫得知结果后，对这个徒弟极为满意。

学习射箭必须先练眼力，基础的动作扎实了，应用就可以千变万化。企业的经营也是一样，基本的人事、财务、技术、业务一定要好好掌握，那么后续阶段就可以大展宏图了。办企业犹如修塔，如果只想往上砌砖，而忘记打牢基础，总有一天塔会倒塌。

(资料来源：百度文库 https://wenku.baidu.com)

管 理 定 律

木桶法则——在薄弱环节上下功夫

木桶法则的意思是：一只沿口不齐的木桶，它盛水的多少取决于木桶上最短的那块木板。要想多盛水——提高水桶的整体效应，不是去增加最长的那块木板的长度，而是要下功夫补齐木桶上较短的那些木板。木桶法则告诉企业管理者：在管理过程中，要在薄弱环节上下功夫，促使企业整体效益的提高。

知 识 测 试

(一)选择题

1. 下列几项活动中，哪一项不属于管理活动？(　　)
 A. 部队中的班长与战士谈心　　B. 企业的总会计师对财务部门进行检查
 C. 钢琴家制订自己的练习计划　　D. 医院的外科主任主持会诊
2. 根据亨利·明茨伯格的研究，下列各项中不属于管理扮演的人际角色内容的是(　　)。
 A. 代表人　　B. 领导人　　C. 企业家　　D. 联络者
3. 管理人员与一般工作人员的区别在于(　　)。
 A. 需要与他人配合完成组织目标
 B. 需要从事具体的文件签发审阅工作
 C. 需要对自己的工作成果负责
 D. 需要协调他人的努力以实现组织目标
4. (多选)管理者应具备的基本管理技能是(　　)。
 A. 技术技能　　B. 人际技能　　C. 概念技能
 D. 诊断技能　　E. 分析机能
5. (多选)以下属于管理的经济方法的是(　　)。
 A. 工资　　B. 罚款　　C. 税收
 D. 信贷　　E. 价格

(二)论述题

1. 为什么说管理工作既有科学性又有艺术性？
2. 为什么说管理理论普遍适用于任何类型的组织？
3. 为什么处于较高层次的管理人员更多地需要人际技能与概念技能，而处于最高层次的管理人员则尤其需要具备较强的概念技能？

素 质 拓 展

拓展项目一：调查与访问——了解管理者的职责与素质

【实训目标】

1. 与管理者双向交流。
2. 了解管理的职责与素质。

【实训内容与要求】

1. 老师事先和学校某些管理部门联系好，告诉他们在某个时候有学生会来访问。在预定的时间带同学进入校办公大楼，拜访相关管理部门负责人。学生自愿组成小组，每组6～8人。在调查访问之前，每组需根据课程所学知识经过讨论确定调查访问的主题，并把具体步骤和主要问题计划好。
2. 具体问题可参考以下方面。
(1) 各部门管理工作的职责和权利。
(2) 做好这些管理工作需要哪些素质？如何培养？
3. 调查访问结束后，组织一次课堂交流与讨论，时间为2节课。

【成果与检测】

1. 在各小组讨论的基础上，每个同学把自己调查访问所得到的重要信息(如照片、文字材料、影音资料等)制作成宣传册展出，之后交老师保存。
2. 每个小组上交一份简单的调查报告。
3. 教师根据各小组的表现进行评估打分。

拓展项目二：突破自己

【实训目标】

1. 培养学生对自己优点的认识。
2. 培养学生的自信，克服心理障碍，敢于在人多的场合讲话。

【实训内容与要求】

1. 先给5分钟，让每位学生思考自己从出生到现在做得最成功和最失败的一件事。
2. 总结自己身上的优点和缺点，形成清晰的条理。
3. 每个学生发言5分钟，对自己的优点和缺点在全班同学面前做个陈述。
4. 要求学生认真聆听每位同学的发言，不能加以评论。
5. 要求学生认真思考如何把这些优点发扬，且成为自己学业、事业成功的必备品质。

【成果与检测】

1. 每个人写出反思的书面报告。
2. 对每个学生的表现进行评价，从态度、自信等角度打分。

案例分析

用 人 之 道

去过庙里的人都知道，一进庙里，首先是弥勒佛笑脸迎客，而在他的北面，则是黑脸的韦陀。但相传在很久以前，他们并不在同一个庙里，而是分别掌管不同的庙。弥勒佛热情快乐，所以来的人非常多，但他什么都不在乎，丢三落四，没有好好管理财务，所以入不敷出。而韦陀虽然管账是一把好手，但整天阴着脸，太严肃，搞得人越来越少，最后香火断绝。佛祖在查香火的时候发现这个问题，就将他们俩放在同一个庙里，由弥勒佛负责公关，笑迎八方，而韦陀铁面无私，锱铢必较，则让他负责财务，严格把关。在两人的分工合作中，庙里一派欣欣向荣。

(资料来源：百度贴吧 https://tieba.baidu.com)

思考题：
根据"管理者角色和技能"相关知识对此案例中佛祖的用人之道进行分析。

第二章　管理理论的历史演进

把一件简单的事做好就不简单，把每一件平凡的事做好就不平凡。

——海尔公司总裁张瑞敏

【学习目标】

知识点：
- 了解管理理论的萌芽。
- 掌握泰罗古典管理理论的精髓。
- 理解行为科学理论的主要内容。
- 了解管理理论丛林及管理理论新发展。

技能点：
培养泰罗标准化思想在现代管理、工作和生活中的运用意识。

【引例】

搬萝卜

几只爱吃萝卜的小兔在草原上开垦了一块土地，种了很多萝卜。到了收获的季节，它们的朋友小羊和小牛用尖尖的角帮小兔把萝卜从地里刨了出来，然后小羊和小牛就忙自己的事情去了。几只小兔看着那一大堆红红的萝卜，心里乐开了花。眼看就要下雨了，几只小兔决定自己把萝卜收回驻地。

小兔甲试了试自己一次可以抱两只萝卜，于是便每次抱着两只萝卜往返于萝卜地与驻地之间。虽然有点吃力，但它还是越干越起劲。

小兔乙找来一根绳子，把五个萝卜捆在一起，然后背着向驻地走去。虽然背了五个萝卜，可它的速度一点也不比小兔甲慢。

小兔丙找来一根扁担，用绳子把萝卜捆好，前面五个，后面五个，走起来比小兔甲和小兔乙都快。

小兔丁和小兔戊找来一只筐，装了满满一筐萝卜，足有三四十个，然后两人抬着筐向驻地走去。

同样都在努力工作，可五只小兔的工作效率和工作成果却有显著的差别。因为工作方式的不同，有人虽然看起来忙忙碌碌，工作却难见成效；有人虽然显得悠闲，却成绩显著。好的工作方法可以有效地提高工作效率。管理理论可以给人们有效的指导。

(资料来源：新浪博客 http://blog.sina.com.cn)

到目前为止，管理理论从萌芽阶段开始，先后经历了古典管理理论、行为科学理论和管理理论丛林等几个大的发展阶段。本章将对这些理论进行详细的介绍。

第一节　中外早期的管理思想

一、中国早期的管理思想

中华文明，是人类历史上唯一没有中断过的古老文明，具有延续了几千年的社会管理的丰富经验。当我们回顾中国管理思想的发展史时会发现，我国古代及近代的某些管理思想早已蕴含了现代管理者公认的某些管理的原理、原则和观念，甚至可以挖掘出与现代管理相近的某些具体的管理方法来。

(一)儒家管理思想

以孔子为代表的儒家管理哲学，其基本精神是以"人"为中心，讲"为政以德"，讲"正己正人"，在管理的载体、手段和途径方面提出了独到的见解。

关于管理的载体，儒家管理哲学的中心概念是"仁"。儒家管理哲学是把人作为管理的载体(包括管理的主体和管理的客体，即管理者和被管理者)，把人以及人际关系作为自己的理论出发点。在儒家思想里，管理的本质是"治人"；管理的前提是人性(善恶)；管理的方式是"人治"；管理的关键是"择人"("得人")；管理的组织原则是"人伦"；管理的最终目标是"安人"……总之，一切都离不开"人"。

关于管理的手段，儒家强调"为政以德"。主张用道德教化的手段感化百姓，从而达到治理的目的。即使是在施行法律手段的同时，也应念念不忘道德手段的配合使用。

关于管理的途径，儒家讲"为政以德"，同时也就包含着管理者自身的德行。

(二)法家管理思想

以韩非子为代表的法家管理思想，以"法"为管理中心，讲"法、术、势"相结合，在管理的制度、技巧和权威方面提出了独特的见解。

关于管理的制度，就执法而言，法家主张"法治"，反对"人治"。当然，就立法而言，法家以君主为中心，说到底也是"人治"。

关于管理的技巧，法家所谓的"术"相当复杂，韩非子提出统治者必须采用的"七术"有："一曰众端参观，二曰必罚明威，三曰信赏尽能，四曰一听责下，五曰疑诏诡使，六曰挟知而问，七曰倒言反事。"

关于管理的权威，韩非子认为，帝王之所以为帝王，关键在于有"势"。他指出："势者，胜众之资也。"韩非子更重视"人为之势"，特别强调管理者充分发挥自己的主体能动作用，以保证管理措施的积极推行。

(三)兵家管理思想

兵家的活动领域主要在于军事，以孙子为代表的中国兵家思想十分丰富。军事管理也是人类社会管理的一个组成部分。它们的基本原则对于任何类型的社会组织和任何类型的社会管理活动都普遍适用。兵家思想以"谋略"为中心，讲"谋攻妙算"，讲"因变制胜"，讲"令文齐武",对于管理的战略、策略和方略均有一定的启发作用。

关于管理的战略,孙子强调,优秀的战争指挥员应该依靠计谋取胜,"故上兵伐谋,其次伐交,其次伐兵,其下攻城"。故曰:"知己知彼,百战不殆;不知彼而知己,一胜一负;不知彼,不知己,每战必殆。"

关于管理的策略,孙子指出:"水因地而制流,兵因敌而制胜。故兵无常势,水无常形,能因敌变化而取胜者,谓之神。"

关于管理的方略,孙子提出了分组管理的原则,即:"治众如治寡,分数是也。"(《孙子·势篇》)要使管理多数人像管理少数人一样,就要依靠组织和编制的作用。孙子又提出"令文齐武"的原则,以形成富有战斗力的组织。就是要用思想教育的手段,对下属晓之以理,动之以情。同时要用制度控制的方法,严明纪律,严肃法度。这一套方略,对于任何管理都是适用的。

二、外国早期的管理思想

(一)20世纪以前西方的管理思想及其发展

在工业革命之前,人们已经开始注意到对管理活动的研究。在这一时期,对管理活动的研究是夹杂在经济研究中体现出来的,管理科学还未成为一个独立的认识对象和研究对象,正处于萌芽阶段。

欧洲产业革命的爆发,对20世纪前管理思潮的发展影响很大,工厂体制的逐步确立,使处于萌芽状态的管理思想得到了实质性的发展。产业革命除了带来生产技术的转变外,也涉及生产制度的转变。工厂的分工制度及流水作业式生产,提高了经济效益。工厂的兴起需雇用大量工人。由于分工的关系,工厂的制成品比家庭作坊制作的产品更为经济,因而更具竞争力。工业的发展,使管理人员逐渐要面对大型企业组织的管理工作,例如分配员工的职责、指挥日常事务、协调不同的工序、制订财务预算及生产计划等。研究管理人员怎样处理及解决所面对的各种管理问题,便成了西方管理学的起点。

(二)管理理论萌芽的代表性人物及其管理思想

管理理论萌芽的代表性人物是亚当·斯密(Adams Smith,1723—1790)。作为古典政治经济学奠基人之一的亚当·斯密,在《国民财富的性质和原因的研究》一书中提出了一些重要的管理思想。

1. 劳动分工和协作可以提高劳动生产率

亚当·斯密认为:劳动分工可以节省工人的培训时间并提高劳动技能,协作则可以节省工人工序转换的时间,劳动生产率由此获得提高。

2. 提出"经济人"假设

亚当·斯密认为:个人在企业中追求最大限度的经济报酬。若组织(企业)的利益与个人的利益一致,则可以通过调动个人的积极性来实现组织的目标。

(三)西方管理理论的形成及发展阶段

在 20 世纪以前，西方的管理思想只是个别存在，并没有人对管理进行系统的、整体性的研究。当时大多数企业的生产规模还较小，在管理活动中占据主导地位的仍然是传统的管理方式和手段。直到 19 世纪末，随着社会、经济、技术、法律等方面的发展，出现了一些科学的研究手段和方法之后，一批西方管理学者才开始用较系统的、先进的手段处理管理问题。美国管理学家泰罗在 1911 年出版了《科学管理原理》一书，标志着西方管理理论的形成。随后，西方管理理论的发展经历了古典管理理论、行为科学理论和管理科学理论三个阶段，下面分别进行介绍。

第二节　古典管理理论

古典管理理论形成于 19 世纪末至 20 世纪初的欧美，可分为科学管理理论和组织管理理论。

一、科学管理理论

(一)泰罗与科学管理

泰罗出生于美国费城的一个律师家庭。受父亲职业和家庭的影响，中学毕业后，他考上了哈佛大学法律系。但由于他不幸得了眼疾，被迫辍学。1875 年，泰罗进入费城的一家机械厂当学徒工，1878 年转入费城的米德瓦尔工厂(Midvale Steel Works)当技工。1883 年，他通过自学获得了机械工程学位，1884 年升任米德瓦尔工厂的总工程师。在米德瓦尔工厂的实践中，他深深感到当时的企业管理者不懂得用科学方法进行管理，不懂得工作程序，不懂得劳动节奏和疲劳因素对劳动生产率的影响，并且工人缺少训练，没有正确的操作方法和适用的工具。这些都大大影响了劳动生产率的提高。为了改进管理，他在米德瓦尔工厂开始进行各种试验。

其中有三项著名的实验。

第一项实验：搬运生铁。当时每个工人一天平均装运 12.5 吨生铁，泰罗对工人搬运生铁的动作、方法进行了研究，并挑选了一个身强体壮的工人来做实验。泰罗亲自加以指导，这个工人在第一天下午就搬运完了 47.5 吨生铁，大大提高了劳动效率。通过这项实验，泰罗制定出了一套最优搬运方法、最优步行距离、最优工休间歇。

第二项实验：铁砂和煤炭的铲掘工作。早先，铲掘工人是自备铲子。用它铲铁，每铲重量太大；用它铲煤，每铲重量不足。经泰罗实验，结果是平均每铲重量为 21 磅时，铲掘工作量最高。因此，泰罗专门设计了十多种不同形状的铲子，工人不必自带铲子，由公司统一供应。泰罗的这个方法，使该厂的铲掘生产率大大提高。他的这项研究，也是后来标准化工作的雏形。

第三项实验：金属切削实验。过去切削加工没有标准的加工工艺规程，只是师傅带徒弟，凭经验加工。泰罗对切削加工的方法进行了实验，制定了各种操作加工的标准，要求工人按照这些标准或规程进行加工，这在金属工艺学上是一个很大的贡献。

第二章 管理理论的历史演进

1901年后,他把部分时间用在写作和演讲上,以宣传他的一套管理理论——科学管理。1906年他担任美国机械工程师学会主席职务,1915年去世。泰罗的代表作有:《计件工资制》(1895年)、《车间管理》(1903年)、《科学管理原理》(1911年)。其中《科学管理原理》一书是管理作为一门科学诞生的标志。

(二)科学管理理论的主要内容

泰罗的科学管理理论主要有以下几个观点。
- 科学管理的中心问题是提高劳动生产率。
- 用科学管理代替经验管理是提高劳动生产率的重要手段。
- 工人和雇主双方都必须来一次"心理革命",劳资合作是实施科学管理的基础。

根据以上观点,泰罗提出了科学管理制度。泰罗的科学管理制度包括以下几个方面。

1. 工作定额

泰罗认为,科学管理如同节约劳动的机器一样,其目的在于提高每一单位的劳动生产量。工人提高劳动生产率的潜力是提高日工作量。他选择身体最强壮、技术最熟练的一个工人,把他的工作过程分解为许多个动作,并记录每个动作和每项工作的时间,再加上必要的休息时间和合理的延误时间,得出完成该项工作所需的时间,据此定出一个工人的合理的工作定额。

2. 标准化

标准化包括操作方法的标准化、工具机器材料的标准化、劳动时间的标准化和作业环境的标准化。在当时的企业里,工人的操作方法和使用的工具是根据已有的经验来确定的,工人的劳动时间、机器设备的管理、作业环境的设计布置,也是依据管理人员自己的判断和经验来确定的,这样往往缺乏科学的依据。泰罗认为,经过思考、实验和分析,可以将这些经验性的东西转化为科学的方法和理论,将操作方法与工具、劳动时间、机器的布置等进行合理的配置,从而达到提高劳动生产率的目的。

3. 差别计件工资制

泰罗提出的差别计件工资制有三个特点:一是首先由管理者根据实验制定出科学的工作定额或标准。二是实行无保底工资的"差别计件工资制",即按照工人是否完成工作定额而采取不同的工资率。完成定额按100%的工资率支付,超额完成定额,则定额内的部分连同超额部分按比正常单价高25%计酬。完不成定额,则按比正常单价低20%计酬。三是工资支付的对象是工人而不是职位,即根据工人的实际工作表现,而不是根据工作类别来支付工资。泰罗认为,实行差别计件工资制会大大提高工人的积极性,从而大大提高劳动生产率。

4. 科学的工人选择、培训制度

泰罗对经过科学选择的工人用科学的作业方法进行培训,使他们按照作业标准工作。这样使得生产率快速提高,如前面所述的搬运生铁实验,铲掘铁砂和煤炭的实验。

5. 计划职能与执行职能分离

泰罗认为，工人不可能从自己的经验中找到科学的方法，而且也没有时间和条件去从事这方面的实验和研究。他把工人的劳动称为执行职能。他认为，必须有专门的部门和专门的人员去做这些事情，并把这一任务交给了企业的计划部门。泰罗所指的计划部门比现在的计划部门的职能要广泛得多。计划部门的具体工作包括：时间和动作研究、制定科学的工作定额和标准化的操作方法、选用标准化工具、下达书面计划、监督计划的执行等。这些从事计划职能的人员被称为管理者。

(三) 科学管理理论的其他代表人物

泰罗的科学管理理论在20世纪初得到了广泛的传播和应用，在西方的理论界和实业界产生了巨大的影响。在泰罗的同时代和他以后的年代，许多人都为科学管理做出了贡献，其中较为突出的有吉尔布雷斯夫妇(Frank B. Gilbreth and Lilliml M. Gilbreth)和甘特(Tenry L. Gantt)。

小资料

泰罗自己把科学管理称作是一场思想革命，这一思想革命最根本的东西就是用劳资双方的合作取代对抗。泰罗所说的思想革命，就是要使管理人员认识到，管理者与工人之间的关系不是对立关系而是合作关系，没有管理者与工人齐心协力的合作，也就没有科学管理。

泰罗著名的搬运生铁实验不仅说明了标准化的动作管理，也体现了劳资双方的合作。当时，泰罗所在的钢铁公司有一个生铁搬运小组，每人每天装货约12.5吨，泰罗通过对工时和动作的研究，把工作分成若干基本动作逐项研究后，对工人的负荷、时间、动作等进行精密设计，以科学的方法合理安排工作程序、技术办法和劳动速度，减少不必要的消耗，省略多余动作，节约工人的劳动，最后计算出每个搬运工每天能够搬运的定额是47～48吨。然后，他挑选了一名叫斯密特的工人，让他严格按照管理人员的指示工作，由一名拿着秒表的管理者掌握斯密特工作中的动作、程序和间隔休息时间。这样，斯密特在一天之内完成了47.5吨的生铁搬运，其工资也由过去的1.15美元增加到1.85美元。泰罗强调，工时研究和工作分析绝对不是让工人拼命，而是要找到一个工人正常工作时的标准定额。

当时，一个名叫厄普顿·辛克莱的年轻人对泰罗提出抗议说："泰罗把工资提高了61%，而工作量却增加了280%。" 辛克莱认为这就是剥削。泰罗则指出，在他的管理办法下，斯密特挣到了更多的钱，但是力气花得并不比过去大。这里面的关键在于：斯密特被教会了如何干活，这个方法提高了劳动生产率，使工人省去了无用的劳动。更重要的是，过去是斯密特干活、工头监督，现在是取代了旧式工头的新式管理人员与斯密特一起干活。过去工头的作用仅仅是防止工人偷懒，劳资双方是对立的；现在管理人员的脑力劳动，已经渗透到斯密特的体力劳动中，劳资双方是合作的。

美国工程师弗兰克与其夫人莉莲·吉尔布雷斯在动作研究和工作简化方面做出了突出的贡献。他们致力于通过减少劳动中的动作浪费来提高效率，被人们称为"动作专家"。

甘特是泰罗在米德瓦尔工厂和伯利恒钢铁公司的一位同事，后来从事企业管理的技术咨询工作。甘特对管理理论发展的贡献颇多，其中有两点是十分突出的。第一点是设计了一种用线条表示的计划图表，后人称之为甘特图。这种图目前仍被企业广泛用于编制生产进度计划。第二点是提出了计件奖励工资制。这种奖励工资制除了支付日工资外，超额完成定额部分，再计件发给奖金；完成不了定额的，只能拿日工资，这相当于目前较为流行的底薪。

二、组织管理理论

组织管理理论几乎是与科学管理理论同时创立的，但与科学管理理论主要集中在车间管理从而提高劳动生产率不同，组织管理理论着重研究管理职能和整个组织结构。这里介绍主要的代表人物——亨利·法约尔。

(一)法约尔和一般管理

亨利·法约尔是法国一位著名的企业家，他于1860年从圣艾帝安国立矿业学院毕业后，进入康门塔里-福耳香堡采矿冶金公司，成为一名采矿工程师，并担任总经理长达30年之久。他从一名工程技术人员逐渐成为专业管理者，并在长期的生产实践中形成了自己的管理思想和管理理论。

法约尔一生的管理经验和管理思想集中体现在他于1916年出版的代表作——《工业管理和一般管理》之中。法约尔认为他的管理理论虽然是以大企业为研究对象，但也可以适用于政府、慈善团体以及其他的各种事业团体。因此，后人把法约尔称为一般管理理论家。

法约尔认为，任何企业都存在六种基本活动，即技术活动、商业活动、财务活动、会计活动(或称"核算活动")、安全活动和管理活动。管理只是六种经营活动中的一种。

管理活动是区别于其他五项经营活动的重要活动，包括计划、组织、指挥、协调、控制五大职能，这一职能思想成为管理理论的重要基础之一。

(二)管理者的六种能力

法约尔认为，成功的管理者应该具备与从事其他经营活动所不同的能力，即职业管理能力。它包括以下六个方面。

(1) 身体——健康、精力旺盛、行动敏捷。

(2) 智力——管理者要有较强的理解和学习能力、判断力、头脑灵活、思维敏捷、专注。

(3) 品质——管理者要有毅力、坚强，勇于承担责任，还要有创新精神、忠诚、自知之明等。

(4) 一般文化——管理者的知识面要宽、能写会算。

(5) 专业知识——对自己所担任的技术、商业、财务、会计、安全和管理等方面的专业知识要有较深入的了解。

(6) 经验——优秀的管理者要有丰富的经验，必须通过参加实际管理工作实践来体验管理。

(三)管理的十四条原则

法约尔根据自己的工作经验，归纳出十四条管理原则。

(1) 分工。专业化分工是组织管理的必要手段。

(2) 权力与责任。权力与责任是互为依存、互为因果的。权力是指"指挥他人的权以及促使他人服从的力"。而责任则是随着权力而来的奖罚。委以责任而不授予相应的权力就是组织上的缺陷，当然权力也不可滥用。

(3) 纪律。纪律是管理所必需的，是"对协定的尊重，这些协定以达到服从、专心、干劲以及尊重人的仪表为目的"。也就是说，组织内所有成员通过成文协议对自己在组织内的行为进行控制。纪律应该尽可能明确和公正。

(4) 统一指挥。无论什么时候，组织内每一个人只能服从一个上级并接受他的命令。

(5) 统一领导。这一条原则与统一指挥不同，它是指具有同一目标的全部活动，仅应有一个领导人和一套计划。只有这样，资源的应用与协调才能指向同一目标。

(6) 个人利益服从集体利益。个人和小集体的利益不能超越组织的利益。当两者不一致时，领导人必须使它们一致起来。

(7) 合理的报酬。薪酬制度应当公平，对工作成绩与工作效率优良者应有奖励，但奖励不应超过某一适当的限度。

(8) 适当的集权和分权。提高下属重要性的做法就是分权，降低这种重要性的做法就是集权。应当根据各种情况来决定"产生全面的最大利益"的集中或分散的程度。这种集中或分散应当具有一定的弹性，具体根据组织的性质、问题和所有人员的能力而决定。

(9) 跳板原则。管理中的等级制度是从最高管理人员直至最基层管理人员的领导系列。它显示出执行权力的路线和信息传递的渠道。从理论上说，为了保证命令的统一，各种沟通都应按层次逐步进行。但在特殊情况下，这样可能会产生信息延误现象。为了解决这个问题，应当适当变动。

(10) 秩序。所谓秩序是指"凡事各有其位"。这一原则既适用于人力资源，也适用于物质资源，如设备、工具要排列有序，人员要有自己确定的位置。合理的秩序是按照事物的内在联系来确定的。

(11) 公平。领导人对其下属善意和公平，就可能使下属人员对上级表现出忠诚和热心。

(12) 保持人员稳定。一个人要有效地、熟练地从事某项工作需要相当长的时间。如果人员不断变动，工作将收不到良好的效果。

(13) 首创精神。首创精神是创立和推行一项计划的动力。除领导人要有首创精神外，还要使全体人员发挥其首创精神。这样将促使职工提高自己的敏感性和能力，对整个组织来说将是一种巨大的动力。领导人要在不违背职权和纪律的情况下，鼓励和发挥下级的首创精神。

(14) 集体精神。一个机构集体精神的强弱取决于这个机构内职工之间的和谐和团结情况。在组织中，全体成员的和谐与团结是这个组织发展的巨大力量，领导者应尽一切可能保持和巩固人员团结。

(四)管理教育的必要性

法约尔探讨了管理教育的可行性、必要性和管理理论的普遍性。他认为人的管理能力是可以通过教育来传授，通过学习来获得的，是可以先在学校里学习管理方面的基本知识的，先知后验、先学后予。法约尔首开提倡管理教育的先河。

小阅读

在传说中南海的君王叫作"倏",北海的君王叫作"忽",中央的帝王叫作"混沌"。倏与忽经常作客于混沌的国土,接受混沌丰盛的招待。倏与忽欲报答混沌这样热情的款待,想着人都有七窍而混沌却没有,就想一天凿出一窍,让混沌也能跟他们一样享受美食、音乐、美丽的景色等。没想到等七天凿完七窍后,混沌却也因此死了。

其实每个人都有他的体质与活动的条件,很难将其他人的条件硬套在另一个人的身上。同样,每一个企业也有其不同的组织形态与资源,所有的管理制度、经营策略都是无法套用的,只能通过学习,由经营者谨慎地找出一个属于自己的最佳经营方式。

生活的方式虽有多种,但智者只采用适合自己的一种。

第三节　行为科学理论

古典管理理论的广泛流传,大大提高了劳动生产率,但古典管理理论过分地强调科学性和精密性,把人作为机器的附属物,激起了劳方的强烈不满,导致劳资关系紧张。于是,一些学者开始从心理学、生物学、社会学等方面出发,研究企业中有关人的一些问题,行为科学由此应运而生。

行为科学理论形成于20世纪20年代,行为科学研究大致可分为两个时期。早期被称为人际关系学说,以后发展为行为科学。

一、霍桑试验和梅奥的人际关系论

梅奥是美籍澳大利亚行为科学家。1924—1932年,美国国家研究委员会和西方电气公司合作,在西方电气公司下属的霍桑工厂进行了著名的霍桑试验,梅奥是主要负责人。

(一)霍桑试验的四个阶段

霍桑试验分以下四个阶段。

第一阶段:照明试验(1924—1927年)。照明试验是希望通过照明强度的变化得出其对生产率的影响。因此,该试验选择一批工人分成两组:一组为"试验组",让工人在不同的照明强度下工作;另一组为"控制组",让工人在某一固定的照明强度下工作。这个试验的结果发现:照明强度的变化对生产率几乎没有影响。

第二阶段:继电器装配试验(1927—1928年)。继电器装配试验的目的是试验各种工作条件的变化对生产率的影响。通过工作方法、材料供应、工作时间、监督和指导方法等各种因素的变化对工作效率的影响试验,发现监督和指导方法的改善能促使工人改变工作态度、提高产量,而其他因素对生产率没有特别的影响。

第三阶段:大规模的调查、访问(1928—1931年)。试验者在这个阶段开展了全公司范围的普查与访问,调查访问的对象高达2万余人次。通过这些研究发现:影响生产力最重要的因素是工作过程中发展起来的人群关系,而不是工作环境和待遇。为了进一步证实试验的结果,试验进入了第四阶段。

第四阶段：接线板工作试验(1931—1932年)。接线板工作试验挑选了14名女工，包括绕线工9人、焊接头的焊工3人和工作质量检验员2人。试验发现，工人既不会超过定额，也不会完不成定额，她们达到自认为"过得去"的产量时就会松懈下来。其原因是生产小组无形中形成了一种默契，即工作不要做得太多，也不要做得太少；既不告诉监工任何会损害同伴的事，也不企图对别人保持距离或多管闲事等。他们形成这种默契最根本的原因是：怕因工作好而使标准再度提高；对失业的恐惧和保护速度慢的同伴。这一阶段的试验还发现了"霍桑效应"，即对于新环境的好奇和兴趣，足以导致较佳的成绩，至少在最初阶段是如此。

霍桑试验前后经历了8年时间，获得了大量的第一手资料，为人际关系理论的形成以及后来行为科学的发展奠定了基础。

(二)梅奥的人际关系理论主要观点

1933年，梅奥总结霍桑试验的结果，在出版的《工业文明中人的问题》一书中提出了与古典管理理论不同的新观点。具体内容如下。

1. 工人是社会人

工人不是单纯追求金钱和物质收入的"经济人"，他们还有心理方面和社会方面的感情需要，因而心理和社会因素所形成的动力对生产效率的影响更大。

2. 企业中存在非正式组织

企业成员在共同工作过程中由于共同的社会情感而形成非正式组织。非正式组织有自己的行为规范，左右着组织成员的行为。

3. 新型的领导在于提高工作士气

生产率的高低主要取决于工人工作的主动性、积极性和协作精神，即工作士气。梅奥认为，工人的满足感越高，其士气就越高，从而生产效率也就越高。

二、行为科学学派的主要理论

经过三十余年的发展，人际关系学派已形成了完善的行为科学理论。这一理论流派的主要理论包括以下几个方面。

(一)马斯洛与需求层次理论

马斯洛(Abraham Maslow，1908—1970)的需求层次理论是西方广为流传的激励理论，它有两个基本论点：一个观点是认为人是有需求的动物，其需求取决于他得到了什么，尚缺少什么，只有尚未满足的需求能够影响行为；另一个观点是认为人的需求有轻重层次，某一层次的需求得到满足后，另一个需求才会出现。

马斯洛将需求由低到高分为五级，即生理需求、安全需求、社会需求、尊重需求以及自我实现的需求。有关马斯洛需求层次理论的详细内容，将在激励理论中进一步阐述。

(二)赫茨伯格与双因素理论

赫茨伯格(Fraderick Herzberg,1923—2000)于1959年提出了著名的双因素理论。当年,赫茨伯格在广泛调查的基础上出版了他的名著《工作与激励》一书。赫茨伯格在该书中提出了影响人们行为的两大因素——保健因素和激励因素对人身体的影响。

保健因素与工作的外部因素有关,在对员工的影响方面类似于保健对人身体的影响。当保健工作达到一定的水平时,可以预防疾病,但不能治病。同时,当保健因素低于一定水平时,员工会产生不满;当这类因素得到改善时,员工的不满就会消除。保健因素对员工起不到激励作用。

激励因素与工作内容和工作成果有关,这些因素的改善可以使员工获得满足感,产生强大而持久的激励作用,但这类因素不具备时,也不会造成员工的极大不满。有关双因素理论的详细内容,将在第九章激励理论中进一步阐述。

(三)麦格雷戈与X理论、Y理论

麦格雷戈(Douglas M. Mcgregor,1906—1964)于1957年首次提出X理论和Y理论。1960年,他又在"企业的人的方面"一文中对两种理论进行了比较。

1. X理论的主要观点

X理论的观点总起来说是"人之初,性本恶"。具体内容包括以下几个观点。

(1) 多数人十分懒惰,他们总是想方设法逃避工作。
(2) 多数人没有雄心大志、不愿负责任,而心甘情愿地接受别人的指导。
(3) 多数人的个人目标与组织目标是相矛盾的,必须用强制、惩罚的方法,才能迫使其为实现组织目标而工作。
(4) 多数人干工作都是为了满足基本需要,只有金钱和地位才能鼓励他们工作。
(5) 人大致可以分为两类,多数人都是符合上述设想的人;另一类则是能够自己鼓励自己,能够克制感情冲动的人,这些人应担当管理的责任。

2. Y理论的主要观点

Y理论与X理论相反,其观点总起来说是"人之初,性本善"。Y理论的主要观点如下。

(1) 一般人都是勤奋的,如果环境条件有利,工作就如同游戏或休息一样自然。
(2) 控制和惩罚不是实现组织目标的唯一手段,人们在执行任务中能够自我指导和自我控制。
(3) 在适当的条件下,一般人不但会接受某种职责,而且还会主动寻求职责。
(4) 大多数人在解决组织面临的困难问题时,都能发挥出高度的想象力、创造性和聪明才智。
(5) 有自我满足和自我实现需求的人往往以达到组织目标作为自己致力于实现目标的最大报酬。
(6) 在现代社会条件下,一般人的智能潜力只能得到一部分的发挥。

互动话题

王中是冷冻食品厂厂长,该厂专门生产一种奶油特别多的冰激凌。在过去的4年中,每年销售量都稳步递增。但是,今年的情况却发生了较大的变化,到8月份,累计销量比去年同期下降17%,生产量比原来所计划的少15%,缺勤率比去年高20%,迟到早退现象也有所增加。王中认为,这种现象的发生可能与管理有关,但他不能确定发生这些问题的原因,也不知道应该怎样去改变这种情况,他决定去请教管理专家。

请问:具有不同管理思想,即科学管理思想、行为管理思想的管理专家,会认为该厂的问题出在哪里?并提出怎样的解决方法?

第四节 管理理论丛林

进入20世纪50年代,现代管理思想的发展异常活跃,众多的学者,从不同的角度、用不同的方法研究管理问题,独树一帜,建立了许多管理理论学派,形成了管理理论研究的分散化局面。美国管理学者孔茨和奥唐奈将这种现象称为"热带的丛林"。该时期主要包括以下学派。

一、管理过程学派

管理过程学派是在法约尔管理思想的基础上发展起来的。该学派的代表人物有美国的哈罗德·孔茨和西里尔·奥唐奈(Cyril O'Donnel)。其代表作是他们两人合著的《管理学》。这一学派主要研究管理者的管理过程及其功能,并以管理职能作为其理论的概念结构。其主要观点为:①认为管理是一种普遍而实际的过程,尽管各类组织的性质不同,不同类型与层次管理者的实际有很大的差别,但他们所履行的基本管理职能是相同的,即都在履行计划、组织、人事、领导各控制职能。②他们深入分析每一项管理职能,如该职能的特点与目的、职能的基本结构、职能的过程与技术方法、实施的障碍及排除方法等,以总结出管理的原理、原则、方法技术,以便更好地指导管理实践。③该学派设计出一个按管理者实际工作过程的管理职能来建立管理理论的思想构架,把一些新的管理原则与技术容纳在计划、组织、人事、领导及控制等职能框架之中,从而建立起更加实用的理论体系。

二、经验学派

经验主义学派的代表人物主要有:欧内斯特·戴尔(Ernest Dale),其代表作有《伟大的组织者》《管理:理论和实践》;彼得·德鲁克(Peter F. Drucker),其代表作有《有效的管理者》。经验学派的特点是:①最关注的是管理者的实际管理经验,认为管理学就是管理的经验,成功的组织管理者的经验是最值得借鉴的,远比那些纯理论更有价值。②他们主张通过对实际经验的研究来概括管理理论。通过分析大量组织或管理者成功或失败的实例,研究在类似情况下,如何采用有效的策略和方法来达到管理的目标。在对实际经验研究的基础上,寻找成功经验中具有共性的、规律性的东西,进行科学抽象,实现系统化、理论化,以建立一套完整的理论的技术体系。③在对实际经验研究的基础上,归纳出经理的管理职责，即为企业确定目标；建立组织，选拔人员；鼓励人们做好工作；对企业成果与人员的工作进行评价；促进员工的成长与发展。④提出了目标管理等现代管理方法与技术。

三、行为科学学派

现代行为学派是在早期人际关系论的基础上发展起来的。行为科学的主要代表人物有美国的马斯洛(A. Maslow)、赫茨伯格(F. Herzberg)、道格拉斯·麦格雷戈(Douglas M. Mcgregor)等。行为科学理论的主要观点是：①重视人在组织中的关键作用，注重探索人类行为的规律，积极推进人力资源的开发。②强调个人目标和组织目标的一致性。主张调动积极性必须从个人因素和组织因素两方面着手，要使组织目标包含更多的个人目标；要改进工作设计，把员工对其所从事的工作的满意作为最有效的激励因素。③主张打破传统组织结构和关系造成的紧张气氛，在组织中恢复人的尊严，实行民主参与管理，使上下级之间的关系由命令服从变为支持帮助，由监督变为引导，使员工自我控制，自主管理。

四、社会系统学派

这是从社会学观点研究管理。该理论把组织看成是一个社会系统，是一个人们之间相互联系的体系；它受社会环境的各个方面所制约，是更大的社会系统的一部分。其代表人物为美国著名管理学家切斯特·巴纳德(C. D. Barnard)，其代表作是《经理人的职能》。他将社会学的概念引入管理，在组织的性质和理论方面做出了杰出贡献。其主要观点为：①组织是一个协作系统。他认为组织是由两个或两个以上的人有意识协调活动的系统，每个组成部分都以一定形式与其他部分相联系。②无论组织的规模大小、层次高低，都存在共同的目标、协作意愿和信息沟通三个基本要素。③组织效力与组织效率是组织发展的两项重要原则。④管理者的权威来自下级的认可，即管理人员的权限取决于指挥下属的命令是否为下属所接受。⑤经理人职能。经理人员作为信息沟通系统中相互联系的中心，通过信息沟通来协调组织成员的协作活动，以保证组织的协调与目标的实现。

五、决策理论学派

决策理论学派的代表人物是美国卡内基-梅隆大学的教授赫伯特·西蒙(H. A. Simon)，其代表作为《管理决策新科学》。由于西蒙在决策理论方面的贡献，曾荣获1978年的诺贝尔经济学奖。该学派认为管理的关键在于决策，管理必须采用一套制定决策的科学方法及合理的决策程序。其观点是：①认为"管理就是决策"，强调决策行为贯穿于整个管理过程之中，且是管理活动成败的关键。②对决策的程序、准则、类型及其决策技术等做了科学的分析，提出在决策中应用"令人满意"的准则代替"最佳化"准则。③强调不仅要注意在决策中应用定量方法、计算技术等新的科学方法，而且，要重视心理因素、人际关系等社会因素在决策中的作用。

六、交流中心学派

这是运用信息与沟通理论解决管理问题而建立的管理理论。该学派认为管理人员是交流中心，并围绕这一观念建立起管理理论体系；认为管理人员的作用就是接受信息、储存和处理信息、传播信息，并将计算机运用于管理之中。

七、权变理论学派

权变理论是在20世纪70年代开始形成、发展起来的，其代表人物是美国管理学家卢桑斯(Fred Luthans)以及英国学者琼·伍德沃德(Joan Woodward)等人。所谓权变就是具体情况具体分析、具体处理。权变理论的核心思想是，认为不存在一成不变的、无条件适用于一切组织的最好的管理方法，强调在管理中要根据组织所处的内外环境的变化而变化，针对不同情况寻找不同的方案和方法。权变理论在提出后的几十年内，其理论价值和应用价值日益为管理实践所证明，因而得到了越来越多的人的支持，成为具有重大影响的管理学派之一。其主要观点如下。

(1) 环境变更与管理变量之间存在着函数关系，即权变关系。这里所说的环境变量，既包括组织的外部环境，也包括组织的内部环境。管理变量则指管理者在管理中所选择或采用的管理观念和技术。

(2) 在一般情况下环境是自变量，管理观念和技术是因变量。如果环境条件一定，为了更快地达到目标，必须采用与之相应的管理原理、方法和技术。

(3) 管理模式不是一成不变的，要根据变幻莫测的环境而有所变化，要根据组织的实际情况来选择最适宜的管理模式。

八、管理科学学派

管理科学学派也叫数量学派或运筹学派，它产生于第二次世界大战之后。管理科学学派认为，管理就是制定和运用数学模型与程序的系统，就是用数学符号和公式来表示计划、组织、控制、决策等合乎逻辑的程序，求出最优的解答，以达到企业的目标。管理科学学派解决问题的六个步骤是：①观察和分析；②确定问题；③建立一个代表所研究系统的模型；④根据模型得出解决方案；⑤进行验证、建立解决方案；⑥把解决方案付诸实施。以上六个步骤相互联系、相互影响。

互动话题

在一个管理经验交流会上，有两个工厂的厂长分别论述了自己对如何进行有效管理的看法。

A厂长认为，只有实行严格的管理，采用某些命令式、强制性手段，才能保证实现企业目标。因此，企业要制定严格的规章制度和岗位责任制，建立严密的控制体系；注重上岗培训；实行计件工资制等。员工们都非常注重遵守劳动纪律和规章制度，努力工作以完成任务，工厂发展迅速。

B厂长则认为，企业管理的资产是员工，只有员工都把企业当成自己的家，把个人的命运与企业的命运紧密联系在一起，才能充分发挥他们的聪明才智和力量为企业服务。因此，管理者在执行管理的决策、组织、领导、控制等职能时，应充分提高透明度，在需要职工参与时，与职工商量解决；平时十分注重对员工需求的分析，有针对性地给员工提供学习、娱乐的机会和条件；每月在黑板上公布出当月过生日的员工姓名，送上生日礼物并祝他们生日快乐；如果哪位员工生儿育女，厂里派专车接送，厂长亲自送上贺礼等。员工都普遍把企业当作自己的家，全心全意为企业服务，工厂日益兴旺发达。

请问：这两位厂长的观点分别代表什么管理思想？你认为哪一种更具有优越性？为什么？

第五节　管理理论新发展

随着计算机尤其是个人计算机的广泛普及，以及互联网的广泛运用，人类进入了信息化的新经济时代。信息化、网络化、知识化和全球化是新经济时代，尤其是20世纪90年代以来的显著特征。20世纪90年代以来，产生了一些体现时代特征的管理理论，主要有学习型组织、精益思想、业务流程再造和核心能力理论等。

一、学习型组织

所谓学习型组织是指具有持续不断学习、适应和变革能力的组织。当今管理者所面临的最大挑战是变化，正如管理学大师彼得·德鲁克(Peter F. Drucker)所言："当今世界，唯一不变的就是变化。"学习型组织与传统组织具有明显的不同。

(1) 在对待变革的态度上，传统组织认为，只要还管用就不要改变它；而学习型组织认为，如果不变革那就不管用了。

(2) 在对待新观点的态度上，传统组织认为，如果不是产生于此时此刻就拒绝它；而学习型组织认为，如果是产生于此时此刻就拒绝它。

(3) 在关于谁对创新负责上，传统组织认为，创新是研发部门的事；而学习型组织认为，创新是组织中每位成员的事。

(4) 传统组织的主要担心是发生错误；而学习型组织的主要担心是不学习、不适应。

(5) 传统组织认为，产品和服务是竞争优势；而学习型组织认为，学习能力、知识和专门技术是组织的竞争优势。

(6) 在管理者的职责上，传统组织认为，管理者的职责是控制别人；而学习型组织认为，管理者的职责是调动别人、授权别人。

彼得·圣吉(Peter M. Senge)在《第五项修炼：学习型组织的艺术与实务》中指出，企业应成为一个学习型组织，并提出了建立学习型组织的四条标准：①人们能不能不断检验自己的经验；②人们有没有生产知识；③大家能否分享组织中的知识；④组织中的学习是否和组织的目标息息相关。并且他提出了建立学习型组织的技能，即五项修炼：自我超越、改善心智模式、建立共同愿景、团体学习和系统思考。圣吉还提出，在学习型组织中，领导者是设计师、仆人和教师。他们负责建立一种组织，能够让其他人不断增进了解复杂性和改善共同心智模式的能力，也就是领导者要对组织的学习负责。

二、精益思想

1985年，麻省理工学院发起了"国际汽车计划(IMVP)"。IMVP组织了一支国际性的研究队伍，耗资 500 万美元，历时五年，访问了北美、西欧、日本以及韩国、墨西哥和中国台湾等国家和地区与汽车有关的公司和工厂，写出了大量的研究报告，最后出版了一部名为《改变世界的机器》的著作，推出了一种以日本丰田生产方式为原型的"精益生产方式(Lean Production)"。"精益生产"即企业把客户、销售代理商、供应商、协作单位纳入生产体系，同他们建立起利益共享的合作伙伴关系，进而组成一个企业的供应链。消除无价值活动是精益生产方式的精髓。精益生产方式不同于大规模生产方式。沃麦克(Womack)、琼斯(Jones)和鲁斯(Roos)在 1996 年出版的《精益思想》一书中指出，所谓精益思想，就是根据用户需求定义企业生产价值，按照价值流组织全部生产活动，使要保留下来的、创造价值的各个活动流动起来，让用户的需要拉动产品生产，而不是把产品硬推给用户，暴露出价值流中所隐藏的无价值活动，从而不断完善，达到尽善尽美。

三、业务流程再造

传统的组织结构建立在职能和等级职能的基础上。虽然这种模式过去曾经很好地服务于企业，但是面对知识经济时代竞争环境的要求，它的反应已经显得缓慢和笨拙。业务流程再造对许多的传统组织结构原则提出了挑战，将流程推到管理日程表的前列。通过重新设计流程，可以在绩效的改善上取得飞跃，激发和增进企业的竞争力。迈克尔·哈默(Michael Hammer)和詹姆斯·钱皮(James Champy)在 1993 年出版的《再造公司》一书中，主张采取上述方法对变化和为提高产品和经营的质量而付出的努力进行管理。他们把再造定义为"对经营流程彻底进行再思考和再设计，以便在业绩衡量标准(如成本、质量、服务和速度等)上取得重大突破"。采取再造方法的公司应迅速学会必须做什么，然后确定它如何做。"'再造'不把任何事想当然，它对'是什么'有所忽视，而对'应该是什么'相当重视"。再造中最关键的部分是在公司的核心竞争力和经验的基础上确定它应该做什么，即确定它能做得最好的是什么。之后确定需要做的事最好是由本组织来做还是由其他组织来做。采取再造方法的结果是公司规模的缩小和外包业务的增多。

小阅读

在肯尼思·普瑞斯、罗杰·内格尔等美国学者于 1991 年最早提出"虚拟企业"概念仅仅 7 年后，美特斯邦威就运用"虚拟经营"之道，成功地打破了温州家族式民营企业年营业规模发展至 5 亿元左右就徘徊不前的"温州宿命"。

2002 年 8 月 23 日，一个专家组来到美特斯邦威集团，考察其电子商务的应用情况。在这里已经看不到一台缝纫机，初步具备了虚拟品牌运营商概念的美特斯邦威集团，竟然自行研究开发了包括 ERP 在内的全部信息系统。专家组认为，在当时的国内企业中，美特斯邦威在信息技术运用上已处于领先地位，真正把信息技术成功运用到了生产、管理、流通、销售等各个环节。

四、核心能力理论

核心能力理论是由 20 世纪 80 年代的资源基础理论发展而来的。在 20 世纪 50 年代，斯尔兹尼克(Selznick)提出"独立能力(Distinctive Competence)"的概念，并且在 60 年代形成了企业战略管理的基本模式,即公司使命或战略建立在"独特能力"基础之上,它包括企业成长方式,有关企业实力与不足的平衡思考,以及明确企业的竞争优势和协同效应,从而开发新市场和新产品。到 20 世纪 80 年代,资源基础理论认为企业的战略应该建立在企业的核心资源上。所谓核心资源是指有价值的、稀缺的、不完全的模仿和不完全替代的资源。它是企业持续增长优势的源泉。1990 年普拉哈拉德(C. K. Prahalad)和哈梅尔(Gary Hamel)在《哈佛商业评论》上发表了一篇具有广泛影响的论文"公司的核心能力",一下子把众多学者、实践家的目光吸引过去。从核心资源到核心能力(Core Competence),资源基础理论得到进一步发展。按普拉哈拉德和哈梅尔的定义,核心能力是组织内的集体知识和集体学习,尤其是协调不同生产技术和整合多种多样技术流的能力。一项能力可以鉴定为企业的核心能力,其必须满足以下五个条件:①不是单一技术或能力,而是一簇相关的技术和技能的整合;②不是物理性资产;③必须能创造顾客看重的关键价值;④与对手相比,竞争上具有独特性;⑤超越特定的产品或部门范畴,从而为企业提供通向新市场的通道。

管 理 故 事

田 忌 赛 马

齐国的大将田忌,很喜欢赛马,有一回,他和齐威王约定,要进行一场比赛。他们商量好,把各自的马分成上、中、下三等。比赛的时候,要上马对上马、中马对中马、下马对下马。由于齐威王每个等级的马都比田忌的马强得多,所以比赛了几次,田忌都失败了。

田忌觉得很扫兴,比赛还没有结束,就垂头丧气地离开赛马场。这时,田忌听到有人叫他,抬头一看,人群中有个人,原来是自己的好朋友孙膑。孙膑招呼田忌过来,拍着他的肩膀说:"我刚才看了赛马,齐威王的马比你的马快不了多少呀。"孙膑还没有说完,田忌瞪了他一眼:"想不到你也来挖苦我!"孙膑说:"我不是挖苦你,我是说你再同他赛一次,我有办法准能让你赢了他。"田忌疑惑地看着孙膑:"你是说另换一匹马来?"孙膑摇摇头说:"一匹马也不需要更换。"田忌毫无信心地说:"那还不是照样得输!"孙膑胸有成竹地说:"你就按照我的安排办吧。"齐威王屡战屡胜,正在得意扬扬地夸耀自己的马匹的时候,看见田忌陪着孙膑迎面走来,便站起来讥讽地说:"怎么,莫非你还不服气?"田忌说:"当然不服气,咱们再赛一次!"说着,"哗啦"一声,把一大堆银钱倒在桌子上,作为他下的赌钱。齐威王一看,心里暗暗好笑,于是吩咐手下,把前几次赢得的银钱全部抬来,另外又加了一千两黄金,也放在桌子上。齐威王轻蔑地说:"那就开始吧!"一声锣响,比赛开始了。孙膑先以下等马对齐威王的上等马,第一局输了。齐威王站起来说:"想不到赫赫有名的孙膑先生,竟然想出这样拙劣的对策。"孙膑不去理他。接着进行第二场比赛。孙膑拿上等马对齐威王的中等马,获胜了一局。齐威王有点心慌意乱了。第三局比赛,孙膑拿中等马对齐威王的下等马,又战胜了一局。这下,齐威王目瞪口呆了。比赛的结果是三局两胜,当然是田忌赢了齐威王。还是同样的马匹,由于调换了一下比赛的出场顺序,就得到转败为胜的结果。

这就是中国早期管理思想的一种体现。

(资料来源:改编自《史记》卷六十五:《孙子吴起列传》)

管 理 定 律

鲇 鱼 效 应

西班牙人爱吃沙丁鱼,但沙丁鱼非常娇贵,极不适应离开大海后的环境。当渔民把刚捕捞上来的沙丁鱼放入鱼槽运回码头后,用不了多久沙丁鱼就会死去。而死掉的沙丁鱼味道不好,销量也差,倘若抵港时沙丁鱼还活着,活鱼的卖价就要比死鱼高出若干倍。为了延长沙丁鱼的活命期,渔民想方设法让鱼活着到达港口。后来渔民想出一个法子,将几条沙丁鱼的天敌鲇鱼放在运输容器里。因为鲇鱼是食肉鱼,放进鱼槽后,鲇鱼便会四处游动寻找小鱼吃。为了躲避天敌的吞食,沙丁鱼自然加速游动,从而保持了旺盛的生命力。如此一来,沙丁鱼就一条条活蹦乱跳地回到渔港。

其实用人亦然。一个公司,如果人员长期固定,就缺乏活力与新鲜感,容易产生惰性。尤其是一些老员工,工作时间长了就容易厌倦、疲惫、倚老卖老,因此有必要找些外来的"鲇鱼"加入公司,制造一些紧张气氛。当员工们看见自己的位置多了些"职业杀手"时,便会有种紧迫感,知道该加快步伐了,否则就会被炒掉。这样一来,企业自然而然就生机勃勃了。

当压力存在时,为了更好地生存发展下去,惧者必然会比其他人更用功,而越用功,跑得就越快。

知 识 测 试

(一)选择题

1. 霍桑试验中对职工的定性是( )。
   A. 经济人　　　B. 社会人　　　C. 自我实现人　　　D. 复杂人
2. 泰罗认为科学管理的中心问题是( )。
   A. 实现标准化　　　　　　　　B. 制定科学报酬制度
   C. 提高工人素质　　　　　　　D. 提高效率
3. 泰罗被尊称为( )。
   A. 科学管理之父　　　　　　　B. 管理过程之父
   C. 组织理论之父　　　　　　　D. 行为科学之父
4. 霍桑试验表明( )。
   A. 非正式组织对组织目标的达成是有害的
   B. 正式组织对组织目标的达成是有益的
   C. 企业应采取一切措施来取缔非正式组织
   D. 企业应该正视非正式组织的存在
5. (多选)( )是梅奥在总结霍桑试验的基础上得出的结论。
   A. 职工是社会人
   B. 人的行为是由动机导向的,而动机则是由需要引起的
   C. 人的需要是有层次的
   D. 新型的领导能力在于提高职工的满意程度

(二)论述题

1. 简述泰罗的科学管理的主要内容。
2. 列举几种最新的管理理论及其主要内容。

素 质 拓 展

拓展项目一：医院流程再造

【实训目标】

1. 理解流程再造理论的现实意义。
2. 培养学生用管理理论解决现实问题的能力。

【实训内容与要求】

根据以前在医院看病的经验和实地去医院观察，思考医院是否可以实施流程再造，为什么？如果实施再造流程，请提出你的流程再造思路。

先分小组讨论，然后每个小组写一份流程再造方案。

【成果与检测】

1. 教师根据各小组表现进行评估打分。
2. 各小组成员根据自己的看病经验和实地观察，在讨论的基础上，选派代表写出流程再造方案，交老师保存。

拓展项目二：组建模拟公司

【实训目标】

1. 培养初步运用管理系统的思想建立现代组织的能力。
2. 培养分析、归纳与演讲的能力。

【实训内容与要求】

根据所学知识与对实际企业调查访问所获得的信息资料，组建模拟公司。

A方式：先组建公司，后选举总经理。

(1) 以自愿为原则，6～8人为一组，组建"××大学生模拟公司"，自定公司名称。

(2) 进行总经理竞聘。每个人都要起草竞聘总经理的演讲稿或发言提纲，并在公司中发表竞聘演讲。最后由公司全体成员投票选举产生总经理。

(3) 共同商定公司名称，进行人员分工。

(4) 班级组织一次交流，每个公司推荐两名成员发表竞聘演讲。

B方式：先竞聘总经理，后组成公司。

(1) 每个人都参与竞聘总经理。也可按照总经理人数的一定比例控制，自由参与竞聘。

(2) 由竞聘者在全班中招聘成员。

(3) 招聘人数达到规定人数时,公司即宣告成立。
(4) 对于各公司人数不平衡的问题,可由教师或学生助教按选择的先后顺序进行微调。
(5) 共同商定公司名称,进行人员分工。

【成果与检测】
1. 竞聘者必须重视自我心理突破,组合过程体现自主与竞争原则。
2. 每个人提供一份总经理竞聘演讲稿或提纲。
3. 对各公司组建情况(含竞聘提纲与发言)进行评估打分。

案 例 分 析

亨利·福特和福特汽车

提起亨利·福特,几乎人人都知道他所创造的流水线生产方式,以及随之而来的工业化生产和小汽车普及所带来的一些重大社会变革。但是,亨利·福特和他的福特汽车工业公司为什么会从汽车工业占绝对垄断优势的龙头老大的宝座上跌落下来,福特家族和福特公司内部代表新的经营策略的革新派又怎样被亨利·福特无情地压制下去,只能眼睁睁地看着福特公司衰败下去的过程却鲜为人知。

亨利·福特从小就对机械和制造表现出了浓厚的兴趣和好奇心,成年后有人问他,童年时喜欢什么玩具,他回答说:"我的玩具全是工具,至今如此。"1879年,17岁的福特离开父亲的农庄来到了底特律,开始了他的汽车生涯。为了给自己的汽车梦积累资金,亨利同时做了两份工作,白天在密歇根汽车公司做机修工,晚上在一家钟表店维修钟表。在维修钟表的工作中,福特发现,大多数钟表的构造其实可以大大简化,只要精密分工,采用标准部件,钟表的制造成本可以大大降低,而性能更加可靠。他自己重新设计了一种简化设计的手表,估算成本为每只30美分,日产量可达2000只。他认为这一计划是完全可行的,唯一使他担心的是,他没有年销60万只手表的销售能力,而销售活动又远不如生产那样吸引亨利·福特,因此,亨利·福特最后放弃了这一计划。但是,简化部件,大批量生产,低价销售的"更多、更好、更便宜"的经营思路却在此时大体形成了。

在亨利·福特建立他的流水线之前,汽车工业完全是手工作坊型的,三两个人合伙,买一台引擎,设计一个传动箱,配上轮子、刹车、座位,装配1辆,卖出1辆,每辆车都是一个不同的型号。由于启动资金要求少,生产也很简单,每年都有50多家新开张的汽车作坊进入汽车制造业,但大多数的存活期不超过1年。福特的流水线使得这一切都改变了。在手工生产年代,每装配一辆汽车要728个人工小时,而福特的简化设计,标准部件的T型车把装配时间缩短为12.5个小时。进入汽车行业的第12年,亨利·福特终于实现了他的梦想,他的流水线的生产速度已达到了每分钟1辆车的水平,5年后又进一步缩短到每10秒钟1辆车。在福特之前,轿车是富人的专利,是地位的象征,售价在4700美元左右。伴随福特流水线的大批量生产而来的是价格的急剧下降,T型车在1910年销售价为780美元,1911年降到690美元,然后降到600美元、500美元,1914年降到360美元。低廉的价格为福特赢得了大批的平民用户,小轿车第一次成为大众化的交通工具。福特说:"汽车的价格每下降 1 美元,就为我们多争取来 1000 名顾客。"1914 年福特公司的 13 000 名工人生产了 26.7 万辆汽车;美国其余的 299 家公司 66 万工人仅生产了 28.6 万辆。福特公司的市场份额从 1908 年的 9.4% 上升到 1911 年的 20.3%、1913 年的 29.6%,到 1914 年达到 48%,月赢利 600 万美元,在美国汽车行业占据了绝对优势。

亨利·福特的名字是和汽车联系在一起的。但是,亨利·福特真正热爱的并不是作为产品的汽车,甚至也不是汽车工业所带来的巨额利润,他所梦寐以求的是现代化大工业的那种高度组织、高度精密、高度专业化的生产过程。福特在汽车流水线的建设上非常舍得投资,虽然利润很高,福特却一直不肯分红,而是把所得利润几乎全部投入再生产,不断地用最先进的设备来装备他的流水线。福特的这一做法导致了福特公司的主要投资者之一的道奇兄弟的强烈反对,并把福特最终告上法庭。法庭判福特公司履行分红义务,福特本人则能分到红利总额 1900 万美元中的 1100 万美元。

为了实现最高限度的专业化,以最大批量的流水线生产来达到最低成本,亨利·福特不允许汽车设计上有任何他认为多余的部件和装置。为了减少因为模具更换而损失的生产时间,也为了避免品种繁多所必然带来的设备费用和库存费用,福特公司只生产单一型号、单一色彩的 T 型车。其销售人员多次提出要增加汽车的外观喷漆色彩,福特的回答是:"我不管顾客要什么颜色,只要是黑色的。"

针对福特汽车的价格优势,由 29 家厂商联合组成的通用汽车公司在阿尔弗雷德·斯隆的领导下,在内部推行科学管理的同时,采用了多品牌、多品种的产品特色化策略,在联合公司的框架下,实行专业化、制度化管理,在采购、资金和管理取得规模经济效益的基础上,保留了众多相对独立的雪佛兰、凯迪拉克、别克、朋迪埃克这样的著名品牌,在产品的舒适化、多样化、个性化上下功夫。1924 年,通用汽车公司推出了液压刹车、四门上下、自动排挡的汽车,1929 年又推出了六缸发动机,而福特的 T 型车仍然是四缸、双门、手排挡。

面对通用汽车的攻势,亨利·福特根本不以为然,他不相信还有比单一品种、大批量、精密分工、流水线生产更经济更有效的生产方式。对于销售人员提出的警告,福特认为他们无非都是出于营销部门局部利益的危言耸听。福特不止一次地说,福特汽车公司面临的唯一问题就是供不应求。从 1920 年到 1924 年,福特共降价 8 次,其中 1924 年一年就降了两次。但是,长期沿用降价策略的前提是市场的无限扩张,而 1920 年以后,随着人们收入水平的提高,对汽车需求转向多样化和舒适性,代步型的经济低价车的市场已近乎饱和;同时,长期的降价经营使得福特公司的利润率已经很低,继续降价的余地很小。农夫型的 T 型车靠降价促销、靠"生产导向型发展"的道路已经走到了尽头。

眼看着通用汽车一点一点地吞食福特的汽车市场,福特公司内部许多人都非常着急,希望亨利·福特能够及时调整策略,按照顾客需求重新设计产品,但是这些合理建议都遭到了福特的拒绝和压制并历经数年。后来虽然由于市场压力,亨利·福特终于批准了六缸汽车上马,但那已是 7 年以后;福特后来也批准了液压刹车上马,但那已是 14 年以后,为时已经太晚了。福特车的销售额不断下降,而外部环境的恶化又使得亨利·福特越来越孤僻,越来越听不进不同意见,正直的人们纷纷离去;身边的圈子越来越窄,不同意见越来越难传入福特的耳中,而福特也变得越来越依靠身边的几个亲信。到 1946 年,亨利·福特不得不让位给孙子亨利·福特二世时,福特公司的亏损已达到每月 1000 万美元,只是因为福特公司的巨大规模和第二次世界大战的政府订货才使福特公司免遭倒闭的噩运。

(资料来源：百度文库 https://wenku.baidu.com)

思考题：

1. 亨利·福特成功和失败之处在什么地方？试用学过的管理学理论分析。
2. 从亨利·福特的故事中你得到了怎样的启发？你认为管理理论与管理实践的发展规律是怎样的？

第三章　管理环境与管理道德

小胜凭智，大胜靠德。

——牛根生

【学习目标】

知识点：
- 深刻认识管理环境对管理活动的影响。
- 掌握一般环境包含的因素。
- 深刻认识影响管理者道德的因素。
- 理解管理道德观和社会责任观。

技能点：
提升员工道德修养的途径。

【引例】

简 单 道 理

从前，有两个饥饿的人得到了一位长者的恩赐：一根鱼竿和一篓鲜活硕大的鱼。其中，一个人要了一篓鱼，另一个人要了一根鱼竿，于是他们分道扬镳了。得到鱼的人原地就用干柴搭起篝火煮起了鱼，他狼吞虎咽，还没有品出鲜鱼的肉香，转瞬间，连鱼带汤就被他吃了个精光，不久，他便饿死在空空的鱼篓旁。另一个人则提着鱼竿继续忍饥挨饿，一步步艰难地向海边走去，可当他已经看到不远处那片蔚蓝色的海洋时，他浑身的最后一点力气也使完了，他也只能眼巴巴地带着无尽的遗憾撒手人寰。又有两个饥饿的人，他们同样得到了长者恩赐的一根鱼竿和一篓鱼。只是他们并没有各奔东西，而是商定共同去找寻大海。他俩每次只煮一条鱼，他们经过遥远的跋涉，来到了海边，从此，两人开始了捕鱼为生的日子。几年后，他们盖起了房子，有了各自的家庭、子女，有了自己建造的渔船，过上了幸福安康的生活。一个人只顾眼前的利益，得到的终将是短暂的欢愉；一个人目标高远，但也要面对现实的生活。只有把理想和现实有机结合起来，才有可能成为一个成功之人。有时候，一个简单的道理，却足以给人意味深长的生命启示。

(资料来源：魔方格 https://www.mofangge.xin)

第一节　管 理 环 境

一切组织的生存与发展都以人、财、物等内部条件作为基础，并受到一系列外部环境因素的影响和制约。组织作为一个开放的系统就是在内外环境因素的相互作用、相互影响的过程中不断成长的。作为管理者,正确地分析、认识组织的内外环境因素,把握其变动发展规律是其做出正确决策,尤其是战略决策的前提。有效的管理活动离不开对组织环境的分析、认识与把握。

一、组织环境的含义

组织环境是指影响组织生存和发展的各种内外因素的总称。通常,构成组织环境的因素分为两大类:一类是组织可控的因素,构成组织的内部环境;另一类是组织不可控的因素,构成组织的外部环境(分为一般环境和具体环境),如图3-1所示。

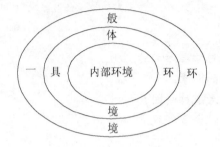

图3-1 组织环境的结构

二、组织外部环境

企业的外部环境因素可分为:一般环境因素和具体环境因素。

(一)一般环境因素

一般环境因素是指对某一特定社会所有企业或其他经济组织都会产生影响的环境因素,主要包括以下几个方面。

1. 政治和法律环境

政治和法律环境主要是指组织所在国的政治制度、政党制度、政治性团体、政治形势、国家的方针政策、政府的行政性行为及法律规范与制度、法律执行力度、公民守法意识等构成的复杂系统。该政治与法律环境的各构成因素都会在不同时间以不同力度作用于不同层次的组织。作为组织的管理者不仅要了解政治与法律环境的各相关构成要素,分析其对组织活动可能造成的影响,而且应当对组织所在国的政治稳定性、政策的延续性、政府行为的规范与透明性、法律法规的健全与执行的公平性等进行深入分析与研究。

2. 社会文化环境

社会文化环境是指生活在一定地域(国家、地区等)的人所构成的人口状况(包括人口规模及地理分布、人口密度、年龄结构、受教育程度)、形成的社会秩序、生活方式、工作方法以及宗教信仰、文学艺术、价值观念、道德规范等构成的体系。

社会文化环境对组织活动的影响是广泛而深远的。例如:人口数量及结构的变化对社会政治及经济的影响;人们的生活方式、工作方式及社会价值观的变化对产业结构与规模的影响；人们的环境保护意识的不断强化对一个国家或地区的产业政策及相关法律法规的影响等。这些影响经过逐级传导后，最终会影响到具体的组织行为。

小阅读

从一本人口杂志发现的商机

20世纪60年代末，日本东京有一家生产毛巾的小厂，由于生产毛巾的厂家较多，所以生意不太景气。一天，这家小厂的老板闲暇时随手翻看一本日本人口杂志。他被其中的一篇人口统计资料吸引，这篇统计资料说明，日本战后出生了一大批婴儿。于是这位老板联想到：这一大批婴儿二十年后都要结婚生子，于是会有一个婴儿高峰期出现。这些婴儿需要什么呢？尿布！

于是这位老板决定转产尿布。结果，他生产的尿布不仅畅销日本，而且还打入国际市场，销往西欧各国，成了日本有名的尿布大王。

3. 经济环境

经济环境是指组织所在国家或地区的总体经济状况，包括社会经济发展水平、经济结构(产业结构、分配结构、交换结构、消费结构、技术结构)、经济体制、经济政策(经济发展政策、产业政策、国民收入分配政策、价格政策、货币政策)等。经济环境的状况及其变化可以用一些重要的经济指标来反映，如消费者的购买力、利率、汇率、通货膨胀率、失业率、经济增长率、GDP(国内生产总值)和CPI(消费者物价指数)等。

小案例

格兰仕是具有中国特色的家电企业之一，这种特色充分体现在两个方面：第一，它成功地战胜了洋品牌，成为中国少数几个拥有行业控制能力的企业之一；第二，它通过将国外生产线搬进来，做"世界制造中心"的OEM(初始设备制造厂家)模式，成为微波炉行业第一名。

格兰仕在做OEM的同时也生产自己的产品，获得了生产规模的优势，因此，通过连续几次大降价，取得了微波炉的霸主地位，同时也加速了微波炉这一产业的价格下降趋势。通过降价，格兰仕成功地为这个行业架起了一道价格门槛：如果想介入，就必须投巨资去获得规模，但如果投巨资也不能超过格兰仕的盈利水平，就要承担巨额亏损，即使超过格兰仕的盈利水平，产业的微利和饱和也会使对手无利可图。凭此，格兰仕成功地使微波炉变成了鸡肋产业，并成功地使不少竞争对手退出了竞争，使很多想进入的企业望而却步。

4. 技术环境

技术环境具有变化快、变化大和影响面广(其影响常常超出国界)的特点。技术环境的主要因素包括社会科技水平、社会科技力量、科技体制和科技政策等。技术环境的变化对组织的影响尤其是企业这样的营利性经济组织的影响往往是巨大的。由于新技术的产生或技术的新突破常常导致新产品、新机器、新工具、新材料、新工艺乃至新服务不断涌现，因此给人们带来了更高的生产率、更高的生活水准和更加丰富化、多样化、个性化的产品。有时某些新技术的产生能够引发一场社会性技术革命，创造出一批新产业，同时迫使一批现有产业的淘汰。

5. 自然环境

自然环境主要是指组织所在地域的自然条件,包括水资源状况、空气质量状况、气候条件、地形地貌、森林、草地覆盖率等,也包括水、陆、空交通运输条件。自然环境对组织活动的影响常常是多方面的,并且有些影响是长久的。

(二)具体环境因素

外部具体环境是指那些对管理者的决策和行动会产生直接影响并与实现组织目标直接相关的因素。不同的组织所面临的具体环境常常不同,从企业角度来看,绝大多数企业都将面临以下一些具体的环境因素。

1. 顾客

顾客是企业提供产品或服务的购买者。企业生产的产品或服务只有满足顾客的需要才能销售出去,此时企业才能回笼资金,进行再生产活动,因此可以说是顾客决定着企业的成败。这一点对于所有其他组织来说都一样。

2. 竞争者

所有的组织都有一个或更多的竞争者,尤其是在世界经济一体化的大背景下。这些竞争者可能是来自一个国家、一个地区同行业或者是来自其他国家同行业提供相同产品或服务的组织,也可能是来自其他行业提供类似或替代产品或服务的组织,它们与本组织争夺顾客、市场和资源。

3. 供应商

组织活动的展开及其目标的实现需要从组织外部环境中不断获取各种资源作为保证。这些资源不仅指设备与原材料,而且包括资金与人力资源等。它们是由各类供应商提供的。例如,企业生产经营所需资金既可以通过银行借款获得,也可以通过证券公司发行股票或债券筹集;人力资源的获得可以通过各类大中专院校、培训机构、职业介绍中心、劳动力市场实现;等等。

4. 政府与公众

影响组织活动的直接环境因素还包括各级政府管理机构,公众组织如消费者协会、环境保护组织及其他民间团体等。这些机构或组织在其特定的范围内以某些特定的方式与组织有着各种各样的联系,对组织活动起着促进或威胁作用,是影响组织决策的重要力量。管理者需要花费较多的时间与各类政府管理机构及相关民间组织周旋,为组织的生存与发展谋求宽松的外部环境。

三、组织内部环境

组织内部环境由组织内部的物质环境和文化环境构成。内部物质研究是要分析组织内部各种资源的拥有状况和利用能力;内部文化研究则是考察组织文化的构成要素及其特点。

(一)内部物质环境

任何组织的活动都需要借助一定的资源来进行。这些资源的拥有状况和利用情况影响着甚至决定着组织活动的效率和规模。组织活动的内容和特点不同,需要利用的资源也有区别。但一般来说,任何组织的活动都离不开人力资源、物力资源以及财力资源的支持。

1. 人力资源

根据不同的标准可以将人力资源划分为不同的类型。人力资源研究就是要分析这些不同类型的人员的数量、素质和使用状况。

2. 物力资源

物力资源研究是指分析在组织活动过程中需要运用的物质条件的拥有数量和利用程度。比如,要分析企业拥有多少设备和厂房,目前的技术水平是否和现有的生产设备相吻合和适应,企业是否需要进行新的技术改造,企业是否需要进一步提高效率和生产率等。

3. 财力资源

财力资源是一种获取和改善组织其他资源的资源,因此可以认为是反映组织活动条件的一项综合指标。财力资源研究是要分析组织的资金拥有情况、构成情况、筹措渠道、使用情况,分析组织是否有足够的财力资源去组织新业务的挖掘、原有活动条件和手段的改造,在资金使用上是否还有其他潜力可挖等。

(二)内部文化环境

内部文化是指组织在长期的实践活动中所形成的,并且为组织成员普遍认可和遵循的,具有本组织特色的价值观念、团体意识、行为规范和思维模式的总和。

内部文化也叫组织文化。组织文化将在第六章的第三节中详细介绍。

(三)管理过程中内部环境因素的应用

在组织内部,管理很大程度上表现为对内部环境因素的应用。在组织拥有的人、财、物、信息等诸资源中,人的因素始终占据了核心的、决定性的地位。因此,管理过程中内部环境因素的应用,从根本上说是对人的利用。而对人的利用实质上是对人的积极性的利用。

四、管理环境的 SWOT 分析法

SWOT 矩阵是一种全面分析组织外部环境变化和内部资源条件状况,从而寻找适宜外部环境变化和内部资源条件的组织发展战略的一种分析工具。对组织而言,环境发展趋势可以分为两大类:一类表示环境威胁,指的是环境中一种不利的发展趋势所形成的挑战;另一类表示环境机会,就是对组织行为富有吸引力的领域,或者因环境变化给组织在原有领域带来了发展的契机。而此时组织的内部资源条件也有优势和劣势。在这里外部环境变化后存在的"机会"用 O(Opportunities)表示,外部环境所构成的"威胁"用 T(Threats)表示；组织内部条件的"优势"用 S(Strengths)表示，组织内部资源条件的"劣势"(或"弱点")用 W(Weaknesses)表示。

(一)SWOT 矩阵的制作步骤

(1) 对组织外部环境进行分析，明确外部环境构成及其新变化，寻找由外部环境变化给组织带来的新的发展机会和新的威胁。

(2) 对组织内部资源条件进行分析，弄清组织资源条件的现状，分清具有哪些竞争优势，存在哪些劣势，如何用优势来赢得绩效，如何避免劣势可能带来的损失。

(3) 绘制 SWOT 矩阵。经过以上分析，已明确组织因外部环境变化带来的机会与威胁和内部资源条件存在的优势与劣势。这样以外部环境中的机会与威胁为列，以组织内部资源条件具有的优势和劣势为行构成二维矩阵，如图 3-2 所示。

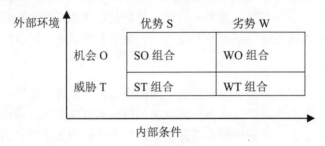

图 3-2 SWOT 矩阵

(二)SWOT 矩阵分析

(1) 优势与机会组合(SO)。这种组合是指组织有自身的资源优势，外部环境又存在发展的机会，这是最理想的组合。组织应利用自身的资源条件优势去抓住外部环境中的各种机会，以谋求组织的快速发展。

(2) 优势与威胁组合(ST)。这种组合是指组织存在资源优势，但外部环境出现不利情况。组织应考虑如何利用自身的资源条件优势去应对和化解外部环境中的威胁和不利变化，使威胁降到最低限度。

(3) 劣势与机会组合(WO)。外部环境有某种发展机会，但组织内部条件不足。这种情况下组织一般会失去发展的良机。组织要想抓住机会，就必须从物质与文化两个方面分清内部条件的薄弱环节所在，想方设法改善内部的薄弱环节，提高组织的应变能力。

(4) 劣势与威胁组合(WT)。这是最不利的组合，可谓雪上加霜，任何组织都应尽可能地避免这种状态。如果一旦面对这种情形，应尽可能降低损失。

SWOT 矩阵为我们分析问题提供了一种较好的思维方式和图表方法。而实际情况是十分复杂的，机会、威胁、优势、劣势总是交织在一起，解决问题的方法也是复杂多样的。因而实际应用时重点不应该只停留在图表上，而应当注重外部环境信息搜集的及时性、分析判断问题的准确性与实施行动的果断性上。

第二节 管 理 道 德

一、道德的含义与功能

(一)管理道德和道德的含义

管理道德作为一种特殊的职业道德,是从事管理工作的管理者的行为准则与规范的总和,是特殊的职业道德规范,是对管理者提出的道德要求,对管理者自身而言,可以说是管理者的立身之本、行为之基、发展之源;对企业而言,是对企业进行管理价值导向,是企业健康持续发展所需的一种重要资源,是企业提高经济效益、提升综合竞争力的源泉,可以说管理道德是管理者与企业的精神财富。

道德通常是指那些用来明辨是非的规则或原则。这些规则和原则旨在帮助人们判断某种行为是正确的还是错误的,或这种行为是否为社会所接受。不论企业的道德标准如何,企业的道德标准需要与社会的道德标准兼容,与社会前进的方向一致。对于个人来说,其道德水平的高低不仅体现在日常的行为之中,更体现在一个人遭受困境的时刻。

小案例

银行大王始于一根针

法国银行大王恰科年轻时,为了能在银行找到一份工作,曾多次到 BELLJU 银行找董事长,希望能被雇用,然而一次次的求职都未能如愿。当他第 12 次找到 BELLJU 银行董事长时,一见面就被拒绝了。他失魂落魄地走出银行,看见银行大门前的地面上有一根大头针,他弯腰把大头针拾起来,以免它伤到人。

第二天,银行录用恰科的通知书来了。原来,就在他蹲下来拾大头针的时候,被董事长看见了……恰科从此在法国银行界平步青云,最终功成名就,成为法国银行界的大王。

(二)道德的功能

道德在对人们自身生存和发展过程中的作用和机能主要表现在以下几方面。

1. 道德的调节功能

道德具有通过评价等方式来指导和纠正人们的行动和活动,以达到协调人际关系、维护社会秩序的能力,即道德具有调节功能。

2. 道德的教育功能

道德可以通过评价、命令、指导、示范等方式和途径,运用塑造理想人格、榜样等手段,来培养人们的道德信念、道德情感和道德品质,即道德具有教育功能。

3. 道德的激励功能

道德具有激发人们的内在积极性和主动性,促使人们自我肯定、自我发展和自我完善的功能。

二、管理与道德

对管理来说,道德是其内在的要求,研究道德可以使管理理论更好地指导人们的行为,服务于管理实践。

1. 管理必须注重道德环境

管理工作在考虑物质条件的同时,必须十分注意人的精神因素。注重道德环境,即组织中人们的道德风尚的培养、道德关系的建立及人的思想觉悟、精神状态、道德品质、道德心理、道德信念、道德舆论等。

2. 管理主体决定组织道德环境

作为管理的主体,管理人员本身素质的高低对被管理者具有至关重要的影响。管理者的道德信条、道德风范、道德实践,对其下属会产生导向作用、潜移默化作用和同化作用。

3. 道德是重要的管理手段

从道德的功能可以看出,道德具有调节、教育和激励的作用,它本身就是一种管理的手段。一个组织可以用一定的道德标准、价值尺度作为自己行为的标准,用一定的道德原则、规范作为自己行动的纲领。

4. 道德能调节组织内部关系

道德是使规章制度运行并发挥作用的润滑剂。道德与组织文化具有互动的作用。从本质上讲,道德是文化的重要构成部分,而组织文化的核心是以人为本,形成组织的价值观和特有精神,以此增强群体的凝聚力。这其实又是属于道德的范畴。

5. 道德是评价管理工作优劣的有效手段

管理工作的好坏,管理人员的素质、品德高低等均可以通过社会舆论进行评价和裁定。因此,道德是评价管理工作优劣的有效手段。

三、三种道德观

1. 道德的功利观

这种观点认为企业决策要完全依据其后果或结果做出。功利主义的目标是为了得到尽可能多的利益,增进大多数当事人的幸福。按照功利观点,一个管理者也许认为,解雇 20%的工人是正当的,因为这将增加企业的利润,提高留下的 80%雇员的利益。道德的功利观一方面对效率和生产率有促进作用,并符合利润最大化目标;另一方面在那些受决策影响的人没有参与决策的情况下,它会造成资源配置的扭曲。同时,功利主义也会导致一些利益相关者的权利被忽视。

2. 道德的权利观

这种观点认为企业决策要在尊重和保护个人基本权利(包括隐私权、自由权及法律规定的各种权利)的前提下做出。权利观积极的一面是它保护了个人的自由和隐私。但它也有消极的一面，若企业把对个人权利的保护看得比工作的完成更加重要，在企业中会产生对生产率和效率有不利影响的工作氛围。

3. 公平理论道德观

这种观点要求管理者公平、公正、公开地制定和实施规则。接受公平理论观的管理者按公平原则行事，也会有得有失。得的是它保护了那些未被充分代表的或缺乏权力的利益相关者的利益，即弱势群体的利益；失的是它可能不利于培养员工的风险意识和创新精神。

在过去，大多数生意人对道德行为持功利主义态度。因为功利主义与效率、生产率和高额利润之类的目标相一致。例如，在追求利润最大化的过程中，管理者可以从容地争辩说他正在为尽可能多的人谋取尽可能多的好处。但随着社会经济形势的日益发展，随着个人权利和社会公平的日益被重视，功利主义遭到了越来越多的非议，因为它在照顾多数人的利益时忽视了个人和少数人的利益。对个人权利和社会公平的考虑，意味着管理者要在非功利标准的基础上建立道德标准。这对当今的管理者来说无疑是个严峻的挑战，因为使用诸如个人权利、社会公平之类的标准来进行决策要比使用诸如对效率和利润的影响之类的标准来进行决策要困难得多。

四、影响管理者道德素质的因素

一个企业的管理者的行为合乎道德与否，通常受多种因素的影响，包括管理者道德发展阶段与个人特征、组织结构设计、组织文化和管理道德问题强度的调节等因素。这些因素决定管理者面对道德困境时，是选择管理道德行为还是选择管理不道德行为。一般而言，缺乏强烈道德感的人，一旦受规则、政策、工作规定或加于行为之上的强文化准则的约束，他们产生不道德行为的可能性就会较小，而且时间较长以后，可能会产生一种道德认同感，从而改变自己的道德认同观。相反，非常有道德的人，可能会在一段时间后被企业的结构和企业中允许或鼓励不道德行为的文化所腐蚀，从而削弱原有的道德感。因而在企业中建立一个良好的管理道德体系是非常重要的。下面我们一起来分析最终影响管理者行为是否符合道德的各种因素。

(一)道德发展阶段

道德的发展可分为三个不同水平，每个水平包括两个阶段。在每个阶段上个人的道德判断是各不相同的，它们越来越不受外界的影响。在此我们就对这三个水平和六个阶段的行为进行分析，如表3-1所示。

(二)个人特征

一般来说，进入企业的人有相对稳定的价值准则，这些准则是在早期受父母、老师、朋友和他人的影响发展起来的，是关于正确与错误的基本信条。因而企业中每个人都有自己的明显不同的个人准则，从而构成了道德行为的个人特征。

(三)自我强度

这是衡量个人自信心强度的一种个性变量。自信心强的人克制冲动能力更强，而且能根据自己的正确判断力去做自己认为正确的事,使道德判断和道德行为之间表现出更大的一致性。在管理过程中,管理者能否将自己的认识真正转化成行为以及在多大程度上转化成行为,与管理者的自我强度具有非常重要的关系。

表3-1 道德水平和阶段

水　平	阶段描述
前惯例水平道德 仅受个人利益的影响。按怎样对自己有利制定决策,并按照什么行为方式会导致奖赏或惩罚来确定自己的利益	第一阶段:严格遵守规则以避免物质惩罚 第二阶段:仅当符合其直接利益时方遵守规则 第三阶段:做你周围的人所期望的事情
惯例水平道德 受他人期望的影响。通常包括遵守法律,对重要人物的期望做出反应,并保持对人们的期望的一般感觉	第四阶段:通过履行你所赞同的准则的义务来维持传统秩序 第五阶段:尊重他人的权利,支持不相关的价值观和权利,不管其是否符合大多数人的意见
原则规范水平道德 受自己认为什么是正确的个人原则的影响。它们可以与社会的准则和法律一致,也可以不一致	第六阶段:遵循自己选择的道德原则,即使它们违背了法律

(四)控制中心

控制中心被称为衡量人们相信自己掌握自己命运程度的个性特征,也就是管理者自我控制、自我决策的能力。具有内在控制力的人,认为自己对命运有绝对的控制力;而具有外在控制力的人则常常听天由命,认为他们一生中会发生的事全由运气和社会来决定。因此,从道德的观点来看,具有外在控制中心的人不大可能对他们的行为后果负责,而具有内在控制中心的人,由于可根据内在的是非标准来指导自己的行为,因而他们更可能为自己的行为负责。具有内在控制中心的人比具有外在控制中心的人在道德判断和道德行为之间表现出更大的一致性。

(五)结构变量

合理的组织结构的设计有利于管理者道德行为的形成。在设计的过程中,最重要的内容是组织设计对道德行为是否具有明确的指导、评价和奖惩。设计要减少模糊性,避免给管理者带来困惑,并且有助于强化管理者的道德行为。因为模糊性小的组织结构设计能提高员工对管理规范的认识程度。

上级的行为和组织绩效的评价也会对企业的道德行为产生重要的影响。上级的行为具有示范作用,下级往往根据上级的行为来确定什么是可接受的和期望的行为标准。

组织绩效的评估体系可能会使人们在指标的压力下不择手段,从而加大违反道德的可能性。此外,报酬的分配方式和奖惩的标准是否合理及时间、竞争、成本、工作压力等都会影响管理道德行为。

(六)组织文化

组织文化对管理道德的影响主要表现在两个方面:一方面是组织文化的内容;另一方面是组织文化的强度。健康的、具有较高道德标准的文化是一种具有高风险承受力和高难度控制的文化，它需要具有高度宽容性的组织文化来支持。这种文化对人的道德行为具有敏锐的分辨能力和较强的控制力。处在这种文化中的管理者会不断地创新、进取，对道德与不道德的行为有清晰的认识，当不道德的行为发生时，管理者会公开地进行批评。此外，强文化比弱文化对管理者的影响更大，强文化往往支撑着较高的道德标准，会对管理者的道德行为产生重要的影响。

(七)问题强度

问题的强度实际上是道德对于管理者的重要性的程度。斯蒂芬认为，关于道德问题的强度受以下 6 个因素的影响。

(1) 某种道德行为的主体受到多大程度的影响(受到多大程度的伤害或得到多大程度的利益)。
(2) 多少议论认为这种行为是邪恶的或是善良的。
(3) 行为发生对社会产生的危害性或有利的可能性有多大。
(4) 行为的发生与所期望的结果之间能持续的时间有多久。
(5) 你觉得在社会、心理或物质上你与这种行为的主体有多接近。
(6) 道德行为对有关人员的集中性有多大。

根据以上原则，人们所受到的伤害有多大，认为行为是邪恶的舆论就有多强，行为的发生和造成的实际伤害的可能性就有多大；从行为到后果的间隔时间越短，人们与受害者的关系越近，其危害性就越严重，人们对该行为具备的道德性的期望也就越强烈。当一个道德问题对管理者很重要时，人们往往期望管理者采取更道德的行为。

小阅读

曾有这样一个人，每天都要去偷邻居的鸡。有人告诉他说："这样的行为，不符合君子之道。"那人回答说："那就减少一点好了，以后每月偷一只鸡，等到明年的时候，就完全不偷了。"

这也是一种循序渐进的理论？是不是很荒谬？但是我们有时候自己就做着这样的事情。吸烟有害身体，怎么办呢？戒掉吧，每天少抽点；企业的管理机制有问题，一步一步来解决。可是事情到了最后怎么样？烟依然还在抽，企业的问题还是没有彻底解决，一步一步来吧！

五、提升员工道德修养的途径

1. 提高管理人员的素质

管理者的道德发展阶段、自信心、自控能力等都是影响管理道德的重要因素，而这些因素其实是管理人员素质高低的体现。要改善管理道德，首先就要提高管理人员的素质。

2. 管理人员以身作则

道德准则要求管理者尤其是高层管理者应以身作则。高层管理者通过他们的言行和奖惩建立了某种文化基调，这种文化基调向员工传递和暗示了某些信息。

3. 加强管理者的职业道德修养

每一种职业活动不仅贯穿着专门的业务要求，而且贯穿着与职业活动相关的道德行为准则,这是个人道德行为特征最具体、最重要的表现。要提高管理者的道德修养,必须加强管理者的职业道德建设。职业道德建设一般有相关的两个方向:一个方向是职工道德,另一个方向则是组织领导者、管理者的道德。两者相互联结、相互作用,构成一个完整的职业道德模式。

4. 培植组织文化

道德与组织文化具有互动作用:加强道德建设可以促进和稳定组织文化的形成;而组织在培植组织文化过程中,可以潜移默化地对职工进行职业道德教育。所以要提高管理道德,必须加强组织文化的建设。

5. 严格而独立的社会审计与监察

加强社会各项、各类型的检查和监督,进行独立的社会审计与社会监察是改善和提高管理道德的重要手段。

小阅读

一天夜里,已经很晚了,一对年老的夫妻走进一家旅馆,他们想要一个房间。前台侍者回答说:"对不起,旅馆已经客满了,一间空房也没有剩下。"看着这对老人疲惫的神情,侍者又说:"但是,让我来想想办法……"

侍者将这对老人引领到一个房间,说:"也许它不是最好的,但现在我只能做到这样了。"老人见眼前其实是一间整洁又干净的屋子,就愉快地住了下来。

第二天,当他们来到前台结账时,侍者却对他们说:"不用了,因为我只不过是把自己的屋子借给你们住了一晚——祝你们旅途愉快!"原来如此。侍者自己一晚没睡,他就在前台值了一个通宵的夜班。两位老人十分感动。其中一位老人说:"孩子,你是我见到过的最好的旅店经营人。你会得到报答的。"侍者笑了笑,说这算不了什么。他送老人出了门,转身接着忙自己的事,把这件事情忘了个一干二净。没想到有一天,侍者接到了一封信函,打开一看,里面有一张去纽约的单程机票并有简短附言,聘请他去做另一份工作。他乘飞机来到纽约,按信中所标明的路线来到一个地方,抬眼一看,一座金碧辉煌的大酒店耸立在他的眼前。原来,几个月前的那个深夜,他接待的是一个有着亿万资产的富翁和他的妻子。富翁为这个侍者买下了一座大酒店,深信他会经营管理好这个大酒店。这就是全球赫赫有名的希尔顿饭店首任经理的传奇故事。

第三节 社 会 责 任

一、社会责任的概念

一般认为,社会责任概念的提出是20世纪60年代的事,在此之前,这个问题并没有引起太多的注意。但随着美国工业经济的发展,环境污染问题、能源消耗问题、社会环境问题等越来越严重,逐步成为人们关注的大问题,由此对社会责任问题也提出了新的要求。而在我国,社会责任问题成为人们关注的对象是在20世纪90年代,随着我国社会主义市场经济的发展,人们的观念发生了变化,人们不仅要求企业提供的产品和服务要满足消费者的需求和欲望，而且要求符合消费者和社会的长远利益，企业要关心与增进社会福利。

企业的社会责任是指企业在从事生产经营活动中对社会所要承担的义务。企业应该在追求自身利益的同时，认真考虑企业的一举一动对社会产生的影响，对保护和增加社会福利方面承担的责任。

社会责任要求企业分清什么是对的，什么是错的，遵守基本的道德规范，促使人们从事使社会变得更美好的事件，而不做那些有损社会的事件。社会责任型企业的一切经营活动和决策都着眼于长远利益，高度重视企业经营道德自律。他们不仅强调参与社会事业的义务性和自觉性，而且还力求取得良好的社会效果。

二、社会责任的两种观念

1. 古典社会责任观

古典社会责任观认为，企业管理者唯一的社会责任就是实现利润的最大化，就是为出资人(股东)谋求最大的投资回报。除此之外的其他社会目的行为都会增加经营成本，这些成本或是以高价转嫁给消费者，或是通过较低的边际利润由股东们承担，或是减少员工的工资和福利。这种观点最终会影响到企业的正常经营活动，甚至产生生存危机。持这种观点的企业把自身的经济利益和社会利益对立起来，淡化了它们之间的相容性和一致性。他们反对企业承担社会责任的理由主要有：企业承担社会责任违反利益最大化原则，淡化企业使命，提高经营成本，缺乏必要技能和明确规定的责任五个方面。

2. 社会经济观

社会经济观认为企业不应是一个只对股东负责的经济实体，它应当为所有企业的利益相关者、自然环境和整个社会福利事业负责。管理者应当关心企业长期的资本收益率最大化，并将确保企业生存作为首要问题，其次才是利润。做到这一点，企业必须承担社会义务以及由此产生的成本，他们必须以不污染、不歧视、不欺骗等行为来保护社会福利。该观点支持企业承担社会责任的理由主要有：公众的期望、长期利润、道德义务、公众形象、更好的环境和减少政府调节六个方面。

企业的管理者应有一根敏感的神经，应对外部环境的变化非常敏感，能较早地发现变革的导火线，并采取相应的行动。同时，管理者要有系统的观念，在实施变革时不能忽略工作流程的调整，从而发现哪些工作已经不再需要，或者工作流程中的哪些环节已发生了变化。

经理的工作就是要了解程序中变异的种类，以便采取合适的行动去改进它。

管 理 故 事

不拉马的士兵

一位年轻有为的炮兵军官上任伊始，到下属部队视察训练情况。他在几个部队都发现相同的情况：在一个部队的训练中，总有一名士兵自始至终站在大炮的炮管下面，纹丝不动。军官不解，询问原因，得到的答案是：训练条例就是这样要求的。军官回去后反复查阅军事文献，终于发现，长期以来，炮兵的训练条例仍遵循非机械化时代的规则。在过去，大炮是由马车运载到前线的，站在炮管下的士兵的任务是负责拉住马的缰绳，以便在大炮发射后调整由于后坐力产生的距离偏差，减少再次瞄准所需的时间。现在大炮的自动化和机械化程度很高，已经不再需要这样一个角色了，而马车拉炮也早就不存在了，但训练条例没有及时调整，因此才出现了"不拉马的士兵"。军官的发现使他获得了国防部的嘉奖。

(资料来源：简书 https://www.jianshu.com)

管 理 定 律

破 窗 理 论

由美国政治学家威尔逊和犯罪心理学家凯琳观察总结的"破窗理论"指出，环境可以对一个人产生强烈的暗示性和诱导性。

如果有人打坏了一栋建筑上的一块玻璃，又没有及时修复，别人就可能受到某些暗示性的纵容，去打碎更多的玻璃。久而久之，这些窗户就给人造成一种无序的感觉，在这种麻木不仁的氛围中，犯罪就会滋生、蔓延。

要想引导一个好的环境，除了要维护外，还必须及时修好"第一扇被打碎玻璃的窗户"。在我们周遭的生活中，许许多多的事情又何尝不是在环境暗示和诱导下行事的结果？在幽雅洁净的场所，我们都会保持安静，不会大声喧哗；相反，如果环境脏乱不堪，则四处可见的都是打闹、咒骂等不文明的举止。

由此可见，环境好，不文明的举止也就会有所收敛；环境不好，则文明的举动也会受到影响。人会被环境影响，但是人的行为也是环境的一部分，两者之间是一种互动的关系。所以我们常常提到的"从我做起，从身边做起"，并不是什么空洞的口号，它通过我们自身的一言一行影响着环境。

在公交车站，如果大家都井然有序地排队上车，又有多少人会不顾众人的文明举动和鄙夷眼光而贸然插队？与此相反，若车辆尚未停稳，猴急的人们就你推我拥、争先恐后，那么后来的人想排队上车，恐怕也没有耐心了。

在公共场合，如果每个人都举止优雅、谈吐文明、遵守公德，往往能够营造出文明而富有教养的氛围。千万不要因为我们个人的粗鲁、野蛮和低俗行为而形成"破窗效应"，进而给公共场所带来无序和失去规范的感觉。

破窗理论告诉我们：从我做起，从身边做起。这不是空洞的口号，行动起来！

知 识 测 试

(一)选择题

1. 以下哪一项不是管理道德具有的功能？（   ）
   A. 调节功能 B. 教育功能
   C. 激励功能 D. 惩戒功能

2. 权利观强调个人利益，而公正观强调管理的（   ）。
   A. 严谨性　　　　　　　　　B. 特殊性
   C. 公正性　　　　　　　　　D. 非功利性
3. (多选)影响组织的外部环境因素包括（   ）。
   A. 政治环境　　　　　　　　B. 社会环境
   C. 经济环境　　　　　　　　D. 技术环境
4. (多选)影响管理者道德素质的因素是（   ）。
   A. 道德发展阶段　　　　　　B. 个人特征
   C. 问题强度　　　　　　　　D. 组织文化
   E. 结构变量
5. (多选)政治环境包括（   ）。
   A. 政局的稳定　　　　　　　B. 国家的社会制度
   C. 政府政策　　　　　　　　D. 法律法规

(二)论述题

1. 请从社会责任角度谈谈曹德旺的慈善行为和影响。
2. 请举例说明文化环境对组织活动的影响。

素 质 拓 展

企业社会责任调查

调查收集曹德旺慈善行为的相关资料并说出自己的看法。

【实训目标】

1. 初步掌握案头调查技巧以及资料的总结概括能力、写作能力。
2. 了解中国企业的社会责任表现。

【实训内容与要求】

在课下让同学们利用去图书馆、上网等手段查阅有关曹德旺的个人资料、企业资料、慈善行为；以点带面查询中国企业的社会责任表现，并进行总结，形成自己的结论。

【成果与检测】

1. 每个人根据收集到的资料简要写出提纲。
2. 上交教师进行评估后存档。

案 例 分 析

三鹿奶粉事件

2008年毒奶制品问题上，三鹿集团是第一个被发现在婴幼儿奶粉中含有化工原料三聚氰胺，并导致食用该奶粉的婴幼儿患上肾结石的。其后此事件进一步扩大，愈来愈多乳制品厂的奶制品被揭发也含有三聚氰胺。根据官方公布的数字，截至2008年9月21日，因使用婴幼儿奶粉而接受门诊治疗且已康复的婴幼儿累计39 965人，正在住院的有12 892人，此前已治愈出院1579人，死亡4人。事件引起全国范围内的高度关注和对乳制品安全的担忧。国家质检总局公布对国内厂家生产的婴幼儿奶粉的三聚氰胺检验报告后，事件迅速恶化，包括伊利、蒙牛、光明在内的22个厂家69批次产品中都检出三聚氰胺。该事件亦重创乳品制造商的声誉。9月24日，国家质检总局表示，牛奶事件已得到控制，9月14日以后新生产的酸乳、巴氏杀菌乳、灭菌乳等主要品种的液态奶样本的三聚氰胺抽样检测中均未检出三聚氰胺。2009年1月22日，社会关注的三鹿系列刑事案件，分别在河北省石家庄市中级人民法院和无极县人民法院等4个基层法院一审宣判，其中原三鹿集团董事长田文华被判处无期徒刑，被告人张玉军、耿金平被判处死刑，其他18名被告人各获刑罚。被告单位三鹿集团股份有限公司犯生产、销售伪劣产品罪，判处罚金人民币4937.4822万元。

一个不遵守道德、缺少社会责任感的企业终究会受到市场的惩罚。

(资料来源：天涯社区 http://bbs.tianya.cn)

思考题：
1. 如何看待管理道德在企业发展中的作用？
2. 如何理解企业不符合道德的行为可能造成的危害？

第四章 决 策

一个成功的决策，等于90%的信息加上10%的直觉。

——美国企业家 S. M. 沃尔森

【学习目标】

知识点：
- 掌握决策的类型。
- 掌握决策的选择标准和程序。
- 掌握决策的几种定性方法。
- 理解决策的几种定量方法。

技能点：
- 培养运用头脑风暴法决策的能力。
- 培养应用盈亏平衡法分析决策问题的能力。

【引例】

> **铱星的悲剧**
>
> 2000年3月18日，两年前曾耗资50多亿美元建造66颗低轨卫星系统的美国铱星公司，背负着40多亿美元的债务宣告破产。铱星所创造的科技童话及其在移动通信领域的里程碑意义，使我们在惜别铱星的时刻猛然警醒：电信产业的巨额投资往往使某种技术成为赌注，技术的前沿性固然非常重要，但决定赌注胜负的关键却是市场。
>
> 铱星的悲剧告诉我们，技术不能代替市场，决策失误导致铱星陨落。
>
> (资料来源：改编自2000年3月28日《中国经营报》，作者：刘燕)

第一节 决策的含义和类型

有调查显示，大多数管理者认为，在他们履行职责过程中感到最困难、最花费时间的就是决策。决策贯穿于整个管理过程的始终，是管理者最重要的活动，同时也是最艰难和最冒风险的活动。

一、决策的含义与特征

(一)决策的含义

任何一个组织和管理者的大部分工作都是在做决策，管理的各项职能也都离不开决策，西蒙认为管理就是决策。至于决策的概念，不同的学者有不同的看法。美国学者亨利·艾伯斯(Henry Embers)认为："决策有狭义和广义之分。从狭义上说，进行决策是在几种行为方案中做出选择。而从广义上说，决策还包括在做出最后选择之前必须进行的一切活动。"这里，我们主要是从广义上来理解决策的含义，即决策是指人们为实现既定的目标，从拟定实现目标的各种可行方案中选择一个合理方案的分析判断过程。

(二)决策的特征

从上述决策的含义中可以看出，决策是在几种方案中做出的选择，虽然选择的方法多种多样，但也有共同的特征，具体可概括为以下几点。

1. 目标性

任何决策都是为了实现一定的目标而进行的方案选择，如果决策的目标模糊不清，就无法以目标为标准评价方案，也就无从选择方案，因此也就谈不上决策。

2. 可行性

一个合理的决策是以充分了解和掌握各种信息为前提的，即通过组织外部环境和组织内部条件的调查分析，根据实际需要与可能选择切实可行的方案。缺乏必要的人力、物力和财力，理论上再完善的方案也只能是空中楼阁。

3. 选择性

决策是从若干备选的方案中进行选择，如果只有一个方案，就无法比较优劣。因此，决策要求必须提供可以相互替代的多种方案。

4. 满意性

所谓满意决策是指在现实条件下，决策者的决策使得目标的实现在总体上已达到预期的效果。决策过程是一个研究复杂的、多变的和多约束条件问题的过程，同时人们对客观事物的认识也是一个不断深化的过程，对于任何目标，都很难找出全部的可行方案。因此，决策者只能得到一个适宜和满意的方案，不可能得到最优的方案。

5. 过程性

决策不是简单地罗列方案和选择方案，而是需要决策者做一系列大量的工作。决策者应先进行调查、分析和预测；然后确定行动目标，找出可行方案；再进行判断、分析，选出最终方案。因此，决策是一个过程。

6. 动态性

决策的动态性与过程性有关。决策作为一个过程，没有真正的起点，也没有真正的终点，而是一个不断循环的过程。

小案例

1960年，李·艾柯卡升为美国福特公司副总裁兼总经理，他观察到60年代一股以青年人为代表的社会革新力量正式形成，这将对美国社会、经济产生难以估量的影响。李·艾柯卡认为，设计新车型时，应该把青年人的需求放在第一位。而这一代人对汽车的要求与其父母大相径庭，他们想张扬自己的个性。在李·艾柯卡的精心组织下，经过多次改进，1962年年底新车最后定型。它看起来像一部运动车，鼻子长、尾部短，满足了青年人喜欢运动和刺激的心理。更重要的是，这种车的售价相当便宜，只有2500美元左右，一般青年人都能买得起。最后这种车还取了一个令青年人遐想的名字——"野马(Mustang)"。

李·艾柯卡将野马(Mustang)首次亮相的舞台选在了1964年4月的纽约世界博览会，在此之前，福特公司还为此大造了一番舆论，掀起了一股"野马"潮。全球的观众目睹了汽车革命的来临。福特的时间表把握得非常之巧，此时正值战后生育高峰期的一代刚刚进入购车的年龄。在头一年的销售活动中，顾客买走了41.9万辆"野马"，创下全美汽车制造业的最高纪录。"野马"的问世和巨大成功显示了李·艾柯卡杰出的经营决策才能。

二、决策的类型

1. 根据决策问题的性质和重要程度分类

根据决策问题的性质和重要程度，可以将决策划分为战略决策、战术决策和业务决策。

(1) 战略决策是指组织最高管理层对组织未来的整体发展做出的全局性、长远性和方向性的决策。

(2) 战术决策又称管理决策，是指组织的中间管理层为实现组织中各环节的高度协调和资源的合理利用而做出的决策。

(3) 业务决策又称执行性决策，是指组织中的基层管理者在日常工作中为提高生产效率和工作效率而做出的决策。

2. 根据决策的主体构成分类

根据决策的主体构成，可以将决策划分为个人决策和集体决策。

(1) 个人决策是指由单个人做出的决策。个人决策的优点是处理问题快速、果断；缺点是容易出现鲁莽、武断。

(2) 集体决策是指由若干人组成的集体共同做出的决策。集体决策的优点是能够汇总更多的信息，拟定更多的备选方案，有利于提高决策的质量；组织成员之间能够更好地沟通，有利于增强决策方案的可接受性；各部门之间相互协调，有利于决策的更好执行。集体决策的缺点主要是花费的时间较长、费用较高，并且可能导致责任不清。

小案例

通用电气公司是一家集团公司，1981年杰克·韦尔奇接任总裁后，认为公司管理太多，而领导得太少，"工人们对自己的工作比老板清楚得多，经理们最好不要横加干涉"。为此，他实行了"全员决策"制度，使那些平时没有机会互相交流的职工、中层管理人员都能出席决策讨论会。"全员决策"的开展，打击了公司中官僚主义的弊端，减少了繁琐程序。

实行了"全员决策"，使公司在经济不景气的情况下取得巨大进展。他本人被誉为全美最优秀的企业家之一。

杰克·韦尔奇的"全员决策"有利于避免企业中的权利过分集中这一弊端。让每一位员工都能体会到自己也是企业的主人，从而真正为企业的发展着想。

3. 根据决策环境的控制程度分类

根据决策环境的控制程度，可以将决策划分为确定型决策、风险型决策和不确定型决策。

(1) 确定型决策是指在稳定(可控)条件下进行的决策。在确定型决策中，各种可行方案所需的条件是已知的，每个方案只有一个结果，最终选择哪个方案取决于对各个方案结果的直接比较。确定型决策一般可以用数学模型来选择，如利用量本利分析法来确定企业的保本销售量等。

(2) 风险型决策也称随机决策，是指决策者不能预先确定环境条件，可供选择的方案可能有几种自然状态，只能根据自然状态发生的概率进行决策。在风险型决策中，决策者虽然不知道哪种自然状态会发生，但能够知道有多少种自然状态以及每种自然状态发生的概率，根据概率进行计算并做出决策，如股票投资等。

(3) 不确定型决策是指在不稳定条件下进行的决策。在不确定型决策中，决策者不知道有多少种自然状态，也不知道每种自然状态发生的概率，只能根据决策者的直觉、经验和判断能力来决策。

4. 根据决策事件发生的频率分类

根据决策事件发生的频率，可以将决策划分为程序化决策和非程序化决策。

(1) 程序化决策是指在日常管理工作中以相同或基本相同的形式重复出现的决策。由于这类决策问题产生的背景、特点及其规律易被决策者所掌握，所以决策者可以根据以往的经验或惯例制定决策方案。决策理论将这种具有常规性、例行性的决策称为程序化决策。

(2) 非程序化决策是指受大量随机因素的影响，很少重复发生，常常无先例可循的决策。这类决策由于缺乏可借鉴的资料和较准确的统计数据，决策者大多对处理这种决策问题经验不足，所以在决策时没有固定的模式和规则可循。这样，决策者及其智囊机构的洞察力、思维、知识以及对类似问题决策的经验将起重要作用。

5. 根据决策影响时间的长短分类

根据决策影响时间的长短，可以将决策划分为长期决策和短期决策。

(1) 长期决策是指在较长时期内，对组织的发展方向做出的长远性、全局性的重大决策。长期决策一般属于战略性决策，具有周期长、风险大的特点，如投资方向的选择等。

(2) 短期决策是指为实现长期战略目标而采取的短期策略手段。短期决策一般属于战术决策或业务决策，具有花费少、时间短的特点，如企业的日常营销、物资储备决策等。

6. 根据决策的依据分类

根据决策的依据，可以将决策划分为经验决策和科学决策。

(1) 经验决策是指依靠过去的经验和对未来的直觉进行决策。在这种决策中，决策者的主观判断与个人的价值观趋向会起到很大的作用。在许多时候，由于无法获得决策所需的充分信息资料，经验决策还能体现出一定的优势。但是，此类决策的感性成分较多，理性成分较少,如果一味地在现代企业经营决策中采用这种决策形式,可能会导致失误。

虽然经验决策仍是现实中所需运用的形式,但它不是理想的形式,更不是科学的形式。经验决策最根本的缺陷在于它缺乏或限制了表现决策本质的创造性。这里有一个先例与创新的问题,先例模式是经验决策的先决条件和依据,没有先例模式就不能进行经验决策,而创新的本质正是在于没有先例可循。

(2) 科学决策是指决策者按照科学的程序,依据科学的理论,运用科学的方法进行决策。它是建立在严密的理论分析和科学计算基础之上,遵从严格的决策程序所做的有基本成功把握的决策。

科学决策是一种理性化的决策,理性是比经验更高级的认识阶段,这种认识要求达到事物内在的、本质的、必然的联系,也就是能够把握事物的发展规律。

第二节 决策的程序和标准选择

决策是一项非常复杂、非常重要的管理工作,决策者要做出正确的决策,必须在基本决策原则的指导下,遵循科学、合理的决策程序,并综合考虑影响决策的相关因素。

一、决策的程序

决策是一项复杂的活动,有其自身的规律性。为了提高决策的有效性,需要遵循一定的科学程序。一般情况下,决策过程包括以下六个步骤,如图 4-1 所示。

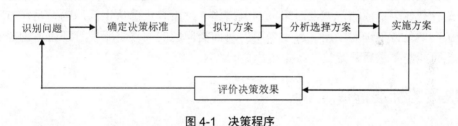

图 4-1 决策程序

1. 识别问题

问题是决策的起点。没有问题,就无须决策;问题不明,也难以做出正确的决策。这里的问题主要来自两个方面:一是指现实与期望状态之间的差距;二是指环境变化出现了新的情况,组织面临新的机遇或风险。识别出问题后,还要深入分析产生问题的原因,了解问题的重要性和复杂性,从而有助于判断是否将它作为重点问题进行研究和寻找对策。

2. 确定决策标准

决策标准是对方案进行取舍的依据,每一位决策者都有指引他进行决策的标准,不管他有没有明确地表达出来。有些因素也许对决策问题很重要,但如果它不在决策者考虑的范围之内,将对决策问题不起作用。

确定标准后再给标准分配权重。指引决策者进行方案选择的标准往往不止一个,而是一套标准体系。但这些标准对决策者而言并不是同等重要的,对它们一视同仁是不符合实际情况,也是不科学的,因此必须合理地分配各标准的权重,以表明其重要程度。

3. 拟订方案

目标确定之后，就可以通过分析组织的内外部条件，拟订解决问题的可行方案。一般来说，解决问题、实现目标的途径有多种，为了能选择出最满意的方案，需要拟订多个可行的方案，有些甚至是互斥的方案，这是有效决策的重要步骤。

4. 分析选择方案

拟订方案之后，需要对各种方案进行总体分析和全面比较，从中选择一个最满意的方案。在分析和评估过程中要尽可能使用定量分析方法，提高选择过程的科学性，防止主观臆想。同时，为了防备环境的变化和方案执行中可能出现的新问题，还可选择若干备选方案，以备急用。

5. 实施方案

实施方案是指将决策传递给有关人员并得到他们行动的承诺。如果选出的最满意方案得不到实施，前面所做的一系列工作都等于零。在实施过程中，要让所有执行方案和受方案影响的人了解方案的内容和实施程序，以最大限度地保证决策实施成功。如果有条件，应尽量让执行决策的人参与决策的制定过程，这样他们就更可能热情积极地支持和执行决策，从而有助于提高决策实施的效率和效益。

6. 评价决策效果

决策制定过程的最后一步就是评价决策效果，看它是否已经解决了问题。如果发现问题依然存在或没有达到预期的目标，管理者必须依靠信息反馈系统仔细分析什么地方出了差错，是什么原因造成的，并及时采取纠偏措施。是没有正确认识问题吗？是在方案评价中出错了吗？是方案选对了但实施不当吗？对此类问题的回答将驱使管理者追溯前面的步骤，甚至可能需要重新开始整个决策过程。

二、决策的标准选择

小案例

规模在世界上数得着的埃及阿斯旺水坝竣工于20世纪70年代初。表面上看，这座水坝给埃及人民带来了廉价的电力，控制了水旱灾害，灌溉了农田。然而，该水坝实际上破坏了尼罗河流域的生态平衡，造成了一系列灾难：由于尼罗河的泥沙和有机质沉淀到水库底部，使尼罗河两岸的绿洲失去了肥源——几亿吨淤泥，土壤日益盐渍化；由于尼罗河河口供沙不足，河口三角洲平原向内陆收缩，使工厂、港口、国防工事有跌入地中海的危险；由于缺乏来自陆地的盐分和有机物，致使沙丁鱼的年捕获量减少1.8万吨；由于大坝阻隔，使尼罗河下游的活水变成相对静止的"湖泊"，为血吸虫和疟蚊的繁殖提供了条件，致使水库区一带血吸虫病流行。埃及造此大坝所带来的灾难性后果，使人们深深地感叹：一失足成千古恨！

现实中的决策往往是多目标决策，人们在做出决策时对于决策结果究竟要达到什么样的预期目标，这种认识往往与价值判断有关；任何决策方案在带来实现预定目标所希望的正面效果的同时，往往也可能引起各种负面效果。

决策的标准选择有最优决策、满意决策和合理决策三种类别。

1. 最优决策

最优决策的观点可以追溯到科学管理的创始人泰罗，并为运筹学家和管理科学家们一贯坚持。在泰罗看来，任何一项管理工作，都存在一种最佳工作方式。追求最佳决策是决策者的一种优良的心理品质。但必须指出的是，并非所有的管理问题和管理工作都能够数字模型化，从而求出其最优解来。因为要取得最优解，需要满足以下条件：①问题清楚明确；②目标单一明确；③所有方案已知；④偏好清楚、一致、稳定；⑤没有成本、时间约束。因此这种决策又被称为理性决策。在实际工作中满足这些条件的情况是非常少见的。

2. 满意决策

第二种代表性观点是西蒙提出的"满意"标准。他对运筹学家们的最优决策标准提出了尖锐的批评，他指出："所谓最优是指在数学模型范围内的最优决策而言……热衷于运筹学的人很容易低估这种方法的适用条件的严格性。"他认为："如果认为某事物在本质上就是定性的，在应用数学家做出尝试之前不能简化为数学形式，否则这将是危险的。"以满意标准衡量决策有效性又被称为有限理性的决策。

3. 合理决策

还有一种代表性的观点是美国管理学家哈罗德·孔茨提出的"合理性"决策标准。他对合理性决策标准的解释是："首先，他们必须力图达到如无积极行动就不可能达到的某些目标。其次，他们必须对现有环境和限定条件依循什么方针去达到目标有清楚的了解。最后，他们必须有以最好的办法解决问题的强烈愿望，咬牙选出能最满意地达到目标的方案。"

孔茨的合理性决策标准的实质是强调决策过程中各个阶段的工作质量最终决定了决策的正确性和有效性，而不仅仅在于进行方案抉择采取"最优"还是"满意"标准。

三、决策的影响因素

决策受到多种因素的影响，这些影响因素主要有以下几个。

1. 环境因素

环境对决策的影响是显而易见的。每当组织所处的外部环境发生变化，为适应新的变化，组织往往要做出新的决策。

2. 组织文化

组织文化是构成组织内部环境的主要因素，通过影响人们对变化、变革的态度，从而对决策产生影响和限制作用。而任何决策的制定，都会在某种程度上否定过去；任何决策的实施，都会在某种程度上给组织带来变化。因此，决策受组织文化的影响是不可否认的事实。

3. 过去的决策

在实际的管理工作中，决策问题大多都是建立在过去决策的基础上的，是追踪决策，是对初始决策的完善、调整或改革；是非零起点的，过去的决策是目前决策的起点。过去选择方案的实施，不仅伴随着人力、物力、财力等资源的消耗，而且伴随着内部状况的改变，带来了对外部环境的影响。因此决策者必须考虑过去的决策对现在的延续影响。

过去的决策对现在的决策的制约程度取决于它们与决策者的关系，这种关系越紧密，现在的决策受到的影响就越大。如果过去的决策是由现在的决策者制定的，而决策者通常要对自己的选择及其后果负管理上的责任，因此不愿意对组织活动进行重大的调整，而倾向于仍把大部分的资源投入过去方案的执行中，以证明自己一贯的正确。相反，如果现在的主要决策者与组织过去的重要决策没有很深的渊源关系，则容易接受重大改变。

4. 决策者对风险的态度

组织及其决策者对待风险的不同态度会影响决策方案的选择，愿意承担风险的决策者，通常会未雨绸缪，在被迫对环境做出选择之前就采取进攻性的行动，并会经常进行新的探索。不愿意承担风险的决策者，通常只会对环境做出被动的反应，事后应变，他们对变革或变动表现得谨小慎微，会受到过去决策的限制。例如，招聘总经理以年龄为参考条件，可能考虑的是年龄对决策者的风险态度的影响的一般规律。

5. 决策的时间紧迫性

美国学者威廉·R.金(William R.Jr)和大卫·I.克里兰(David I. Kerrier)把决策划分为时间敏感型决策和知识敏感型决策。时间敏感型决策要求迅速而尽量准确地做出决策，否则就会失败。例如，20世纪50年代后期，中国香港地区经济复苏，各国的投资者和生意人纷纷涌入香港地区，当时经营塑料花的李嘉诚看到其中潜在的机遇——房地产价格将大涨，他认为，经济复苏，不论是生产用房、办公用房还是居民住宅都将随之兴旺。他为此进行了深入而细致的调查，及时做出了经营房地产的决策。他把经营塑料花的钱转移出来，并通过向银行贷款，赶在土地涨价之前买下了大片土地，兴建楼宇。由于香港地少人多和经济的迅速发展，他经营的长江实业公司所开发的楼盘十分抢手，几年光景，李嘉诚就成了亿万富翁。这个例子说明了决策受时间的影响很大。当然，并非所有的决策都受时间的影响。

第三节 决策的基本方法

随着决策实践和理论的不断发展，已经创造出很多可行的方法。但可以说，没有一种方法是万能的。问题在于如何根据具体决策问题的性质和特点灵活运用。一般来说，决策方法有两大类：一类是定性决策方法，另一类是定量决策方法。

一、定性决策方法

(一)德尔菲法

德尔菲法是在20世纪40年代由O.赫尔姆(O. Helmer)和N.达尔克(N. Dark)首创，经过T. J. 戈尔登(T. J. Gordon)和兰德公司的进一步发展而成的。1946年，兰德公司首次使用这种方法来进行预测，后来这种方法被迅速地广泛采用。德尔菲法依据系统的程序，采用匿名发表意见的方式，即专家之间不得相互讨论，不发生横向联系，只能与调查人员发生联系，通过多轮调查专家对问卷所提出问题的看法，经过反复征询、归纳、修改，最后汇总成专家基本一致的看法，作为预测的结果。这种方法具有广泛的代表性，较为可靠。

德尔菲法的具体实施步骤如下。

(1) 组成专家小组。按照课题所需要的知识范围确定专家。专家人数的多少，可根据预测课题的大小和涉及面的宽窄而定，一般不超过 20 人。

(2) 向所有专家提出所要预测的问题及有关要求，并附上有关这个问题的所有背景材料，同时请专家提出还需要什么材料。然后，要求专家做出书面答复。

(3) 各个专家根据他们所收到的材料，提出自己的预测意见，并说明自己是怎样利用这些材料提出预测值的。

(4) 将各个专家的第一次意见汇总，列成图表，进行对比，再分发给各位专家，让专家比较自己与他人的不同意见，修改自己的意见和判断。也可以把各位专家的意见加以整理，或请更权威的其他专家加上评论，然后把这些意见再分发给各位专家，以便他们参考后修改自己的意见。

(5) 将所有专家的修改意见收集起来，汇总后再分发给各位专家，以便做第二次修改。逐轮收集意见并为专家反馈信息是德尔菲法的主要环节。收集意见和信息反馈一般要经过三四轮，在向专家进行反馈的时候，只给出各种意见，并不说明发表各种意见的专家的具体姓名。这一过程重复进行，直到每一个专家不再改变自己的意见为止。

(6) 对专家的意见进行综合处理。这种方法的优点主要是简便易行，具有一定的科学性和实用性，可以避免进行会议讨论时产生的因害怕权威而随声附和，或固执己见，或因顾虑情面而不愿与他人意见冲突等弊端；同时也可以使大家发表的意见较快收敛，参加者也易接受结论，具有一定程度综合意见的客观性。但缺点是专家判断的时间紧，回答往往比较草率，同时由于预测主要依靠专家，因此，归根到底仍属专家们的集体主观判断。此外，在选择合适的专家方面也较困难，征询意见的时间较长，对于需要快速判断的预测难以使用等。尽管如此，本方法因简便可靠，仍不失为一种常用的定性预测方法。

(二)头脑风暴法

头脑风暴法又称智力激励法，是现代创造学奠基人美国的奥斯本(Alex Faickney Osborn)提出的，是一种通过小型会议的组织形式，诱发集体智慧，相互启发灵感，最终产生创造性思维的程序化方法。它把一个组的全体成员都组织在一起，使每个成员都毫无顾忌地发表自己的观点，既不怕别人的讽刺，也不怕别人的批评和指责，是一个使每个人都能提出大量新观点、创造性地解决问题的最有效的方法。

头脑风暴的实施步骤如下。

1. 准备阶段

事先对所议问题进行一定的研究，弄清问题的实质，找到问题的关键，设定解决问题所要达到的目标。同时选定参加会议的人员，一般以 5~10 人为宜，人数不宜太多。然后将会议事宜提前通知与会人员，让大家事先做好准备。

2. 热身阶段

这个阶段的目的是创造一种自由、宽松、祥和的氛围，使大家得以放松，进入一种无拘无束的状态。先由有趣的话题或问题开始，让大家的思维处于轻松和活跃的境界，随后轻松导入会议议题。

3. 明确问题

主持人扼要地介绍有待解决的问题。介绍时须简洁、明确，不可过分周全，否则，过多的信息会限制人的思维，干扰思维创新的想象力。

4. 重新表述问题

讨论一段时间后，大家对问题已经有了一定的理解。这时，为了使大家对问题的表述能够具有新角度、新思维，可以安排大家对问题进行重新表述。

5. 畅谈阶段

畅谈是头脑风暴法的创意阶段。引导大家自由发言、自由想象、自由发挥，使彼此相互启发、相互补充，真正做到知无不言、言无不尽、畅所欲言，然后将会议发言记录进行整理。为了使大家能够畅所欲言，需要制定规则：第一，不要私下交谈，以免分散注意力；第二，不妨碍他人发言，不去评论他人发言，每人只谈自己的想法；第三，发表见解时要简单明了，一次发言只谈一种见解。

6. 筛选阶段

会议结束后的一两天内，向与会者了解会后的新想法和新思路，以此补充会议记录。然后将大家的想法整理成若干方案进行筛选。经过多次反复比较和优中择优，最后确定1~3个最佳方案。这些最佳方案往往是多种创意的优势组合，是大家的集体智慧综合作用的结果。

在头脑风暴法的实施过程中有以下四条基本原则。

(1) 排除评论性批判，对提出观点的评论要在以后进行。

(2) 鼓励"自由想象"。提出的观点越荒唐，可能越有价值。

(3) 要求提出一定数量的观念。提出的观点越多，就越有可能获得更多的有价值的观念。

(4) 探索研究组合与改进观念。除了与会者本人提出的设想以外，还要求与会者指出，按照他们的想法怎样做才能将几个观点综合起来，推出另一个新观点；或者要求与会者借题发挥，改进他人提出的观点。

头脑风暴法的正确运用，可以有效地发挥集体的智慧，这可能比一个人的设想更富有创意。

互动话题

你早晨睡懒觉吗？睡懒觉会导致上课迟到、耽误早餐、影响身体，这一恶习必须根除。现在，请运用头脑风暴法列出解决早晨睡懒觉问题的办法。

(三) 名义小组法

在集体决策中，如对问题的性质不完全了解且意见分歧严重，则可采用名义小组法或称名义群体法。在这种方式下，小组的成员互不通气，也不在一起讨论、协商，因而小组只是名义上的。这种名义上的小组可以有效地激发个人的创造力和想象力。具体来说，需遵循以下步骤。

(1) 组织者先召集有关人员，把要解决的问题的关键内容告诉他们，并请他们独立思考，要求每个人尽可能地把自己的备选方案和意见写下来。

(2) 按顺序让他们一个接一个地陈述自己的方案和意见，以便把每个想法都搞清楚。

(3) 在此基础上，由小组成员对提出的全部备选方案进行投票和排序，赞成人数最多的方案即为所选方案。当然，管理者最后仍有权决定是接受还是拒绝这一方案。

这种方法的主要优点在于，群体成员正式开会但不限制每个人独立思考，而传统的会议方式往往做不到这一点。

(四)电子会议法

最新的定性决策方法是将专家会议法与尖端的电子计算机相结合召开电子会议的方法。多达50人围坐在一张马蹄形的桌子旁，这张桌子上除了一系列的计算机终端外别无他物。将问题显示给决策参与者，将他们自己的回答输入到计算机屏幕上。个人评论和票数统计都投影在会议室的屏幕上。

电子会议的主要优点是匿名、诚实和快速。决策参与者能不透露姓名地输入自己所要表达的任何信息，一敲键盘即显示在屏幕上，使所有人都能看到。它使人们可以充分地表达自己的想法而不会受到惩罚，可以避免闲聊和讨论偏题，且不必担心打断别人的"讲话"。专家们声称电子会议比传统的面对面会议快一半以上。例如，菲尔普斯·道奇矿业公司采用此方法将原来需要几天的年计划会议缩短到12小时。

但是，电子会议也有缺点：那些打字快的人比那些口才好但打字慢的人凸显优势；再者，电子会议过程缺乏面对面的口头交流所传递的丰富信息。

二、定量决策方法

定量决策的方法，是在决策问题的定性分析的基础上，借助数学分析模型辅助决策者选取最优(或满意)方案的方法。下面将主要介绍确定型、风险型和不确定型三类管理决策中常见的分析方法。

(一)确定型决策分析

决策是否正确，取决于对未来可能发生情况的了解程度，对未来可能的情况判断和掌握得愈准确，决策就愈有把握。

所谓确定型决策分析，是在明确决策目标的情况下，通过比较各个可行方案的效益结果，从中选择较优方案的决策活动。它的分析对象是确定型的决策问题。确定型决策分析具备下列特征：决策目标明确、未来的自然状态或约束条件已经确定、具有两个或两个以上不同的可行方案、各可行方案在确定的自然状态或约束条件下的效益值可以计算等。

确定型决策分析常用的方法有：直观判断法、盈亏平衡点法、线性规划法、ABC分析法、经济批量法等。其中最常用的是盈亏平衡点法。

盈亏平衡分析，也叫保本分析或量本利分析。通过分析企业生产成本、销售利润和产品数量三者的关系，掌握盈亏变化规律，指导企业选择能够以最小的成本，生产出最多产品并使得企业获取最大利润的方案。量本利分析的核心是盈亏平衡点的分析。盈亏平衡点是指在一定的销售量下，企业的销售收入等于总成本即利润为零的情况。以盈亏平衡点为界限，销售收入高于此点企业盈利；反之企业亏损。

盈亏平衡点数学公式为

$$盈亏平衡点销量 = \frac{固定成本}{销售单价-单位变动成本}$$

【例4-1】某新产品定价每台10万元，单位变动成本为6万元，固定成本为400万元，该产品在什么销量下可以保本？

解：$盈亏平衡点销量 = \frac{固定成本}{销售单价-单位变动成本} = \frac{400}{10-6} = 100(台)$

答：该产品在销量为100台时，可以保本。超过此数量时，可以盈利。

(二)风险型决策分析

在确定型决策中，未来自然状态处于完全确定(即100%的肯定)的状态下，其决策方案只有一种确定的效益结果。但大多数实际决策问题时，未来自然状态是不确定的，这样每个可行方案在执行中会出现几种可能的结果，所对应的效益就是非确定的。如果我们能已知各种自然状态出现的可能性大小，也就是已知各种自然状态出现的概率大小，那么不确定程度就会减小。

风险型决策分析，就是根据几种不同的自然状态下可能发生的概率和某种决策准则进行方案选择。

1. 风险型决策分析的特征

风险型决策分析具有以下特征。

(1) 具有决策者期望达到的明确目标。
(2) 存在着不以决策者的意志为转移的两种或两种以上的自然状态，是不可控因素或叫状态变量。
(3) 具有两个或两个以上可供决策者选择的可行方案，也称策略或决策变量。
(4) 不同可行方案在不同自然状态下的损益值可以计算出来。
(5) 各种自然状态未来出现的概率可以主观判断估计，或依据客观资料统计推算。

2. 解决风险型决策问题的方法

解决风险型决策问题常用的方法有决策树分析法、决策表分析法和矩阵计算法。这里只介绍决策树分析法。

决策树分析法，是利用树形状态图来分析和选择风险型决策问题最佳方案的一种方法。这种方法的决策准则仍是最优损益期望值标准。由于它利用一些图形符号能形象地显示决策过程，所以被广泛应用于风险型决策中，尤其是对多阶段决策问题，它能方便地表达出各个阶段决策与整体决策的前后关联与相互影响。

决策树分析法的具体应用通过下面的例题来介绍。

【例 4-2】 企业经过市场调研和预测,认为未来大、中、小三种需求情况都可能出现,它们出现的概率分别为 0.2、0.6 和 0.2。目前,企业有三种方案应对:加工厂扩建、合同转包以及从其他工厂进货。这三种方案各自在每一种自然状态下的收益值如表 4-1 所示,且估计企业加工厂扩建方案还要增加投资 50 万元。请问,哪种方案收益最大?

表 4-1 各进货方案的收益值表   单位:万元

方案\效益\自然状态\概率	需求大 0.2	需求中等 0.6	需求小 0.2
加工厂扩建 A_1	350	300	180
合同转包 A_2	360	280	200
从其他厂进货 A_3	300	250	210

解:应用决策树分析法进行决策,具体步骤如下。

(1) 本问题只有一个决策点,由于有三个备选方案,所以有三条方案枝,每条方案枝末端对应一个机会点。

(2) 由于每个方案都面临三种自然状态,故每个机会点就要引出三条概率枝,各条概率枝末端也就对应有条件损益值的结果。

(3) 根据上面的分析及有关资料就可以从左至右绘制出本问题的决策树分析图,如图 4-2 所示。

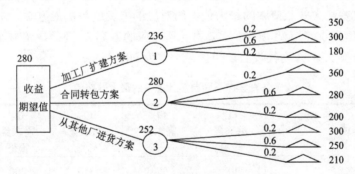

图 4-2 企业三种方案的决策树分析图

(4) 根据已知条件计算各机会点的方案损益期望值:

机会点①"加工厂扩建方案"收益期望值=0.2×350+0.6×300+0.2×180=286(万元)(由于扩建方案还需要增加 50 万元投资,所以最终收益期望值为 286-50=236(万元);

机会点②"合同转包方案"收益期望值=0.2×360+0.6×280+0.2×200=280(万元);

机会点③"从其他厂进货方案"收益期望值=0.2×300+0.6×250+0.2×210=252(万元)。

(5) 将上述计算结果标到决策树分析图对应机会点的上方,然后对三个方案进行分析比较,做出决策。显然,最大收益期望值为"合同转包方案"(280 万元)。故将"合同转包方案"的收益期望值 280 万元标到决策点方框的上方。

答：应选择"合同转包方案"，因为其收益期望值最大，为 280 万元。

从该例可知，运用决策树分析法进行决策，可以使决策者对风险决策问题一目了然，形象地了解事态发展中可能出现的自然状态及其可能性大小、各种自然状态的风险与条件损益值以及几种备选方案的损益期望值，有助于决策者权衡利弊、做出决策。

(三)不确定型决策分析

不确定型决策也叫完全未确定型决策。不确定型决策分析，是在无法预先确知未来可能发生几种不同自然状态的概率条件下，依据决策者的主观态度进行方案选择。它的分析对象是不确定型决策。

不确定型决策无客观统一标准，仅凭决策者对客观情况的主观判断态度来决策。在大量实践中，决策者对这类决策问题的主观判断态度主要有乐观法、悲观法和遗憾值法三种方法。下面分别介绍这三种方法的思想及应用。

1. 乐观法

乐观法又称"大中大准则"。乐观法的思想基础是对客观情况的发生总是抱着乐观的态度。它的决策原则是从每一个方案中找出最有利的效益值，然后在这些最有利的效益值中选取一个效益最大的方案作为决策方案。

【例 4-3】商业部门在编制年度计划时，根据市场供求关系的这些变化并考虑了现实生产的可能性，拟订了 A_1、A_2、A_3、A_4 四个备选方案，参见表 4-2。试用乐观法分析判断，哪个方案是最优方案。

解：首先，把表 4-2 中每个方案在各种自然状态下的最大效益值找出来。A_1 方案的最大效益值为 700 万元，A_2 方案为 800 万元，A_3 方案为 900 万元，A_4 方案为 500 万元。

然后，找出这些最大效益值中的最大值，所对应的方案就是决策方案。本例中，最大效益值中的最大值为 900 万元，所以，900 万元所对应的方案 A_3 便是决策方案。

答：应选择方案 A_3，因为其收益期望值最大，为 900 万元。

表 4-2　各方案在不同自然状态下的最大效益值　　　　　　　单位：万元

效益值＼自然状态＼方案	Q_1 需求量较高	Q_2 需求量一般	Q_3 需求量较低	Q_4 需求量很低	最大效益值
A_1	700	650	350	200	700
A_2	800	500	420	400	800
A_3	900	600	400	300	900
A_4	500	400	430	250	500

2. 悲观法

悲观法又称"小中大准则"。悲观法的思想与乐观法的思想相反，对客观情况总抱着悲观的态度，因此，它的决策准则是从每个方案中指出其最不利的效益值，然后在这些最不利的效益值中再选取一个效益最大的方案作为决策方案。

仍以例 4-3 来说明。首先，把表 4-3 中每个方案在各种自然状态下的最小效益值找出来。A_1方案的最小效益值为 200 万元，A_2 方案为 400 万元，A_3 方案为 300 万元，A_4 方案为 250 万元。

然后，找出这些最小效益值中的最大值，所对应的方案就是决策方案。本例中，最小效益值中的最大值为 400 万元，所以，400 万元所对应的方案 A_2 便是决策方案。

表 4-3 各方案在各种自然状态下的最小效益值　　　　　　　单位：万元

自然状态 方案	Q_1 需求量 较高	Q_2 需求量 一般	Q_3 需求量 较低	Q_4 需求量 很低	最小 效益值
A_1	700	650	350	200	200
A_2	800	500	420	400	400
A_3	900	600	400	300	300
A_4	500	400	430	250	250

3. 遗憾值法

遗憾值法又称后悔值分析法。遗憾值法是一种"大中取小"的方法，其基本思想是认为决策者制定决策后，如果情况不能符合理想值，必将感到遗憾。鉴于这种思想，可以把每种自然状态的最大效益值定为该状态的理想值，并将该状态的其他效益值与这个理想值相减，所得的差值则称为未达到理想的遗憾值。因而每一个效益值就都对应着一个遗憾值。

遗憾值法的决策准则是选取各方案的最大遗憾值中的最小值所对应的方案为决策方案。

表 4-4 中反映了例 4-3 用遗憾值法决策分析的以下过程。

第一，找出每种自然状态下的最大效益值，即为该状态的理想值。例 4-3 中 Q_1 状态下最大值为 900 万元，Q_2 状态下最大值为 650 万元，Q_3 状态下最大值为 430 万元，Q_4 状态下最大值为 400 万元。

第二，求出遗憾值，即由每种自然状态的最大效益值(理想值)减去对应的各方案的效益值的差额。

第三，选出各方案的最大遗憾值，A_1 方案为 200 万元，A_2 方案为 150 万元，A_3 方案为 100 万元，A_4 方案为 400 万元。

第四，再选择这些最大遗憾值中最小的，所对应的方案便为决策方案。因此，应选择方案 A_3，因为其遗憾值最小为 100 万元。

表 4-4 各方案与自然状态组合的遗憾值　　　　　　　单位：万元

自然状态 方案	Q_1 需求量 较高	Q_2 需求量 一般	Q_3 需求量 较低	Q_4 需求量 很低	最大 遗憾值
A_1	200	0	80	200	200
A_2	100	150	10	0	150
A_3	0	50	30	100	100
A_4	400	250	0	150	400

管 理 故 事

永远的坐票

生活真是有趣：如果你只接受最好的，你经常会得到最好的。有一个人经常出差，经常买不到对号入座的车票。可是无论长途短途，无论车上多挤，他总能找到座位。他的办法其实很简单，就是耐心地一节车厢一节车厢找过去。这个办法听上去似乎并不高明，但却很管用。每次，他都做好了从第一节车厢走到最后一节车厢的准备，可是每次他都用不着走到最后就会发现空位。他说，这是因为像他这样锲而不舍找座位的乘客实在不多。经常是在他落座的车厢里尚余若干座位，而在其他车厢的过道和车厢接头处，居然人满为患。

他说，大多数乘客轻易就被一两节车厢拥挤的表面现象迷惑了，不大细想在数十次停靠之中，从火车十几个车门上上下下的流动中蕴藏着不少提供座位的机遇；即使想到了，他们也没有那一份寻找的耐心。眼前一方小小立足之地很容易让大多数人满足，为了一两个座位背负着行囊挤来挤去有些人也觉得不值。他们还担心万一找不到座位，回头连个好好站着的地方也没有了。与生活中一些安于现状、不思进取、害怕失败的人，永远只能滞留在没有成功的起点上一样，这些不愿主动找座位的乘客大多只能在上车时最初的落脚之处一直站到下车。

温馨提示：自信、执着、富有远见、勤于实践，会让你握有一张人生之旅永远的坐票。

(资料来源：豆瓣网 https://www.douban.com)

管 理 定 律

马特莱法则——抓关键

马特莱法则又称80：20法则，主张企业经营者管理企业不必面面俱到，而应侧重抓关键的20%。从人力资源管理的角度来看，企业经营者应把主要精力放在占员工总数20%的业务骨干身上，抓企业发展的骨干力量，再以这20%的少数带动占80%的多数，以提高企业效率。从决策的角度来看，马特莱法则就是要抓住企业中存在的关键问题进行决策。从营销的角度来看，企业经营者应抓住占总数20%的重点商品、重点用户，渗透经营，以达到牵一发而动全身的效果。

马特莱法则的神奇之处，就在于它确定了经营者的大视野：侧重抓各占总数20%的骨干力量、重点产品、重点用户等。抓住了这几个20%，就牵住了"牛鼻子"，整个工作就会顺势而上。掌握了马特莱法则，管理者就能找准工作的着力点，就能从繁忙的事务中解脱出来，去干自己最想干又最需要干的事情。

知 识 测 试

(一)选择题

1. 在确定、可控的条件下进行的决策属(　　)。
   A. 定性决策　　B. 确定型决策　　C. 风险型决策　　D. 不确定型决策

2. 德尔菲法属( )方法。
   A. 确定型决策　　B. 定量决策　　C. 个人决策　　D. 集体决策
3. 决策树法属于( )方法。
   A. 集体决策　　　　　　　　B. 确定型决策
   C. 风险型决策　　　　　　　D. 不确定型决策
4. 以满意作为决策标准和依据的提出者是( )。
   A. 西蒙　　　　B. 孔茨　　　　C. 泰罗　　　　D. 法约尔
5. (多选)群体决策的优点是( )。
   A. 能得到更多的认同　　　　B. 受个体能力影响很大
   C. 更好地沟通　　　　　　　D. 能拟订更多的备选方案
6. (多选)下列属集体决策的是( )。
   A. 头脑风暴法　　　　　　　B. 量本利分析法
   C. 德尔菲法　　　　　　　　D. 边际分析法

(二)论述题

1. 个人决策和集体决策各有什么优缺点？请举例说明。
2. 什么是决策？决策的标准有哪些？结合实际分析要选择这些标准的原因。

素 质 拓 展

头脑风暴法

【实训目标】

1. 理解并掌握头脑风暴决策法的运用。
2. 培养学生团队解决问题的能力。

【实训内容与要求】

假设你和朋友试图决定在购物中心地带开一家饭店，困扰你们的问题是这个城市已经有很多饭店，这些饭店能提供各种价位的不同种类的餐饮服务。你们拥有开设任何一种类型饭店的足够资源。你们面对的挑战是要决定哪种类型的饭店将最成功。

现在，请运用头脑风暴法进行决策。

1. 分若干小组，小组集体花 5~10 分钟，形成你们认为最可能获得成功的类型，每位成员要尽可能富有创新性和创造力，对任何提议不能加以批评。
2. 指定一成员把各种方案写下来。
3. 用 10~15 分钟讨论优缺点，形成一致意见。
4. 做出决策后，对头脑风暴法的优缺点进行讨论，确定是否有阻碍发生。

【成果与检测】

1. 是否按规定要求完成决策任务。
2. 成员发言积极性情况。

3. 检验同学归纳概括能力。

案例分析

山居小栈的求存策略

山居小栈位于一个著名的风景区边缘，每年有大批旅游者来到这个坐落于两大城市之间的风景名胜区游览。

罗生两年前买下山居小栈时充满信心。作为一个经验丰富的旅游者，他觉得自己明白游客的真正需要：朴实但方便的房间、舒适的床、标准的盥洗设备以及免费有线电视。他认为重要的不是提供的服务，而是管理，但在不断接到顾客的抱怨后，他还是增供了简单的免费早餐。

然而，经营情况比他预料的要糟。两年来的入住率都维持在55%左右。当地旅游局的统计数字表明，这一带旅店的平均入住率是68%。毋庸置疑，竞争很激烈，除了许多高档的饭店外，还有很多家居式的小旅馆参与竞争。

其实，罗生对这些情况并非一无所知，但他觉得高档宾馆太昂贵，而家庭式旅馆则很不正规，像山居小栈这样既具有规范化服务特点又价格低廉的旅店应该很有市场。

最近，又传来旅游局决定在本地兴建更多大型宾馆的风声，罗生越来越觉得处境不利，甚至想退出市场。

这时，他得到亲属赠予的一大笔遗产。这笔资金使他犹豫起来。也许这是个让山居小栈起死回生的机会呢！他开始认真地研究所处的市场环境。

从一开始，罗生就避免和提供全套服务的度假酒店直接竞争，他采取的方式就是削减"不必要的服务项目"。这使山居小栈的房价比它们的要低40%，住过的客人都觉得物有所值。但是，也有很多游客还是转一转以后去别家投宿了。

罗生对近期旅游局发布的对当地游客的调查结果非常感兴趣。
(1) 68%的游客是不带孩子的年轻或年老夫妇。
(2) 40%的游客两个月前就预订好了房间和旅行计划。
(3) 66%的游客在当地停留超过三天，并且住同一旅店。
(4) 78%的游客认为旅馆的休闲娱乐设施对他们的选择很重要。
(5) 38%的游客还是第一次来此地游览和观光。

得到上述资料后，罗生反复思量，到底是退出市场，拿这笔钱来养老，还是继续经营？如果继续经营，是一如既往，还是改变山居小栈的经营策略？

(资料来源：百度文库 https://wenku.baidu.com)

思考题：
1. 分析罗生经营山居小栈失败的原因。
2. 分析预测在该风景区经营山居小栈的发展前景。
3. 为罗生做出正确决策提供建议。

第五章 计 划

战略越精练，就越容易被彻底地执行。

——花旗银行董事长约翰·里德

【学习目标】

知识点：
- 熟悉计划的类型。
- 掌握计划工作的原理和编制程序。
- 掌握目标管理的基本过程。
- 了解战略管理的重要意义和战略的几种类型。

技能点：
- 培养编制计划的能力。
- 掌握目标管理方法的运用。

【引例】

父子打猎

有一位父亲带着三个孩子，到沙漠去猎杀骆驼。他们到了目的地，父亲问老大："你看到了什么？"老大回答："我看到了猎枪，还有骆驼，还有一望无际的沙漠。"父亲摇摇头说："不对。"父亲以同样的问题问老二。老二回答说："我看见了爸爸、大哥、弟弟、猎枪，还有沙漠。"父亲又摇摇头说："不对。"父亲又以同样的问题问老三。老三回答："我只看到了骆驼。"父亲高兴地说："你答对了。"

一个人若想走上成功之路，首先必须有明确的目标。目标一经确立，就要心无旁骛，集中全部精力，勇往直前。

(资料来源：搜狐网 http://www.sohu.com)

第一节 计划概述

一、计划的含义

计划这个术语有名词和动词两种含义。名词意义上的计划是指表述组织以及组织内不同部门和不同成员在未来一定时期内关于行动方向、内容和方式安排的管理文本。管理当局通过这些文本明确规定组织在一定时期内想要达到什么目标和怎样实现这些目标。动词意义上的计划是指为了实现决策所确定的目标而安排的各种行动。计划既是决策所确定的组织在未来一定时期内的行动目标和方式在时间和空间的进一步展开，又是组织、领导、控制和创新等管理活动的基础。这项行动安排工作包括：定义组织的目标；制定全局战略以实现这些目标；开发一个全面的分层计划体系以综合和协调各种活动。因此，计划既涉及目标(做什么)，也涉及达到目标的方法(怎么做)。有时用"计划工作"表示动词意义上的计划内涵。

计划的基本内容可以用"5W1H"模型进行表述，即计划必须清楚地确定和描述下述内容。

(1) "做什么"(What)：要明确组织的使命、战略、目标以及行动计划的具体任务和要求，明确一个时期的中心任务和工作重点。例如，企业在未来 5 年达到什么样的战略目标；企业年度生产计划的任务主要是确定生产哪些产品，生产多少，合理安排产品投入和产出的数量及进度，在保证按期、按质和按量完成订货合同的前提下，使得生产力得到尽可能充分的利用。

(2) "为什么做"(Why)：要论证组织的使命、战略、目标和行动计划的可能性和可行性，也就是说要提供制定的依据。实践表明，计划工作人员对组织企业的宗旨、目标和战略了解得越清楚，认识得越深刻，就越有助于他们在计划工作中发挥主动性和创造性。正如通常所说的，"要我做"和"我要做"的结果是大不一样的，其道理就在于此。

(3) "何时做"(When)：制订计划中各项工作开始和完成的进度，以便进行有效的控制，对能力及资源进行平衡。

(4) "何地做"(Where)：规定计划的实施地点或场所，了解计划实施的环境条件和控制，以便合理安排计划实施的空间和布局。

(5) "谁去做"(Who)：计划不仅要明确规定目标、任务、地点和进度，还应规定由哪个部门、哪个人负责。例如，开发一种新产品，要经过产品设计、样机试制品小批试制和正式投产几个阶段。在计划中要明确规定每个阶段由哪个部门、哪个人负主要责任，哪些部门协助，各联合体的接口处由哪些部门和哪些人员参加鉴定和审核等。

(6) "怎么做"(How)：制定实现计划的措施以及相应政策的规则，对资源进行合理分配和集中使用，对人力、生产能力进行平衡，对各种派生计划进行综合平衡等。

实际上，一个完整的计划还应包括控制标准和考核指标的制定，使组织中所有部门与成员不但知道组织的使命、战略、目标和行动计划，而且还要明确本职工作的内容、如何去做以及要达到什么标准。

二、计划的作用

随着生产技术的日新月异，生产规模的不断扩大，分工与协作的程度空前提高，每一个社会组织的活动不但受到内部环境的影响，还要受外来多方面因素的制约，组织要不断地适应这种复杂的、变化的环境，只有科学地制订计划才能协调与平衡多方面的活动，求得本组织的生存与发展。计划是企业管理中不可缺少的一个环节。具体地说，计划的作用可以归纳为以下四个方面。

1. 计划是管理者指挥的依据

管理者在计划制订之后，工作并没有结束，他们还要根据计划进行指挥。他们要分派任务，要根据任务确定下级的权力和责任，要促使组织中的全体人员的活动方向趋于一致而形成一种复合的、巨大的组织行为，以保证达到计划所设定的目标。

2. 计划是降低风险、掌握主动的手段

将来的情况是变化的，特别是当今世界正处于一种剧烈变化的时代中，社会在变革，技术在变革，人们的价值观念也在不断变化。计划是预期这种变化并设法消除变化对组织造成不良影响的一种有效手段。

3. 计划是减少浪费、提高效益的方法

计划工作的一项重要任务就是要使未来的组织活动均衡发展。预先对此进行认真的研究，能够消除不必要活动所带来的浪费，能够避免在今后的活动中由于缺乏依据而进行轻率判断所造成的损失。计划工作要对各种方案进行技术分析，选择最适当的、最有效的方案来达到组织目标。此外由于有了计划，组织中成员的努力将合成一种组织效应，这将大大提高工作效率，从而带来经济效益。计划工作还有助于用最短的时间完成工作，减少迟滞和等待时间，减少盲目性所造成的浪费，促使各项工作能够均衡稳定地发展。

4. 计划是管理者进行控制的标准

计划工作包括建立目标和一些指标，这些目标和指标将被用来进行控制。也许这些目标和指标不能直接在控制职能中使用，但它们提供了一种标准。控制的所有标准几乎都源于计划。计划职能与控制职能具有不可分离的联系。计划的实施需要控制活动给予保证。在控制活动中发现的偏差，又可能使管理者修订计划，建立新目标。因此，计划是控制的基础，它为有效控制提供了标准和尺度。没有计划，控制工作也就不存在。

小阅读

哈佛大学有一个非常著名的关于目标人生影响的跟踪调查，对象是一群智力、学历、环境等条件差不多的年轻人。调查结果发现：27%的人没有目标；60%的人目标模糊；10%的人有清晰但比较短期的目标；3%的人有清晰且长期的目标。

25年的跟踪研究结果显示，他们的生活状况及分布现象非常有意思。那些占3%左右的人，25年来几乎都不曾更改过自己的人生目标。他们始终朝着同一方向不懈地努力，25年后，他们几乎都成了社会各界的顶尖级成功人士，他们中不乏白手创业者、行业领袖、社会精英。

那些占10%的有清晰短期目标者，大都生活在社会的中上层，他们的共同特点是，短期目标不断被达成，生活状态稳定，成为各行各业不可缺少的专业人士，如医生、律师、高级主管等。

其中占60%的目标模糊者，几乎都生活在社会的中下层，他们能安稳地生活与工作，但都没有什么特别的成绩。

剩下27%的是那些25年来都没有目标的人群，他们几乎都生活在社会的最底层，他们的生活都过得不如意，常常失业，靠社会救济生活，并且常常都在抱怨他人、抱怨社会、抱怨世界。

三、计划的类型

依照不同的标准，可将计划分为不同的类型，各种类型的计划不是彼此割裂的，而是由分别适用于不同条件下的计划组成的一个计划体系。由于组织活动是多样和复杂的，使得组织的计划种类也很多，它们的重要程度也有差别。为便于研究和指导实际工作，有必要按不同的标准对计划进行分类。

(一)按计划的表现形式分类

(1) 宗旨。任何组织活动都有一定的目的和任务，宗旨就是一个组织最基本的目标，它是一个组织继续生存的理由，也是社会赋予它们的基本职能。宗旨明确了一个组织是干什么的，应该干什么。

(2) 目标。目标是在充分理解组织宗旨的条件下建立起来的，是组织活动在一定条件下要达到的预期结果。确定目标本身也是计划工作，目标不仅是计划工作的终点，而且也是组织工作、人员配备、指导与领导以及控制等活动所要达到的结果。

(3) 战略。战略一词来自军事用语，是指通过对交战双方进行分析判断而做出对战争全局的筹划和指导。对于组织来说，战略是为了实现组织长远目标所选择的发展方向。战略的目的是通过一系列的主要目标和政策，来决定组织未来的发展方向。总目标和总战略要通过分目标和分战略来逐步加以实现。

(4) 政策。政策是指组织在决策或处理问题时指导并沟通思想活动的方针和一般规定。政策是管理的指导思想，它为管理人员的行动指明了方向，并明确了在一定范围内怎样进行管理。

(5) 程序。程序也是一种计划，它规定了一些经常发生问题的解决方法和步骤。如果说政策是人们思考问题的指南，那么程序则是行动的指南，它具体规定了某一件事情应该做什么、如何去做，其实质是对未来要进行的行动规定时间顺序。对组织内大多数政策来说，都应该规定相应的程序来指导政策的执行。

(6) 规则。规则是一种最简单的计划，它规定了某种情况下能采取或不能采取的某种具体行动。程序由许多步骤组成，如果不考虑时间顺序，其中的某一步就是规则。在通常情况下，一系列规则的总和就构成了程序。

(7) 规划。规划是为了实现既定方针所必需的目标、政策、程序、规则、任务分配、执行步骤、使用资源以及其他要素的复合体。规划是粗线条的、纲领性的计划。规划有大有小，有长远的和近期的，其目的在于划分总目标实现的进度。

(8) 预算。预算也被称为数字化的计划，是用数字表示预期结果的一份报表。预算可以用财务术语或其他计量单位来表示，这种数字形式有助于更准确地执行计划。通过预算可以考核管理工作的成效和对预算目标的偏离情况，从而实现控制的目的。

(二)按计划的期限分类

按计划的时间跨度可把计划分为长期计划、中期计划和短期计划。长期计划通常称为远景计划，是为实现组织的长期目标服务的具有战略性、纲领性指导意义的综合发展规划。

长期计划的期限一般在 5 年以上。中期计划是根据长期计划提出的目标和内容并结合计划期内的具体条件变化进行编制的,它比长期计划更为详细和具体。中期计划具有衔接长期计划和短期计划的作用,期限一般为 1～5 年。短期计划通常又称年度计划,是根据中长期计划规定的目标和当前的实际情况,对计划年度的各项活动所做出的具体安排和落实。短期计划的期限一般在一年左右。

(三)按组织职能分类

组织的类型和规模不同,具体职能部门的设置也不同。通常根据职能部门把计划划分为供应计划、生产计划、销售计划、财务计划、人力资源计划、新产品开发计划和安全计划等。

(四)按计划范围的广度分类

按计划范围的广度可将计划划分为战略计划、策略计划和作业计划。

战略计划是指应用于整个组织,为组织设立总体目标和寻求组织在环境中的地位的计划。战略计划一般由组织的高层管理人员来制订。策略计划是为实现战略计划而采取的手段,比战略计划具有更大的灵活性。策略计划一般由中层管理人员制订。作业计划是指规定总体目标如何实现的细节计划,是根据战略计划和策略计划而制订的执行性计划。作业计划一般由下级管理人员制订。

(五)按计划的明确程度分类

按计划的明确程度可把计划划分为指导性计划和具体性计划。指导性计划只规定一些重大方针,指出重点但不把管理者限定在具体的目标上,或特定的行动方案上。具体计划则明确规定了目标,并提供了一整套明确的行动步骤和方案。

四、影响计划有效性的权变因素

计划要根据组织自身以及环境特点来制订,组织及其所处环境特点不同,计划工作的重点也不同。影响计划工作重点的权变因素有以下几个方面。

(一)组织层次

图 5-1 中表明了组织的管理层次与计划及决策类型之间的一般关系。在大多数情况下,基层管理者的计划活动主要是制订作业计划,当管理者在组织中的等级上升时,他的计划角色就更具有战略导向性。对于大型组织的最高管理者,他的计划任务基本上都是战略性的。而在小企业中,所有者兼管理者的计划角色涵盖战略和作业两方面的性质。

(二)组织的生命周期

组织都要经历一个生命周期,开始于形成阶段,然后是成长、成熟,最后是衰退。在组织生命周期的各个阶段上,计划的类型并非都具有相同的性质,计划的时间长度和明确性应当在不同的阶段上做相应的调整。在组织的幼年期,管理者应当更多地依赖指导性计划，因为处于这一阶段要求组织具有很强的灵活性。在成长阶段，随着目标更确定、资源更容易获取和顾客忠诚度的提高，计划也更具有明确性，因此管理者应当制订短期的、更具体的计划。当组织进入成熟期这一相对稳定的时期，可预见性最大，也最适合长期的具体计划。当组织从成熟期进入衰退期，计划也从具体性转入指导性，这时目标要重新考虑，资源要重新分配，管理者应制订短期的、更具指导性的计划。

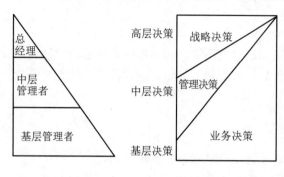
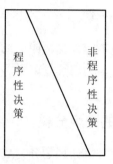

图 5-1　组织层次与计划及决策类型的关系

(三)环境的不确定性程度

环境的不确定性越大，计划越应当是指导性的，计划期限也应越短。

如果重要的技术、社会环境、经济、法律等发生快速变化，那么，精确规定的计划反而会成为组织取得绩效的障碍。此时，环境变化越大，计划就越不需要精确，管理就越应当具有灵活性。

总之，在不断变化的世界里，计划必须是灵活的。因为，在不断变化的世界中，环境变得更具有动态性和不确定性，所以不可能准确地预测未来。因此，管理良好的组织很少在非常详细的、定量化的计划上花费时间，而是开发面向未来的多种方案，但这并不等于说计划是不重要的。

第二节　计划工作的原理和编制程序

一、计划工作的原理

计划工作作为一种基本的管理职能活动，有自己的规律，自然也应有自己的原理。计划编制依据的主要原理有限定因素原理、许诺原理、灵活性原理和导向变化原理。

(一)限定因素原理

所谓限定因素，是指妨碍组织目标实现的因素。也就是说，在其他因素不变的情况下，仅仅改变这些因素，就可以影响组织目标的实现程度。限定因素原理可以表述如下：主管人员越是能够了解对达到目标起主要限制作用的因素，就越能够有针对性地、有效地拟定各种行动方案。限定因素原理有时又被形象地称作"木桶原理"。其含义是木桶能盛多少水，取决于桶壁上最短的那块木板条。限定因素原理表明，主管人员在制订计划时，必须全力找出影响计划目标实现的主要限定因素或战略因素，有针对性地采取得力措施。

(二)许诺原理

许诺原理强调计划工作应选择合理的期限。可以表述为：任何一项计划都是对完成各项工作所做出的许诺，许诺越大，实现许诺的时间就越长，实现许诺的可能性就越小。根据许诺原理，合理的计划应确定一个未来的时期，这个时期的长短取决于实现决策中所许诺任务所必需的时间。

(三)灵活性原理

计划必须具有灵活性，即当出现意外情况时，有能力改变方向而不必花太大的代价。计划中体现的灵活性越大，由于未来意外事件引起损失的危险性就越小。必须指出，灵活性原理就是制订计划时要留有余地，至于执行计划，则一般不应有灵活性。灵活性原理的应用受下述三个条件的限制：①不能总是以推迟决策的时间来确保计划的灵活性；②使计划具有灵活性必须符合经济性原则，如果因为灵活性的增加而得到的收益不能补偿它的费用支出，就不符合计划的效益性；③有时客观条件和现实情况会影响甚至完全遏制计划的灵活性。

(四)导向变化原理

导向变化原理意指领导者在计划的执行过程中，必须定期对所发生的事件和所期望的事情进行检查，以适时调整自身行为适应环境变化的需要。

尽管管理者在拟订计划时预测了未来可能发生的情况，并制定了相应的应变措施，但是，未来情况随时都可能发生变化，原因有：①在预见时不可能面面俱到；②情况在不断变化；③计划往往赶不上变化，总有一些问题是不可能预见的。因此要定期检查计划，在情况已经发生变化时，就要调整计划或重新制订计划。故导向变化原理可以表述为：计划的总目标不变，但实现目标的进程可以因情况的变化而随时改变。这个原理与灵活性原理不同，灵活性原理是使计划本身具有适应性；而导向变化原理是使计划执行过程具有应变能力。

小阅读

有一对兄弟，他们的家住在80层楼上。有一天他们外出旅行回家，发现大楼停电了！虽然他们背着大包的行李，但看来没有别的选择，于是哥哥对弟弟说："我们就爬楼梯上去！"于是，他们背着两大包行李开始爬楼梯。爬到20楼的时候他们开始累了，哥哥说："包太重了，不如这样吧，我们把包放在这里，等来电后坐电梯来拿。"于是，他们把行李放在了20楼，继续向上爬。他们有说有笑地往上爬，但是好景不长，到了40楼，两人实在累了。想到还只爬了一半，两人开始互相埋怨，指责对方不注意大楼的停电公告，才会落得如此下场。他们边吵边爬，就这样一路爬到了60楼。到了60楼，他们累得连吵架的力气也没有了。弟弟对哥哥说："我们不要吵了，爬完它吧。"于是他们默默地继续爬楼，终于80楼到了！兴奋地来到家门口，兄弟俩才发现他们的钥匙留在了20楼的包里……

有人说，这个故事其实就是反映了我们的人生：20岁之前，我们活在家人、老师的期望之下，背负着很多的压力、包袱，自己也不够成熟、能力不足，因此步履难免不稳。20岁之后，离开了众人的压力，卸下了包袱，开始全力以赴地追求自己的梦想，就这样愉快地过了20年。可是到了40岁，发现青春已逝，不免产生许多的遗憾和追悔，于是开始遗憾这个、惋惜那个、抱怨这个、嫉恨那个……就这样在抱怨中度过了20年。到了60岁，发现人生已所剩不多，于是告诉自己不要再抱怨了，就珍惜剩下的日子吧！于是默默地走完了自己的余年。到了生命的尽头，才想起自己好像有什么事情没有完成……原来，我们所有的梦想都留在了20岁的青春岁月，还没有来得及完成……

二、计划的编制程序

虽然可以用不同标准把计划分成不同类型，计划的形式也多种多样，但管理人员在编制任何完整的计划时，实质上都遵循相同的逻辑和步骤，如图5-2所示。当然，不同产业、不同企业或者不同类型的计划都可以根据这个完整步骤的逻辑图进行裁减，从而制订具体的计划。

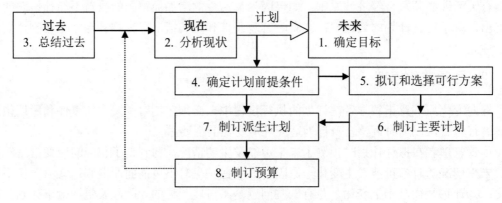

图 5-2　计划编制的步骤

1. 确定目标

目标是指期望的成果，为组织整体、各部门和各成员指明了方向，描绘了组织未来的状况，并且作为标准可用来衡量实际的绩效。确定目标是决策工作的主要任务，是制订计划的第一步。计划工作的主要任务是将决策所确立的目标进行分解，以便落实到各个部门、各个活动环节。

2. 分析现状

计划是组织现在所处的此岸通往未来要去的彼岸的一座桥梁。目标指明了组织要去的彼岸。因此，制订计划的第二步是认清组织所处的此岸，即认清现在。认识现在的目的在于寻求合理而有效的通向彼岸的路径，即实现目标的途径。认清现在不仅需要有开放的精神，将组织、部门置于更大的系统中，而且要有动态的观点，考察环境、对手与组织自身随时间的变化与相互间的动态反应。对外部环境、竞争对手和组织自身的实力进行比较研究时，不仅要研究环境给组织带来的机会与威胁，与竞争对手相比组织自身的实力与不足，还要研究环境、对手及其自身随时间的变化而产生的变化。

3. 总结过去

研究过去不仅是从过去发生的事件中得到启示和借鉴，更重要的是探讨过去通向现在

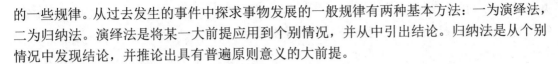

的一些规律。从过去发生的事件中探求事物发展的一般规律有两种基本方法：一为演绎法，二为归纳法。演绎法是将某一大前提应用到个别情况，并从中引出结论。归纳法是从个别情况中发现结论，并推论出具有普遍原则意义的大前提。

4. 确定计划前提条件

前提条件是关于计划环境的假设条件，是关于由所处的此岸到达将去的彼岸的过程中所有可能的假设情况。对前提条件认识得越清楚、越深刻，计划工作越有效，而且组织成员越彻底地理解和同意使用一致的计划前提条件，企业计划工作就越协调。因此，预测并有效地确定计划的前提条件具有重要意义。由于将来是极其复杂的，要把一个计划的将来环境的每个细节都做出假设，不仅不切合实际而且得不偿失，因而是没必要的。因此前提条件应限于那些对计划来说是关键性的或具有重要意义的假设条件，也就是说，应限于那些对计划贯彻实施影响最大的假设条件。

5. 拟订和选择可行方案

"条条大道通罗马""殊途同归"都描述了实现某一目标的途径是多条的。拟订和选择行动计划包括三个内容：拟订可行的行动计划、评估计划和选定计划。

拟订可行的行动计划要求拟订尽可能多的计划。可供选择的行动计划数量越多，对选中的计划的相对满意程度就越高，行动就越有效。因此，在计划拟订阶段，要发扬民主，广泛发动群众，充分利用组织内外的专家，产生尽可能多的行动计划。

6. 制订主要计划

制订主要计划就是将所选择的计划用文字形式正式表达出来，并作为管理文件。计划要清楚地确定和描述 5W1H 的内容，即 What(做什么)、Why(为什么做)、Who(谁去做)、Where(何地做)、When(何时做)和 How(怎样做)。

7. 制订派生计划

基本计划还需要派生计划的支持。比如，一家公司年初制订了"当年销售额比上年增长 20%"的销售计划，与这一计划相连的有许多计划，如生产计划、促销计划等。再如当一家公司决定开拓一项新的业务时，就需要制订很多派生计划，比如雇用和培训各种人员的计划、筹集资金计划、广告计划等。

8. 制订预算

在做出决策和确定计划后，最后一步就是把计划转变成预算，使计划数字化。编制预算，一方面是为了计划的指标体系更加明确，另一方面是使企业更易于对计划执行进行控制。定性的计划往往在可比性、可控性和进行奖惩方面比较困难，而定量的计划则具有较强的约束。

互动话题

在桌子上放了一个用来装水的罐子。然后又从桌子下面拿出一些正好可以从罐口放进罐子里的"鹅卵石"，装满。再从桌底下拿出一袋石子，把碎石子从罐口倒下去，摇一摇，再加一些碎石子。又从桌下拿出一袋沙子，慢慢地倒进罐子里。倒完后，从桌底下拿出一大瓶水，把水倒在看起来已经被鹅卵石、小碎石、沙子填满了的罐子里。当这些事情都做完之后，请同学们讨论从这件事情中得到的重要启示。

第三节　计划的组织实施

实践中计划的组织实施行之有效的方法主要有目标管理、滚动计划、网络计划技术等。

一、目标管理

(一)目标的含义

目标是一个组织各项管理活动所指向的终点，每一个组织都有自己的目标。尽管不同的组织目标各异，但它们的目标都有共同之处，就是以尽可能少的资源投入来实现尽可能多的产出。从管理的意义上讲，目标就是目的或宗旨的具体化，是组织根据宗旨而提出的在一定时期内要达到目的的预期成果。

一个有效的生涯目标需要遵循 SMART 原则，即具体的、可衡量的、适度的、切合实际的、有明确时间表的。

(1) 目标必须是具体的(Specific)。这是指目标必须是清晰的，可产生行为导向的。比如"我要成为一名优秀的大学生"就不是一个具体的目标，但"我要获得今年的一等奖学金"就算得上一个具体目标了。

(2) 目标必须是可以衡量的(Measurable)。这是指目标必须用指标量化地表达出来。比如"我要获得今年的一等奖学金"这个目标，就对应着许多可以量化的指标——出勤、考试成绩、参加活动的结果等。

(3) 目标必须是适度的(Achievable)。这里"适度"有两层意思：一是目标应该在能力范围内确定，若确定的目标经常达不到，体验不到成就会让人感到沮丧；二是目标具有一定挑战性。

(4) 目标必须是切合实际的(Realistic)。即目标要与现实生活和环境相一致，而不是简单的"白日梦"。

(5) 目标必须有明确的时间表(Time-Limited)。必须确定完成目标的日期，不但要确定最终目标的完成时间，还要设立多个较小时间段上的"时间里程碑"，以便对进度进行监控。

(二)目标管理的概念与特点

1. 目标管理的概念

目标管理(Management By Objectives，MBO)是由美国著名企业专家彼得·德鲁克(Peter F. Drucker)于 1954 年提出，经由其他一些人发展，逐步成为西方许多国家普遍采用的一种系统地制定目标并进行管理的有效方法。德鲁克在《管理的实践》一书中首先提出了"目标管理和自我控制的理论"，并对目标管理的原理做了较全面的概括。我国企业于 20 世纪 80 年代初开始引进目标管理，现在，目标管理已成为世界上比较流行的一种企业管理制度。

目标管理的概念可以概括为：组织的最高领导层与各级管理人员共同参与制定出一定时期内经营活动所要达到的各项工作目标，然后层层落实，要求下属各部门主管人员以至每个员工根据上级制定的目标制定出自己的工作目标和相应的保证措施，形成一个目标体系，并把目标完成情况作为各部门或个人考核依据的一套管理方法。

2. 目标管理的特点

1) 目标管理强调以目标网络为基础的系统管理

目标管理首先由管理层确定一定时期的总目标，然后对总目标进行分解，层层下达，逐级展开，形成不同层次、不同要求的多个目标。这些目标之间相互关联、相互支持，形成整体的目标网络系统，从而保证组织目标的整体性和一致性。

2) 目标管理强调"自我控制"

目标管理既重视科学管理，又重视人的因素。目标管理认为，员工是愿意负责的，愿意在工作中发挥自己的聪明才智和创造力。如果我们控制的对象是一个社会组织中的"人"，则必须通过对动机的控制来实现对行为的控制。目标管理的主旨是用"自我控制管理"代替"压制性的管理"，这种"自我控制"可以激励员工尽自己最大的努力把工作做好。

3) 目标管理促使权力下放

目标管理的网络化将目标层层分解下达，这就要求各级管理人员要明确自己的管理目标和管理责任。上级要根据目标的需要，授予下级部门和个人相应的权力，才能激励下级部门和个人充分发挥自己的聪明才智，从而保证目标的顺利实现。因此，授权是提高目标管理效果的关键，推行目标管理，可以促使权力下放。

4) 目标管理注重成果

德鲁克强调，凡是其业绩影响企业组织健康成长的所有方面，都必须建立目标。由于目标管理有一套完整的目标考核体系，就能够对组织成员中的实际贡献和业绩大小进行评价，从而克服了以往凭印象、主观判断等传统的管理方式的不足。

(三)目标管理的基本过程

由于各个组织活动的性质不同，目标管理的步骤可以不完全一样，但一般来说，可以分为以下四步。

1. 建立一套完整的目标体系

实行目标管理，首先要建立一套完整的目标体系。这项工作总是从企业的最高主管部门开始的，然后由上而下地逐级确定目标。上下级的目标之间通常是一种"目的-手段"的关系，某一级的目标，需要用一定的手段来实现，这些手段就成为下一级的次目标。按级顺推下去，直到作业层的作业目标，从而构成一种锁链式的目标体系。

2. 制定目标

制定目标的工作如同所有其他计划工作一样，非常需要事先拟定和宣传前提条件。这是一些指导方针，如果指导方针不明确，就不可能希望下级主管人员制定出合理的目标来。此外，制定目标应当采取协商的方式，应当鼓励下级主管人员根据基本方针拟定自己的目标，然后由上级批准。

3. 组织实施

目标既定，主管人员就应放手把权力交给下级成员，而自己去抓重点的综合性管理。完成目标主要靠执行者的自我控制。如果在明确了目标之后，上级主管人员还像从前那样事必躬亲，便违背了目标管理的主旨，不能获得目标管理的效果。当然，这并不是说，上级在确定目标后就可以撒手不管了。上级的管理应主要表现在指导、协助、提出问题、提供情报以及创造良好的工作环境方面。

4. 检查、评价、奖惩

对各级目标的完成情况，要事先规定出期限，定期进行检查。检查的方法可灵活地采用自检、互检和责成专门的部门进行检查。检查的依据就是事先确定的目标。对于最终结果，应当根据目标进行评价，并根据评价结果进行奖罚。

成果评价与成员行为奖惩，既是对某一阶段组织活动效果以及组织成员贡献的总结，也为下一阶段的工作提供了参考和借鉴。在此基础上，组织成员及各个层次、部门制定新的目标并组织实施，即展开目标管理的新一轮循环。

(四) 目标管理的局限性

1. 对目标管理的原理和方法阐明得不够

目标管理看起来简单，但要把它有效地付诸实施，尚需各级主管人员对它有详尽的了解和认识。这就需要对目标管理的整个体系做耐心的解释，说明目标管理是什么；它怎样发挥作用；为什么要这样做；它在评价管理工作成效时起什么作用；以及参与目标管理的人能得到什么好处等。

2. 给予目标制定者的指导不够

目标管理和其他各种计划工作一样，如果那些拟定目标的各级主管人员得不到必要的指导方针，不了解计划工作的前提条件和企业的基本战略和政策，那么他们就无法制定出正确的目标，也就无法发挥目标管理的作用。

3. 目标难以确定

一方面，可考核的目标是难以确定的；另一方面，使同一级主管人员的目标都具有正常的"紧张"和"费力"程度更是困难的，而这两个问题正是使目标管理取得成效的关键。这就为目标管理的有效实施设置了难以逾越的障碍。

4. 目标一般是短期的

在所有实行目标管理的组织中，所确定的目标一般是短期的，很少超过一年，常常是一季度或更短些。强调短期目标的弊病是显而易见的，因此，为防止短期目标所导致的短期行为，上级主管人员必须从长期目标的角度提出总目标和制定目标的指导方针。

5. 不灵活的危险

目标管理要取得成效，就必须保持其明确性和肯定性，如果目标经常改变，就难以说明它是经过深思熟虑和周密计划的结果,这样的目标是没有意义的。但是,计划是面向未来的,而未来存在许多不确定因素,这又使得必须根据已经变化了的计划工作提前对目标进行修正。然而修订一个目标体系与制定一个目标体系所花费的精力相差无几,结果可能迫使主管人员不得不中途停止目标管理的过程。

互动话题

请多位同学到黑板上写几个自己的目标,当写完一黑板后,请大家依据目标的有效性原则来评价一下,哪些只是个愿望、想法,而不是有效目标。这也就是为什么许多同学有许多"目标",但有很多没有实现的原因。因为那充其量只是个想法,而不是一个目标。

二、滚动计划

滚动计划法是一种将短期计划、中期计划和长期计划进行有机结合,根据近期计划的执行情况和环境变化情况定期修正和调整未来计划,并逐期向前推移的一种动态编制计划的方法。由于在计划工作中很难做到准确地预测未来环境的变化,而且计划期越长,这种不确定性越大,所以,如果硬性地按几年前制订的计划来实施,很可能会导致组织的重大损失。滚动计划法正是为解决这一问题应运而生的。

滚动计划的具体做法是:在制订计划时,同时制订未来若干期的计划,但计划内容依据"远粗近细"的原则,即近期计划详细和远期计划粗略相结合;在计划期第一阶段结束时,根据该阶段计划的执行情况和内外部环境变化情况,对原计划进行修正,并将整个计划向前滚动一个阶段,以后根据同样的原则逐期向前滚动。滚动计划法的示意图如图5-3所示。

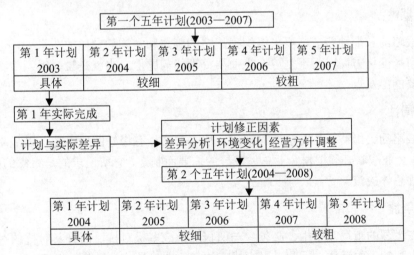

图 5-3 滚动计划法示意图

滚动计划的优点主要表现在:使长、中、短期计划能够相互衔接,从而能根据环境的变化及时地进行调节,使计划始终处于一个动态适应过程,也使各期计划能够保持基本一致,从而大大增强了计划的弹性,避免了计划的僵化,提高了计划的适应性和组织的应变能力。

当然，滚动计划法会使编制计划的工作量加大，但在计算机已被广泛应用的今天，这已不成什么问题。

三、网络计划技术

网络计划技术是运用网络图的形式来组织生产和进行计划管理的一种科学方法。它的基本原理是：运用网络图形式表达一项计划中各项工作之间的先后次序和相互关系；在此基础上进行网络分析，计算网络时间，确定关键工序和关键路线；然后，不断地改善网络计划，求得工期、资源与成本的优化方案并付诸实施；在计划的执行过程中，通过信息反馈进行监督和控制，以保证预期计划目标的实现。

第四节　战　略　管　理

一、战略

(一)战略的含义

战略是指组织面对快速变化的环境、严峻激烈的竞争，在分析组织自身的优势和劣势以及外部机会和威胁的基础上，为保证组织未来总体目标得以实现而做出的总体性、长远性的谋划和方略。

(二)战略的特征

1. 长期性

组织战略的长期性特征，要求组织把战略的制定和实施的定位放在未来，适应时代发展趋势和市场变化方向，而不是放在当前要处理的问题上。也就是说，组织战略的未来观是十分重要的出发点。

2. 全局性

组织战略的突出特征是对全局的把握，战略家必须有极好的战略观。以战略的全局性为出发点，企业战略必须根据企业总体发展的需要而制定，它所追求的是组织的整体效果，因而是一种总体决策。

3. 竞争性

组织在激烈的市场竞争中，必须参与两极对抗或多极对抗，而且其对抗的对手又是具有一定实力和智力的活体。因此，组织战略的竞争性就是非常显著的特征。

4. 创新性

组织战略往往与未来新的趋势相联系，它区别于以往多年度计划或长期计划的一个重要方面：创新性。组织为了生存和发展，就必须不断地强调开辟新的经营领域，做新的事业，更强调摆脱和淘汰过时、低效或陈旧事业的羁绊。

5. 风险性

组织战略的制定并不是企图消除风险，而是建立一种能够对风险的程度做出某种判断，并对风险的后果做出评价，然后做出是否参与冒险，或者回避风险的决策。

6. 应变性

组织战略要以适应未来环境的变化，或者引导未来环境的变化作为战略思维的要务。

(三)战略的类型

战略类型按不同的划分标准有许多分类方法，我们按管理界中最有影响力的竞争战略和态势战略进行分类。

1. 竞争战略

美国哈佛大学教授迈克尔·波特(Michael E. Porter)认为，组织面临来自五个方面的竞争：行业中现有企业之间的竞争、潜在的进入者、替代品的威胁、供应商的讨价还价能力、购买者的讨价还价能力。他提出组织在分析这些竞争的基础上，根据自身的长处和竞争对手的短处采取以下不同的竞争战略。

(1) 低成本战略，也称为成本领先战略。低成本战略要求积极扩大生产规模，进行大批量生产来获得规模经济效益，降低成本，从而降低产品价格，使产品在市场竞争中能够以廉取胜。另外还要求组织在经验基础上全力以赴地降低成本，加强对生产成本和管理费用的控制，最大限度地减少研究开发、服务、推销、广告等方面的成本费用。

(2) 差异化战略。实施差异化战略就是组织提供与众不同的产品或服务，努力做到以特取胜或以奇取胜。主要是突出产品与服务的特色，增加对顾客的吸引力。如特殊的功能、高超的质量、优质的服务、独特的品牌等。

(3) 目标集中战略，也称为专一化战略。即将组织经营目标集中到组织总体市场中的某一部分细分市场上，以寻求在这部分细分市场上的相对优势的战略。这一战略的特点是通过业务的专业化，以更高的效率、更好的效果来满足某一特定的服务对象，从而超过具有较广泛经营范围的竞争者。

2. 态势战略

彼得·德鲁克对358位企业经理45年中的战略选择进行深入研究后，提出了以下三种态势战略类型。

(1) 稳定战略。稳定战略就是维持现有的经营范围和经营水平的战略。组织既不准备进入新的经营领域，也不准备扩大经营规模。其核心是在维持现状的基础上，提高组织现有生产条件下的经济效益。稳定战略适宜组织处于以下情况时运用：组织内部缺乏发展所需资源；组织已达到最满意的规模经济效益；组织的市场地位很稳定且整个市场正趋于饱和；组织现有的战略方案仍与组织内外部环境非常吻合；组织未来的发展方向暂时不明等。

(2) 发展战略亦称扩张战略。它是指组织为达到扩大市场份额、获得规模经济效益或新产品的收益等，依靠生产技术的进步和增加生产要素的投入，使组织在现有基础上向更高水平发展的战略。当组织生产的产品近期和远期需求量都很大，竞争又不激烈或竞争对手少，组织自身实力较强且拥有发展所需资源的情况下，组织可运用这一战略。发展战略又可分为集中战略、一体化战略、多元化战略和跨国经营战略。

(3) 收缩战略。它是指减少组织投入，缩小经营规模的战略。当组织所生产的产品市场需求逐年下降，产品已进入衰退期，或者市场竞争十分激烈，组织没有资源能力来维持或提高市场占有率，则可果断地实施收缩战略。其方式有减少生产量、出售部分固定资产、退出某一个或几个业务领域。

二、战略管理的作用和过程

(一)战略管理的作用

战略管理是围绕着战略的制定、决策、实施和评价而采取的一系列手段和措施的动态过程。

战略管理在组织管理过程中发挥着重要的作用，主要体现在以下方面。

(1) 使组织适应环境变化，立于不败之地。加强战略管理，通过环境分析预测未来变化，做出全局性的谋划，使组织内部条件更好地适应外部的要求，避免盲目性，以免临时失措，因陷入混乱而失败。战略的失误是最大的失误，因此要有所预谋才足以应变。组织战略目标的确定必须使内部条件与外部环境相适应，才能保证战略的目标切实可行。如果对外部环境没有把握，闭门造车，则可能导致失败。

(2) 它对整个组织的运行起导向作用，发挥组织的协同效应。以战略引导组织活动的全过程称为战略导向。战略往往是组织活动的起点和归宿，组织的一切活动都是从战略要求出发，最后以实现战略目标为依据。根据战略需要才能规划组织模式，具体组织各个部门的活动，进行资源配置，拟订实施短期的策略和计划，使各部门协调一致，发挥出协同效应，取得更大的效果。

(3) 它使组织扬长避短，取得竞争优势。组织实行战略管理要进行优劣分析，充分利用优势，扬长避短，以己之长克敌制胜，这也是战略的指导思想。它贯穿于组织活动的全过程。一切战略的最终归属都是扬长避短、趋利避害，使自己在竞争中取胜。

(4) 它为组织成员确立奋斗目标，统一全体成员行动，有助于调动全体人员的积极性、主动性的创造性，塑造良好的组织文化和组织形象。

(二)战略管理过程

战略是计划的一种形式，但战略管理却不仅仅是制定战略。战略管理是制定和实施战略的一系列管理决策与行动。一般认为，战略管理是由几个相互关联的阶段所组成的，这些阶段有一定的逻辑顺序，包含若干必要的环节，由此而形成一个完整的体系。总体上看，战略管理包括战略分析、战略制定、战略实施和战略控制四个阶段，具体而言则有九个步骤，如图5-4所示。

1. 战略分析

战略分析的主要任务是对组织的战略形成有影响的关键因素进行分析，并根据组织目前的"位置"和发展机会来确定未来应该达到的目标。这个阶段的主要工作如下。

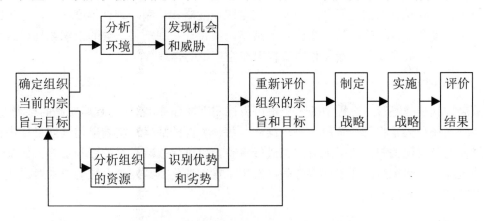

图 5-4　战略管理过程

(1) 明确企业当前宗旨、目标和战略。首先要明确组织当前的宗旨、目标和战略，这些指导组织当前行动的纲领性文件是战略分析的起点。

(2) 外部环境分析。外部环境分析的目的就是要了解组织所处的战略环境，掌握各环境因素的变化规律和发展趋势，发现环境的变化将给组织的发展带来哪些机会和威胁，为制定战略打下良好的基础。

(3) 内部条件分析。战略分析还要了解组织自身所处的相对地位，分析组织的资源和能力，明确组织内部条件的优势和劣势；还需要了解不同的利益相关者对组织的期望，理解组织的文化，为制定战略打下良好的基础。

(4) 重新评价组织的宗旨和目标。当掌握了环境的机会和威胁，并且识别了自身的优势和劣势之后，需要重新评价组织的宗旨，必要时要对它做出修正，以使它们更具有导向作用，进而确定下一步的战略目标。

2. 战略选择

战略选择阶段的任务是决定达到战略目标的途径，为实现战略目标确定适当的战略方案。组织战略管理人员在战略选择阶段的主要工作如下。

(1) 产生战略方案。根据外部环境和组织内部条件、组织宗旨和目标，拟定供选择的几种战略方案。

(2) 评价战略方案。评价战略备选方案通常使用两个标准：一是考虑选择的战略是否发挥了企业的优势，克服了劣势，是否利用了机会，将威胁削弱到最低限度；二是考虑该战略能否被利益相关者所接受。需要指出的是，实际上并不存在最佳的选择标准，经理们和利益相关者的价值观和期望在很大程度上影响着战略的选择。此外，对战略的评估最终还要落实到战略收益、风险和可行性分析的财务指标上。

(3) 最终选出供执行的满意战略。

3. 战略实施

战略实施的关键在于其有效性。要保证战略的有效实施，首先要通过计划活动，将组织的总体战略方案从空间和时间上进行分解，形成组织各层次、各子系统的具体战略或策略、政策并在组织各部门之间分配资源，制定职能战略和计划。制订年度计划，分阶段、分步骤来贯彻和执行战略。为了实施新的战略，要设计与战略相一致的组织结构。这个组织结构应能保证战略任务、责任和决策权限在企业中的合理分配。

4. 战略控制

战略控制是战略管理过程中的一个不可忽视的重要环节，它伴随战略实施的整个过程。建立控制系统是为了将每一阶段、每一层次、每一方面的战略实施结果与预期目标进行比较，以便及时发现偏差，适时采取措施进行调整，以确保战略方案的顺利实施。如果在战略实施过程中，组织外部环境或内部条件发生了重大变化，则控制系统会要求对原战略目标或方案做出相应的调整。

小阅读

一次，去拜会一位事业上颇有成就的朋友，闲聊中谈起了命运。我问："这个世界到底有没有命运？"他说："当然有啊！"我再问："命运究竟是怎么回事？既然命中注定，那奋斗又有什么用？"

他没有直接回答我的问题，但笑着抓起我的左手，说不妨先看看我的手相，帮我算算命。给我讲了一些生命线、爱情线、事业线等诸如此类的话之后，他对我说："把手伸好，照我的样子做一个动作。"他的动作就是：举起左手，慢慢地而且越来越紧地握起拳头。末了，他问："握紧了没有？"我有些迷惑，答道："握紧啦。"他又问："那些命运线在哪里？"我机械地回答："在我的手里呀。"他再追问："请问，命运在哪里？"我如当头棒喝，恍然大悟：命运在自己的手里！

他很平静地继续道："不管别人怎么跟你说，不管'算命先生们'如何给你算，记住，命运在自己的手里，而不是在别人的嘴里！这就是命运。当然，你再看看你自己的拳头，你还会发现你的生命线有一部分还留在外面，没有被握住，它又能给我们什么启示？命运绝大部分掌握在自己手里，但还有一部分掌握在'上天'手里。古往今来，凡成大业者，'奋斗'的意义就在于用其一生的努力去争取。"

管 理 故 事

海 州 盐 场

《梦溪笔谈》中记载，海州知府孙冕很有经济头脑，他听说发运使准备在海州设置三个盐场，便坚决反对，并提出了许多理由。后来发运使亲自来海州谈盐场设置之事，还是被孙冕顶了回去。当地百姓拦住孙冕的轿子，向他诉说设置盐场的好处，孙冕解释道："你们不懂得作长远打算。官家买盐虽然能获得眼前的利益，但如果盐太多卖不出去，三十年后就会自食恶果了。"然而，孙冕的警告并没有引起人们的重视。

他离任后，海州很快就建起了三个盐场，几十年后，当地刑事案件上升，流寇盗贼、徭役赋税等都比过去大大增多。由于运输、销售不通畅，囤积的盐日益增加，盐场亏损负债很多，许多人都破了产。这时，百姓才开始明白，在这里建盐场确实是个祸患。

(资料来源：新浪博客 http://blog.sina.com.cn)

管理定律

蝴蝶效应

1979年12月，洛伦兹在华盛顿的美国科学促进会的一次演讲中提出：一只蝴蝶在巴西扇动翅膀，有可能会在美国的得克萨斯引起一场龙卷风。他的演讲和结论给人们留下了极其深刻的印象。从此以后，所谓"蝴蝶效应"之说就不胫而走，名声远扬了。

"蝴蝶效应"之所以令人着迷、令人激动、发人深省，不但在于其大胆的想象力和迷人的美学色彩，更在于其深刻的科学内涵和内在的哲学魅力。

从科学的角度来看，"蝴蝶效应"反映了混沌运动的一个重要特征：系统的长期行为对初始条件的敏感依赖性。

经典动力学的传统观点认为：系统的长期行为对初始条件是不敏感的，即初始条件的微小变化对未来状态所造成的差别也是很微小的。可混沌理论向传统观点提出了挑战。混沌理论认为在混沌系统中，初始条件的十分微小的变化经过不断放大，对其未来状态会造成极其巨大的差别。我们可以用在西方流传的一首民谣对此作形象的说明。这首民谣说：

丢失一个钉子，坏了一只蹄铁；

坏了一只蹄铁，折了一匹战马；

折了一匹战马，伤了一位骑士；

伤了一位骑士，输了一场战斗；

输了一场战斗，亡了一个帝国。

马蹄铁上一个钉子是否会丢失，本是初始条件的十分微小的变化，但其"长期"效应却是一个帝国存与亡的根本差别。这就是军事和政治领域中的所谓"蝴蝶效应"。

这听起来有点不可思议，但是确实能够造成这样的恶果。一个明智的领导人一定要防微杜渐，看似一些极微小的事情却有可能造成集体内部的分崩离析，那时岂不是悔之晚矣？

横过深谷的吊桥，常从一根细线拴一块小石头开始。

知识测试

(一) 选择题

1. 根据计划的明确性，可以将计划分为（　　）。
   A. 长期计划、中期计划和短期计划　　B. 战略性计划和战术性计划
   C. 具体性计划和指导性计划　　　　　D. 程序性计划和非程序性计划
2. 目标管理的特点主要有参与决策、规定时限、评价绩效和（　　）。
   A. 明确目标　　　　　　　　　　　　B. 明确责任
   C. 明确分工　　　　　　　　　　　　D. 明确结果
3. 目标的原则有（　　）。
   A. 可衡量　　　　　　　　　　　　　B. 可实现性
   C. 时间性　　　　　　　　　　　　　D. 层次性

　　　　E. 网络性
4. (多选)以下属于计划工作的原理的有(　　)。
　　A. 限定因素原理　　　　B. 许诺原理
　　C. 灵活性原理　　　　　D. 导向变化原理
　　E. 网络性原理
5. (多选)企业可采用的战略或战略态势一般分为(　　)三类。
　　A. 稳定战略　　　　　　B. 成长战略
　　C. 撤退战略　　　　　　D. 迂回战略
6. (多选)成长战略主要包括(　　)。
　　A. 集中化战略　　　　　B. 市场开发战略
　　C. 产品开发战略　　　　D. 一体化战略
　　E. 多元化战略

(二)论述题

1. 影响目标管理实施的因素有哪些？
2. "计划跟不上变化"是指一种什么现象？应如何处理计划与变化的关系？

素 质 拓 展

计划与评价

【实训目标】

1. 培养学生的创意性思维。
2. 培训学生制订计划的能力。
3. 培养学生分析评价的能力。
4. 培养学生的沟通能力。

【实训内容与要求】

1. 将全班同学分成A、B两组，并相对而坐，围成圆圈。
2. 教师每10分钟发放一个题目(也可以抽签)。
3. 第一节课由A组制订计划，B组分析评价计划；第二节课由A、B两组轮换角色。
4. 教师公布题目后，负责制订计划的一组用抢答的方式确定制订计划者，经过5~10分钟准备后提出一个简要的计划。
5. 制订计划的重点：注重创意思维；注重方案运筹，形成基本合理的可行方案。
6. 计划提出后，另一组成员对该计划进行评论，指出其合理之处以及存在的问题和不足；制订一方的小组人员可对计划做进一步补充和解释说明。
7. 每一个计划的题目大约进行10分钟，总共利用大约两节课时间。

【成果与检测】

1. 对于通过竞争制订计划的学生，为1分；计划制订较好者，为2分。

2. 分析评价方态度积极，观点正确，为1分；表现突出，反驳有力的为2分。
3. 其他参与发言的，一般记1分；较好的一般记2分；如果计划好，评价也好的记3分。
4. 课程结束后上交书面资料(即计划提纲)。

附：计划项目

1. 如果你是班长，怎样抓好一个班级建设，请草拟一份计划书。
2. 请为我班策划一次周末联欢活动，草拟计划书。
3. 计划在"3·15"消费者权益日策划一次街头宣传活动，请做一份策划书。
4. 如果你想承包一家校园超市，你怎样策划经营。
5. 请为校园"十大歌手大赛"进行策划。
6. 请为高职学院学生会体育部将要进行的足球比赛做一份计划书。
7. 最近某班频繁发生违纪现象，请对此制定一个整顿纪律的工作方案。
8. 假如你所在寝室同学之间关系不和，寝室卫生较差，你作为新任寝室长将如何改变这种局面。
9. 如果你所在的班级厌学，学习气氛不浓，请制定一份激励全班同学努力学习的方案。
10. 学生会举行校内大规模校园文化活动，需要你去拉赞助，请制定一份工作方案。

案例分析

采购管理

王勇曾经在一家有名的外商独资企业中担任过销售部经理，成绩卓著。几年前他离开了这家企业，自己开了一家建材贸易公司。由于有以前的底子，所以生意很不错。年初他准备进一步扩大业务，在若干个城市设立经销处，同时扩大经营范围，增加花色品种。

面对众多要处理的问题，王勇决定将部分权力授予下属的各部门经理。他分别与经理们谈话，落实要达到的目标。其中他给采购部经理定下的目标是，保证每一个经销处所需货物的及时供应；所采购到的货物的合格率需保持在98%以上；采购成本在采购额5%以内。采购部经理当即提出异议，认为有的指标不合理。王勇回答说，有可能，你尽力而为就是了。

到年终考核时发现采购部达到了王勇给他们规定的前两个目标，但采购成本大大超出，约占当年采购额的8%。王勇问采购部经理怎么会这样时，采购部经理解释说，有的事情也只能如此，就目前而言，我认为，保证及时供应和货物质量比我们采购时花掉多少钱更重要。

(资料来源：新浪博客 http://blog.sina.com.cn)

思考题：
你认为王勇在实施目标管理中有问题吗？他应如何改进。

第六章 组　　织

授权就像放风筝，部属能力弱些就要收一收，部属能力强了就要放一放。

——国际战略管理顾问林正大

【学习目标】

知识点：
- 理解组织工作的原则和组织设计的内容。
- 理解组织结构的各种类型。
- 掌握组织结构设计的部门化、层级化、集权、分权。
- 掌握组织文化的内容和功能。
- 理解组织变革的内容。

技能点：
- 培养团队精神和掌握团队建设的要领。
- 学会画组织结构图。

【引例】

差　别

两个同龄的年轻人同时受雇于一家店铺，并且拿同样的薪水。可是，一段时间以后，叫阿诺德的那个小伙子青云直上，而那个叫布鲁诺的小伙子却在原地踏步。布鲁诺很不满意老板的不公正待遇。终于有一天他到老板那儿发牢骚了。老板一边耐心地听着他的抱怨，一边在心里盘算着怎么向他解释清楚他和阿诺德之间的差别——"布鲁诺先生，"老板开口说话了，"你现在到集市上去看一下，看看今天早上有什么卖的。"布鲁诺从集市上回来向老板汇报说，今早集市上只有一个农民拉了一车土豆在卖。"有多少？"老板问。布鲁诺赶紧戴上帽子又跑到集市上，然后回来告诉老板一共40袋土豆。"价格是多少？"布鲁诺又第三次跑到集市上问来了价格。"好吧，"老板对他说，"现在请你坐在这把椅子上一句话也不要说，看看别人怎么说？"

阿诺德很快就从集市上回来了，向老板汇报说到现在为止只有一个农民在卖土豆，一共40袋，价格是1元/斤，土豆的质量很不错，他还带回来一个让老板看看。这个农民一个小时后还会弄来几箱西红柿，据他看价格非常公道。昨天他们铺子的西红柿卖得很快，库存已经不多了。他想，这么便宜的西红柿，老板肯定会要进一些的，所以他不仅带回了一个西红柿作样品，而且把那个农民也带来了，他现在正在外面等着回话呢。

此时，老板转向了布鲁诺，说："现在你肯定知道为什么阿诺德的薪水比你高了吧？"

组织内的分工是因人而异的，成员的重要性由能力和贡献来决定。能力有区别，贡献有大小，好的组织能让恰当的人在恰当的位置发挥恰当的作用。

(资料来源：圣才学习网 http://www.100xuexi.com)

第一节　组织和组织工作

一、组织的含义

组织是由两个人以上的群体组成的有机体，是一个为了共同目标，内部成员形成一定的关系结构和共同规范力量的协调系统。这个概念包括以下几方面的含义。

1. 组织有一个共同的目标

目标是组织存在的前提和基础，任何一个组织都要有一个共同的目标，它是组织内成员协作的必要前提。组织之所以存在，只能是因为它执行一定的功能，否则就会失去其存在的理由。

2. 组织是实现目标的工具

组织目标是否能够实现，就要看组织内各要素之间的协调、配合程度，分工协作是由组织目标限定的，一个组织为了达到目标，其中很重要的一个方面就是要看组织结构是否合理有效。

3. 组织包括不同层次的分工协作

组织内部必须有分工，而在分工之后，就要赋予各个部门及每个人相应的权力，以便实现目标。组织为达到目标和效率，就必须进行分工协作，把组织上下左右联系起来，形成一个有机的整体。

> **小阅读**
>
> 小宏明天就要参加小学毕业典礼了，怎么也得精神点，把这一美好时光留在记忆之中，于是他高高兴兴地上街买了条裤子，可惜裤子长了两寸。吃晚饭的时候，趁奶奶、妈妈和嫂子都在场，小宏把裤子长两寸的问题说了一下，饭桌上大家都没有反应。饭后大家都去忙自己的事情，这件事情就没有再被提起。妈妈睡得比较晚，临睡前想起儿子明天要穿的裤子还长两寸，于是就悄悄地一个人把裤子剪好叠好放回原处。半夜里，狂风大作，窗户"哐"的一声响把嫂子惊醒，猛然醒悟到小叔子裤子长两寸，自己辈分最小，怎么着也得是自己去做了，于是披衣起床将裤子处理好才又安然入睡。老奶奶觉轻，每天一大早醒来给小孙子做早饭，趁水未开的时候也想起孙子的裤子长两寸的事，马上剪两寸裤长。最后小宏只好穿着短四寸的裤子去参加毕业典礼了。
>
> 一个团队仅有良好的愿望和热情是不够的，要积极组织并依靠明确的规则来分工协作，这样才能把大家的力量形成合力，管理一个项目如此，管理一个部门也是如此。

二、组织的构成要素

国内学者对组织要素的分析也有多种看法。有人认为，组织要素包括人员、职位、职责、职权、关系和信息六种要素；也有人认为，组织要素包括目标、协同、人员、职位、职责、关系、信息七种要素。综合各种观点，组织要素包括以下七个方面。

(1) 组织精神。组织精神是统率组织内部人们的思想和行为的共同价值观、理想和信念，是组织内部诸要素中重要的核心要素。它是20世纪80年代研究现代组织的中心议题，是现代组织生存的基础、发展的动力、行为的准则、成功的关键。从这个意义上讲，它是现代化组织的"精髓"与"灵魂"。

(2) 战略目标。战略目标是决定组织活动的性质和根本方向的总目标。战略目标是组织的前提要素，决定着组织的成败，没有目标就没有组织。战略目标的确定既取决于组织内部的人、财、物、技术等优势，也取决于国家政策、市场需求、同行业竞争等外部环境因素。

(3) 组织结构。组织结构是把组织活动过程中有效的、合理的配合关系相对固定下来所形成的一种框架模式。作为一项较为具体的组织要素，组织结构的建立过程就是狭义上的组织工作的全部内容，包括层次、部门、职权与职责的设计和相互关系的确立与协调等。

(4) 规章制度。规章制度是指导组织和组织活动的行为规范及行为准则。它是组织能够有效发挥其正常功能的重要保证。

(5) 物质、技术、设备、信息。这是任何组织进行合理活动的基本要素，其来源取决于组织外部环境要素。

(6) 资金。资金是组织活动的基本要素之一。资金的来源除了组织内部的积累外，还要通过国家投资、贷款、引进外资、发行股票或债券等多条外部渠道获得。

(7) 人员。人员是组织的基础，包括组织的领导者和职工，它是组织诸要素中根本性的、决定性的要素。组织内没有人不行，其他要素都是由人来提供、设计和创造的。人员素质的高低决定着组织效能和效益的高低。高素质的人员既可以来自组织内部的培训与开发，也可以从组织外部输入。

三、组织的分类

(一)按组织的性质划分

按组织的性质划分，可以把组织分为经济组织、政治组织、文化组织、群众组织、宗教组织。

1. 经济组织

经济组织是人类社会最基本、最普遍的社会组织，意义重大，如生产组织、商业组织、银行组织、运输组织和服务性组织等。

2. 政治组织

政治组织是在阶级出现之后所形成的带有政治纲领与目的的组织，包括政党和国家政权组织，如政党都代表本阶级的利益和意志，国家政权都是国家管理社会的重要机器。

3. 文化组织

文化组织是以满足人们的文化需求为目的，以文化活动为其基本内容的社会团体，如学校、图书馆、电影院、艺术团体、科学研究机构等。

4. 群众组织

群众组织是代表群众利益，有广大群众参加的非政权性质的团体，如工会、共青团、妇女联合会、科学技术协会等。

5. 宗教组织

宗教组织是以某种宗教信仰为宗旨而形成的组织，如基督教、佛教、伊斯兰教、道教等。

(二)按组织的形成方式划分

按组织的形成方式划分，可以把组织分为正式组织和非正式组织。

1. 正式组织

正式组织是为了有效实现组织目标而规定组织成员之间的职责范围和相互关系的一种结构。其具有以下特点。

(1) 不是自发形成的，反映一定的管理思想和信仰。
(2) 有明确的目标，并为组织目标的实现而有效地工作。
(3) 有明确的效率逻辑标准，组织成员都为提高效率而共同努力。
(4) 强制性，即以明确的规章制度来约束组织成员的行为。

2. 非正式组织

非正式组织是人们在共同的工作或活动中，由于抱有共同的社会感情、兴趣爱好、共同利益为基础而自发形成的组织。其具有以下特点。

(1) 自发性，是为了满足成员的各种心理需求而自发形成的。
(2) 内聚性，相同的利益使成员之间的内聚性强。
(3) 不稳定性，环境发生变化，非正式组织就容易发生变动。
(4) 领袖人物作用较大，领袖人物是自然形成的，具有较大的权威性，在非正式组织中能发挥较大作用。

正式组织与非正式组织的区别突出表现在是否程序化上，即是否程序化设立、是否程序化解散、是否程序化运行等方面。显然，正式组织更多地体现为程序化特征，非正式组织更多地体现为非程序化特征。在此，可以借用两位美国管理学家所描绘的示意图 6-1 来理解二者的区别与联系。

正式组织与非正式组织都是客观存在的事实。由于非正式组织具有双刃剑的作用，因此有人认为，正式组织应该重视和充分利用非正式组织，使非正式组织的目标与正式组织的目标在很大程度上保持一致，如松下幸之助；有人则认为，在正式组织之内对非正式组织应该禁止，使之不影响正式组织目标的实现。应该说，时至今日，尽管有多种不同观点，但在对非正式组织的态度上，至少在允许及承认其存在的方面，基本上达成一致性的认识。所以管理人员应重视非正式组织的存在，避免与之对抗，尽量利用非正式组织对正式组织的有利影响，避免其不利影响。

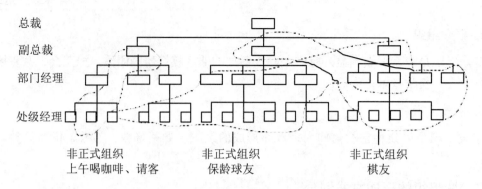

图6-1 正式组织与非正式组织示意图(实线是正式组织,虚线是非正式组织)

互动话题

黑社会组织是正式还是非正式组织?

(三)按组织的形态划分

按组织的形态划分,可以将组织分为实体组织、无形组织、虚拟组织。

1. 实体组织

组织的最初形态就是表示一种有形的实体组织,从实体角度看,组织是为了实现某一共同目标,经由分工与合作,以及不同层次的权力和责任制度而构成的人群集合系统。

2. 无形组织

无形组织是一个有别于作为有形实体组织(如工商组织、事业单位、政府部门等机构或组织)存在的"组织"概念,是指在特定环境中为了有效地实现共同目标和任务,确定组织成员、任务及各项活动之间的关系,对资源进行合理配置的过程;正是借助于组织活动、过程和文化等所具有的协同或协调作用,各类组织机构内部才有可能形成一个"力量协作系统",使个体的力量得以会聚、融合和放大,从而体现组织的作用。

3. 虚拟组织

随着社会的发展,特别是网络的普及,目前出现了一种新的组织类型,即虚拟组织。虚拟组织与以往的实体组织相比有以下特点:①组织结构虚拟化,虚拟组织一般不再具有法人资格,组织形式网络化,因此,管理的幅度大大扩展;②构成人员虚拟化,虚拟组织人员的归属不再具有唯一性和确定性,组织人员具有高度的可流动性;③办公场所虚拟化,虚拟组织一般不再有固定的办公场所,员工可以依据自己的条件自行安排办公场所;④核心能力虚拟化,虚拟组织的核心能力不再像传统企业那样取决于企业内部的各种既定条件,而主要取决于通过网络组织形式对于组织外部各种条件的组织和利用而形成的网络核心能力。因此,相对于实体组织,其核心能力具有高速度、低成本等特性。

(四)按组织的原理划分

按组织的原理划分,可以将组织分为机械型组织和有机型组织。

1. 机械型组织

机械型组织也称官僚行政组织，其特点是高度复杂化、高度正规化和高度集权化，它属于综合使用传统组织原理而产生的一种组织形式，与传统意义上的金字塔形实体组织具有较大的相似性。

2. 有机型组织

有机型组织也称适应性组织，具有低复杂化、低正规化和分权化等特性，是综合运用现代组织原理设计的一种组织形式。

四、组织工作

(一)组织工作的含义

组织工作是指为了实现组织的共同目标而确定组织内各要素及其相互关系的活动过程，也就是设计一种组织结构，并使之运转的过程。只有使组织中的每个人了解自己在组织工作中应有的地位和他们之间的相互关系，才能有效地发挥他们在组织中的作用，保证组织目标的顺利进行。

(二)组织工作的原则

1. 任务目标原则

任何一个组织，都有其特定的任务和目标，组织设计者的根本目的是保证组织的任务和目标的实现，组织设计者的每一项工作都应以是否对实现目标有利为衡量标准。

2. 分工与协作原则

分工就是按照提高专业化程度和工作效率的要求，把组织的任务和目标进行合理的分解，明确规定每个层次、每个部门乃至每个人的工作内容、工作范围，以及完成工作的手段、方式和方法。协作就是要明确部门与部门之间、部门内人与人之间的协调关系与配合方法，找出容易发生矛盾之处，加以协调，并使协调中的各种关系逐步规范化和程序化，有具体可行的协调配合方法。分工与协作是相辅相成的，只有分工没有协作，分工就失去了意义，而没有分工就谈不上协作。

3. 统一指挥原则

统一指挥原则，可以表述为：组织的各级机构以及个人必须服从一个上级的命令和指挥，只有这样才能保证命令和指挥的统一，避免多头领导与多头指挥造成管理中的混乱现象。一般来说，统一指挥原则对管理组织的建立有以下要求。

(1) 确定管理层次时，使上下级的职责之间从最高层到最低层形成一条连续不间断的等级链，明确上下级的职责、权力和联系方式。

(2) 任何一级组织只能有一个正职，实行首长负责制。

(3) 下级组织只能接受一个上级组织的命令和指挥，防止出现多头领导现象。

(4) 下级只能向直接上级请示工作，不能越级请示工作，但可以越级反映情况。

(5) 上级不能越级指挥下级，以维护下级组织的领导权威，但可以越级检查工作。

(6) 职能部门一般只能作为同级直线领导的参谋，无权对下级直线领导者发号施令。

4. 有效管理幅度原则

有效管理幅度是指一名主管人员直接有效地管理下属的人员。由于管理者的时间和精力是有限的，其管理能力也因个人的知识、经验、年龄、个性等的不同而有所差异，因而任何管理者的管理幅度都有一定的限度，超过一定限度，就不能做到具体、高效、正确的领导。因而，有效管理幅度原则要求一个领导者要有适当的管理幅度，管理幅度过大或过小皆不宜。

一个管理者的管理幅度以多大为宜，至今尚无定论。有人认为，高层领导者的有效管理幅度为 4～8 人，中层为 8～15 人，基层为 15 人以上。当然，管理幅度的确定除了要考虑领导者本身的情况外，还要综合考虑职务的性质、工作本身的性质、下属人员的素质等因素。

5. 责权利对等原则

责权利对等原则要求在进行组织结构设计时，既要明确规定每一管理层次和各个管理部门的职责范围，又要赋予完成其职责所必需的管理权限，做到职责与职权协调一致。同时，根据所负责任，承担风险及付出劳动的多少，给予相匹配的收益，实现有责、有权、有利。

6. 集权与分权相结合原则

集权与分权相结合原则要求根据组织的实际需要，决定集权与分权的程度。所谓集权就是组织的决定权大部分集中在最高层，所谓分权就是组织的决定权根据职务上的需要分到各阶层。集权与分权是相对的，没有绝对的集权，也没有绝对的分权，只有程度的不同。一个组织是采用集权还是施行分权受到多种因素的影响，如工作性质与重要程度、组织历史与经营规模、管理者的数量与控制能力、组织外部环境的变化情况等。一个组织集权到什么程度，应以不妨碍基层人员的积极性发挥为限；分权到什么程度，应以上级不失去对下级的有效控制为限。另外，集权与分权不是一成不变的，应根据不同的情况和需要加以调整。

7. 弹性结构原则

所谓弹性结构是指一个组织的部门结构、人员职责和工作职位都是可以变动的，以适应组织内外部环境的变化。根据这一原则，首先应使部门结构富有弹性。组织可以根据外界环境的变化和生产经营活动的需要及时地扩充或收缩某些职能部门，各部门在管理上有较多的自主权和灵活性。弹性结构原则还要求组织内职位的设置也应富有弹性，如按任务和目标需要设立岗位和职位，不因人设岗；干部定期更换；报酬应与贡献相联系等。

8. 精干高效原则

无论何种组织机构形式，都必须将精干高效原则放在重要位置。所谓精干高效原则就是在服从由组织目标所决定的业务活动需要的前提下，力求减少管理层次，精简管理机构和人员，充分发挥组织成员的积极性，提高管理效率，更好地实现组织目标。

小案例

当韦尔奇于20世纪80年代初接手通用电气时,美国企业正面临日本、韩国等企业的强大竞争,不少行业在进口产品的冲击下不断衰落。韦尔奇上任伊始,对公司的状况极为不满,认为公司染上了不少美国大公司都有的"恐龙症",即机构臃肿、部门林立、等级森严、层次繁多、程序复杂、官僚主义严重等。在日本、韩国以及欧洲一些国家的企业竞争面前束手无策、节节败退。为了改变这种状况,韦尔奇明确提出要以经营小企业的方式来经营通用电气,彻底消除官僚主义,并采取了一系列的具体措施。

韦尔奇一上台就大刀阔斧地削减重叠机构。当时,全公司共有40多万职工,其中有"经理"头衔的就达2.5万人,高层经理500多人,仅副总裁就有130人。公司的管理层次共有12层,工资级别竟多达29级。韦尔奇先后砍掉了350多个部门,将公司职工裁减为27万人。有人称他为"中子弹韦尔奇",意思就是他像中子弹一样把人干掉,同时使建筑物保持完好无损。不过,这个比喻并不十分恰当,因为韦尔奇连建筑物本身也要加以摧毁和改造。他在裁减冗员的同时,大力压缩管理层次,强制性要求在全公司任何地方从一线职工到他本人之间不得超过5个层次。这样,原来的宝塔形组织结构就变成了如今的扁平形组织结构。

现在,通用电气有13个事业部,每个事业部都有特定的生产经营领域,如照明、电力设备等。公司对事业部高度授权,使其具有充分的经营自主权,但通用电气在某些方面又高度集权化。除了金融事业部以外,其余的事业部都没有注册为独立的公司,而全部统一在通用电气的名下,都同属一个法人企业。这与其他大公司不同。另外,通用电气的资金也是统一控制和使用,每个事业部可以按照年度预算计划使用资金,但所有的销售收入都必须划入公司的统一账户上,既不能有"利润留存",也不参与公司的"利润分成"。各事业部发展所需要的投资,均统一由公司计划安排。通用电气的这种资金上的高度集中的体制至少有两大好处:一是可以减少应纳税额;二是可以集中大量资金用于发展那些有较大市场效益但投资规模较大的项目。

第二节 组织结构的类型

组织结构是表明组织各部分排列顺序、空间位置、聚散状态、联系方式以及各要素之间相互关系的一种模式,是执行管理和经济模式的体制。它是围绕着组织目标,结合组织的内部环境,将组织的各部分结合起来的框架。组织结构是随着社会的发展而发展起来的,各类组织没有统一的优劣之分,不同的环境、不同的企业、不同的管理者,都将有不同的组织结构。

一、组织结构设计程序

(一)制定组织目标

组织目标是进行组织结构设计的基本出发点。任何组织都是实现其特定目标的工具,如果没有目标,组织就失去了存在的意义。因此,组织结构设计的首要任务是在系统分析组织外部环境和内部条件的基础上，提出科学合理的总目标及子目标。

(二)确定业务内容

确定业务内容也就是分解组织目标。即依据组织目标的要求，确定为完成组织目标所必须进行的业务管理工作的内容，并按其性质进行部门划分。明确各类活动的范围界限和大概工作量，进行业务活动的总体设计，使总体业务活动程序优化。

(三)建立组织结构

依据组织规模、内外环境、技术特点、业务量的大小，借鉴同类其他组织设计的经验教训，研究应采取什么样的管理组织形式，需要设计哪些单位和部门，并把性质相同或相近的管理业务工作划归适当的单位和部门负责，建立层次化、部门化的组织结构。

(四)进行工作分析

依据组织目标的要求，进行工作分析。通过工作分析，一方面规定各单位、各部门及其责任者对其管理业务工作应负的责任以及考核工作绩效的标准，依据搞好业务工作的实际需要，赋予各单位、各部门及其责任者相应的权力，建立各种管理规范和运行制度；另一方面，工作分析还包含知识点工作分析，就是收集、分析和记录与工作相关信息，目的是了解工作的性质、内容和方法，以及确定从事这项工作所需要的条件和任职资格。

(五)配备人员

依据各单位和各部门所分管的业务工作的性质和工作对人员素质的要求，挑选和配备称职的人员及其行政负责人，并明确其职务和职称。

(六)进行有机组合

通过明确规定各单位、各部门之间的相互关系，以及它们之间信息沟通、协调控制的原则、方法和手段，把各组织单元上下左右有机地组合起来，建立一个能够即时沟通协调、高效运作的管理组织系统。

(七)不断反馈、修正

在组织运行过程中，根据出现的新问题、新情况，对原有组织结构适时进行修正，使其不断完善。

小阅读

美国加利福尼亚大学的学者做了这样一个实验：把6只猴子分别关在3间空房子里，每间两只，房子里分别放着一定数量的食物，但放的位置和高度不一样。第一间房子的食物就放在地上；第二间房子的食物分别从易到难悬挂在不同高度的适当位置上；第三间房子的食物悬挂在房顶。数日后，他们发现第一间房子的猴子一死一伤，伤的缺了耳朵、断了腿，奄奄一息，第三间房子的猴子也死了，只有第二间房子的猴子活得好好的。

究其原因，第一间房子的两只猴子一进房间就看到了地上的食物，于是，为了争夺唾手可得的食物而大动干戈，结果伤的伤、死的死。第三间房子的猴子虽做了努力，但因食物放置得太高，难度过大，够不着，被活活饿死了。只有第二间房子的两只猴子先是各自凭着自己的本能蹦跳取食，最后，随着悬挂食物高度的增加，难度增大，两只猴子只有协作才能取得食物，于是，一只猴子托起另一只猴子跳起取食，这样，每天都能取得够吃的食物，很好地活了下来。做的虽是猴子取食的实验，但在一定程度上也说明了人才与岗位的关系。

岗位难度过低，人人能干，体现不出能力与水平，选拔不出人才，反倒成了内耗式的位子争斗甚至残杀，其结果无异于第一间房子里的两只猴子。岗位的难度太大，虽努力而不能及，甚至埋没、抹杀了人才，有如第三间房子里的两只猴子的命运。岗位的难度要适当，循序渐进，如同第二间房子的食物。这样，才能真正体现出能力与水平，发挥人的能动性和智慧。同时，相互间的依存关系使人才之间相互协作、共渡难关。

二、组织结构设计的内容

尽管组织的形式多种多样，每个组织的性质和目标各不相同，但作为一个正式组织的组织结构设计的内容大体上是相同的。

(一)职能设计

职能设计是以职能分析工作为核心，研究和确定企业的职能结构，为管理组织的层次、部门、职务和岗位的分工协作提供客观依据的工作。职能是指企业管理的具体业务活动。职能结构是指企业管理各种职能之间的有机联系。

职能设计的主要工作是职能分解、职能整理和职能分析。职能设计要达到四个目标：列出职能清单；明确各种职能之间的关系；分清主要职能和辅助职能；落实各种职能的职责。

职能设计中的职能分类如下。

(1) 按管理层次，可分为高层、中层和基层职能。高层职能关系到企业全局，中层职能兼有执行上级指令和指导下级工作两个方面，基层职能主要涉及作业层。

(2) 按专业性质，可分为生产管理、技术管理、供销管理、劳动人事管理、财务管理等，每一类还可进一步细分，如技术管理可分为设备管理、工具管理、工艺管理等。

(3) 按业务工作特点，可分为专业性、综合性和服务性职能。专业职能担负企业生产经营某一方面的管理业务，综合职能则贯穿于企业生产经营活动的全过程，服务性职能是指医疗卫生、宿舍膳食等方面的管理职能。

(4) 按制定和贯彻落实企业经营决策的不同作用，可分为决策性、执行性和监督保证性职能。决策性职能是制定经营决策与经营计划的职能，执行性职能是落实计划的职能，监督保证性职能则是指人事、资金、后勤等作用于决策及决策执行过程的职能。

(5) 按照对生产活动有无直接指挥关系，可分为直线职能和参谋职能。直线职能承担者直接组织指挥日常生产活动的职责，从企业上层到基层，形成垂直的、逐级指挥的直线系统。参谋职能承担着专业管理工作，协助领导指导和监督下级，但无权直接下达命令。

(二)部门设计

部门设计也叫部门化,就是在工作分工和职能分解的基础上把整个组织划分成若干个相互依存的基本管理单位。部门设计的任务有两个,一是确定组织应该设置哪些部门;二是规定这些部门之间的相互关系,使之形成一个有机整体。组织结构设计中常用的划分方法如下。

(1) 按人数划分部门。由于某项工作必须由若干人一起劳动才能完成,则采用按人数划分部门的方法。这种方法主要适用于某些技术含量低的组织。

(2) 按时间划分部门。这是指将人员按时间进行分组,即倒班作业。在有些需要不间断作业的组织中,或由于经济和技术的需要,常按时间来划分部门,采用轮班作业的方法。这种方法通常用于生产经营一线的基层组织。

(3) 按职能划分部门。按职能划分部门就是把相似的工作任务或职能组合在一起形成一个部门。按职能划分部门的优点是:有利于强化各项职能;可以带来专业化分工的种种好处;有利于工作人员的培训与技能提高。这种方法较多地应用于管理或服务部门的划分。

(4) 按产品划分部门。这是指按产品分工划分部门,组成按产品划分的部门(或事业部),这种方法主要适用于制造、销售和服务等业务部门。

(5) 按区域划分部门。这是将一个特定地区的经营活动集中在一起,委托给一个管理或部门去完成。这种方法主要适用于空间分布很广的企业的生产经营部门。

(6) 按工艺过程(设备)划分部门。这种方法是把完成任务的过程分成若干阶段,以此来划分部门;或按大型设备来划分部门。在制造型企业,可按不同的工艺过程、生产过程进行分解。这种方法主要用于生产制造型企业、连续生产型企业、交通运输企业等。

(7) 按服务对象划分部门。这是按照企业的服务对象进行部门划分。这种方法主要用于服务对象差异较大、对产品与服务有特殊要求的企业。

(三)管理幅度与管理层次设计

管理幅度亦称管理跨度,是指一名管理者直接管理的下级人员的数量。管理幅度的大小,实际反映着上级管理者直接控制和协调的业务活动量的多少。

管理层次亦称组织层次,是指社会组织内部从最高一级管理组织到最低一级管理组织的各个组织等级。管理层次实质上反映的是内部原纵向分工关系,各个层次将担负不同的管理职能。因此,伴随层次分工,必然产生层次之间的联系与协调问题。

管理幅度与管理层次互相制约,之间存在着反比例的数量关系。在组织规模既定的前提下,较大的管理幅度,会形成较少的管理层次。其中起主导作用的是管理幅度,即管理层次的多少取决于管理幅度的大小。

管理幅度的设计必须坚持既要有效控制,又要提高效率的原则进行。管理幅度主要应依据上下级关系的复杂程度进行设计。其直接影响因素主要有:管理工作性质,如复杂程度、相似性等;管理者自身的能力与素质状况;下级人员素质与职能性质;计划与控制的难度与有效性;信息沟通的难易与效率;组织的空间分布状况;组织的外部环境等方面。

管理层次设计的制约因素主要有:有效管理幅度、纵向职能分工,以及组织效率等。

在组织设计中,可能产生两种典型的组织结构。一是高层结构形式,即管理幅度较小,管理层次较多；二是扁平结构形式，即管理幅度较大，而管理层次较少。其结构如图 6-2 和图 6-3 所示。

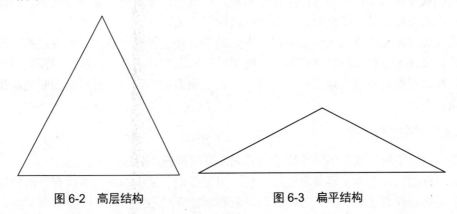

图 6-2　高层结构　　　　　　图 6-3　扁平结构

高层结构的优缺点。优点是：主要的优点是主管人员的幅度较小，能够对下属进行有效控制，同时，有利于明确领导关系，建立严格的责任制；因层次多，各级主管职位多，能为下属提供晋升机会，促使其积极努力工作。缺点是：由于层次较多，协调工作增加，造成管理费用加大；信息的上传下达速度慢，并容易发生失真和误解；计划和控制工作较为复杂；最高领导层与基层人员相隔多个层次，不容易了解基层现状并及时处理问题。

扁平结构的优缺点。优点是：主要优点是有利于授权，激发下属积极性，并培养下属管理能力，同时，信息传递速度快、失真少；能灵活地适应市场；管理费用低；便于高层领导了解基层情况。缺点是：管理人员的管理幅度大、负荷重，难以对下级进行深入具体的指导和监督；对领导人员的素质要求较高。

组织结构类型必须根据企业的具体条件选用。但是，在现代企业管理中，组织结构扁平化是一种普遍趋势，这反映了对人的尊重与重视。

(四)职权设计

组织内部部门及组织层级决定之后，就要进行职权设计。职权是企业各个部门、各种职务在职责范围内决定和影响其他个人或集体行为的支配力。职权设计是正确处理组织内的各部门和各个管理层的职权关系，将不同类型的职权合理分配到各个层次和部门，建立起高度协调的职权结构。

组织内的职权有三种类型：直线职权、参谋职权、职能职权。在管理工作中，应处理好三种职权之间的关系。

1. 确立直线职权的主导地位

直线职权是某项职位或某部门所拥有的包括做出决策、发布命令以及执行决策的权力。直线职权由决策权、命令权、执行权三部分组成，通常又称为决策指挥权。

直线职权是组织中最基本、最重要的一种职权。直线主管人员在行使直线职权时必须对其做出的决策负最直接、最后的责任。因此，只有确立直线主管人员在组织中的主导地位，分工明确，权责清晰，才能确保组织的各项工作有序地进行。

2. 注意发挥参谋职权的作用

参谋职权是某项职位或某部门所拥有的提出咨询与建议或提供服务与便利，协助直线机构和直线人员进行工作的权力，它是一种辅助性职权。

参谋人员应多谋，直线人员应善断。参谋是为直线主管提供信息、出谋划策、配合主管工作的。直线人员在发挥参谋作用时，既要广泛听取参谋的意见，鼓励参谋运用自己具备的专业知识根据客观情况独立提出建议，不左右他们的建议，又要科学判断与决策，并不为参谋左右。

3. 适应限制职能职权

职能职权是某职位或某部门被授予的原属于直线管理者的那部分权力。

职能职权的出现是为了有效地实施管理，但也带来了多头领导，所以有效地使用职能职权在于正确地权衡这种"得"与"失"。限制职能职权的使用，其一要限制职能职权的使用范围。在解决"如何做""何时做"等方面的问题上可以使用职能职权，而对于"在哪做""谁来做""做什么"等方面的问题必须由直线主管解决。其二要限制级别。直线主管的职能是把职能职权授予给组织管理层次中与管理环节关系最接近的那一级下属，职能职权不应越过下级下属的第一级。

(五) 管理规范设计

管理规范是组织管理中各种管理条例、章程制度、标准、办法等的总称。它是用文字形式规定的管理活动的内容、程序和方法，是管理人员的行为规范和准则。它主要包含以下内容。

(1) 基本制度。组织基本制度是组织的"宪法"，它是规定组织形成和组织方式、决定组织性质的根本制度。它制约着组织活动的范围和性质，是涉及组织所有层次、决定组织行为方向的根本制度，如企业产权制度、公司治理制度、企业章程等。

(2) 管理制度。管理制度是组织各领域、各层次的管理工作所制定的指导与约束规范体系。管理制度是比组织基本制度层次略低的制度规定，它是用来约束集体行为的成体系的活动和行为规范，主要针对集体而非个人。组织管理体系中，有相当一部分就是管理制度，它是以单独分散的个人行为整合为目的的集体化行为的必要环节，是管理赖以依托的基本手段。例如，组织中的各种职权关系与联系的组织制度、各部门与岗位责任制度、各种管理程序与标准的管理制度等。

(3) 技术与业务规范。技术与业务规范是指组织中的各种关系技术标准、技术规程以及业务活动的工作标准与处理程序的规定。它反映生产和流通过程中客观事物的内在技术和业务活动要求、科学性和规律性，是经济活动中必须予以尊重的。技术规范所约束的主要是业务活动，业务规范多是定性的，程序性强，大都有技术背景，以经验为基础，如企业的技术规程、业务流程、技术标准等。

(4) 个人行为规范。个人行为规范是针对组织成员的个人行为进行引导与约束所制定的规范。个人行为规范是所有对个人行为起制约作用的制度规范的统称，它是企业组织上层次最低、约束范围最宽但也最具基础性的制度规范。个人行为规范是组织中对行为和活动进行约束的第一个层次，其效果好坏、程度如何往往是更高层次约束能否有效实现的先决条件，如员工职业道德规范、劳动纪律规范、仪态仪表规范等。

小案例

《商君书》记载，商鞅准备在秦国变法，制定了新的法律。为了使百姓相信新法是能够坚决执行的，他便在京城南门口竖了一根木头，对围观者说："谁要能将这根木头从南门搬到北门，就赏他五十两银子！"大多数人都不相信有这等好事，怕商鞅的许诺不能兑现。

就在大家犹豫不决时，有一个人却扛起木头，从南门一直走到北门，商鞅当场兑现，赏给他五十两银子。这样一来，人们都相信商鞅说话是算数的，在推行他所立的新法的时候人们就遵守了。

我国古人很讲究言不在多，但必须守信的道理，因为守信就能得到人们的信任。一般老百姓讲不讲信用，只是关系到人际关系；而政治家、军事家讲不讲信用，则是关系到治国、治军的大事。

三、组织结构的类型

设置组织结构，需要选择适当的组织结构形式，因不同的组织有不同的特点，不可能用统一的固定模式，但各组织在进行组织结构设计时，可以把已有的组织结构模式作为参考。常见的一些组织结构的基本类型有直线制、职能制、直线职能制、事业部制、矩阵制等。下面以企业为例介绍几种基本的组织结构形式。

(一)直线制

这是最为简单的组织形式。将企业划分为不同部门，通常的做法是根据职能进行划分，如分为财会部、市场营销部等，同时各部门指定一人为主管负责人。在主要职能部门，如财会部总会计师，该负责人往往是一位高级执行官，而在分职能部门中，该部门负责人的级别将由该部门所具有的地位来决定。例如，在许多公司中，人事部经理的地位属中层管理者，如图6-4所示。

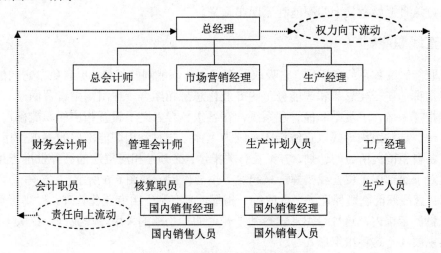

图6-4 直线制组织结构示意图

优点：沟通迅速；指挥统一；责任明确。
缺点：管理者负担过重；难以胜任复杂职能。
适用：适用于中小型组织。

(二)职能制

这种类型组织中权力和责任流动的方向是由职能决定的，而与实际的运行部门无关。确定企业的每一项职能，指派一位专家主管，无论何处只要该职能发生，此人将直接参与控制。因此他的权力超越了该职能部门的直线制管理者，后者负责纪律以及其他一些与其员工有关的事项，如图6-5所示。

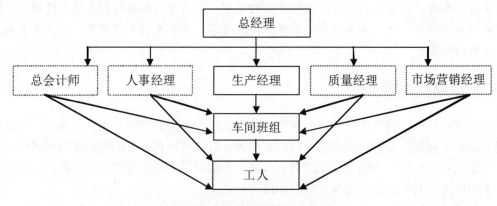

图6-5　职能制组织结构示意图

(参谋职能部门用虚线表示；直线关系用实线表示)

此类型的组织模式将导致工人听命于不止一个上级的事实，并与统一指挥这一概念相矛盾。在实践中，纯粹职能制的组织模式并不常见，但是都有其优、缺点。

优点：有利于专业管理职能的充分发挥。
缺点：破坏统一指挥原则。
适用：这种原始意义上的职能制无现实意义。

(三)直线职能制

直线职能制又称直线参谋制，它吸取了直线制和职能制的长处，也避免了它们的短处。它将直线指挥的统一化思想和职能分工的专业化思想相结合，在组织中设置两套系统。一套是直线指挥系统，一套是职能管理系统，在各级领导者之下设置相应的职能部门分别从事专业管理。这种组织形式以直线指挥系统为主体，同时利用职能部门的参谋作用，但职能部门在各自范围内所做的计划、方案及有关指示，必须经相应层次的领导批准方可下达，职能部门对下级部门无权直线指挥，只起业务指导作用，如图6-6所示。

优点：直线职能制既保证了企业的统一指挥，又有利于用专业化管理，提高管理效率，因此，在世界范围内，这种组织形式得到了普遍的、长期的采用。在我国，绝大多数企业至今仍然主要实行这种组织形式。

缺点：①过于集权，下级缺乏必要的自主权；②各职能部门之间的横向联系不紧密，易于脱节或难以协调；③企业内部信息传递路线较长，反馈较慢，难以适应环境变化。④指挥部门与职能部门之间容易产生矛盾。

适用：这种组织形式较为普遍，我国大部分公司，甚至机关、学校、医院等都采用直线职能制的结构。

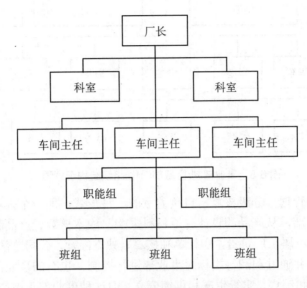

图 6-6　直线职能制组织结构示意图

(四)事业部制

事业部制也叫联邦分权化，它是一种分权制的组织形式，如图 6-7 和图 6-8 所示。它在公司总部下增设一层半独立经营的"事业部"，事业部长负责其全面工作，并设相应的职能部门。事业部制最早是美国通用汽车公司总裁斯隆(A.P.Jr.Sloan)于 1924 年提出的。它是一种高度(层)集权下的分权管理体制。它适用于规模庞大、品种繁多、技术复杂的大型企业，是国外较大的联合公司所采用的一种组织形式。近几年我国一些大型企业集团或公司，如"美的""海信"等也引进了这种组织结构形式。

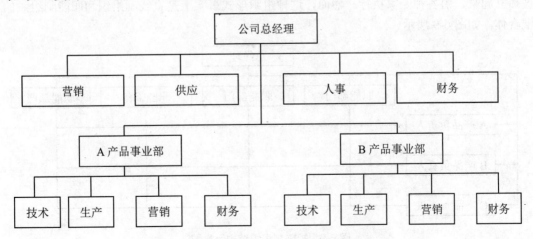

图 6-7　事业部制(产品部门化)组织结构示意图

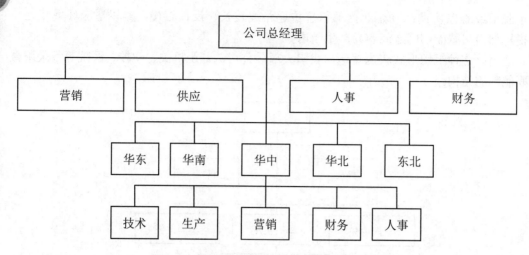

图6-8 事业部制(区域部门化)组织结构示意图

事业部制是分级管理、分级核算、自负盈亏的一种形式，即一个公司按地区或按产品类别分成若干个事业部，从产品的设计、原材料采购、成本核算、产品制造，一直到产品销售，均由事业部及所属工厂负责，实行单独核算、独立经营，公司总部只保留人事决策、预算控制和监督权，并通过利润等指标对事业部进行控制。也有的事业部只负责指挥和组织生产，不负责采购和销售，实行生产和供销分立，但这种事业部正被产品事业部所取代。还有的事业部则按区域来划分。

优点：有利于发挥事业部的积极性、主动性，更好地适应市场；公司高层集中思考战略问题；有利于培养综合管理人员。

缺点：存在分权带来的不足，即指挥不灵、机构重叠，对管理者要求过高。

适用：面对多个不同市场或多个不同产品的大规模组织。

(五)矩阵制

初看起来，矩阵制组织仿佛具有职能制组织的所有特征，只是职能制组织的各种职能被孤立起来，由各种专家执行。然而，这种组织形式事实上是直线制组织和职能制组织的混合体，如图6-9所示。

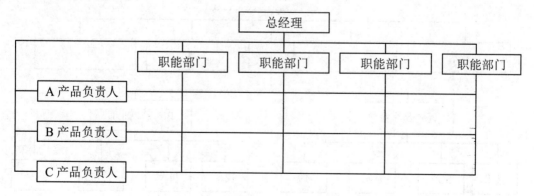

图6-9 矩阵制组织结构示意图

每一种职能都是职能经理管辖下的由专家组成的特别小组的工作目标。每个专家同时又都是直线制经理管辖之下的工作部门中的一员。实际上，每一员工都听命于两个权威，即他的专家经理和他的运行经理。前者负责小组的技术表现，而后者负责员工事务的其他方面，比如纪律、福利等。无论何时何地，只要需要他们的专业技术，专家小组就为运行部门提供服务。

优点：纵横结合，有利于配合；人员组合富有弹性。

缺点：破坏命令统一原则。

适用：主要适用于突击性、临时性任务。

(六) 多维立体组织结构

它是在矩阵组织结构的基础上再加上直线职能制、事业部制和地区、实践结合为一体的复杂机构形态。它是从系统的观点出发，建立多维立体的组织结构，如图 6-10 所示。

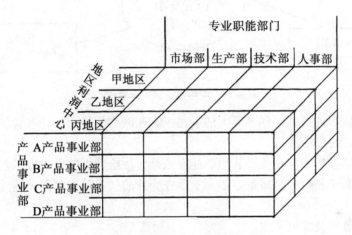

图 6-10 多维立体组织结构示意图

多维立体组织结构主要包括三类管理机构：一是按产品划分的事业部，即产品利润中心；二是按职能划分的专业参谋机构，即专业成本中心；三是按地区划分的管理机构，即地区利润中心。

优点：通过多维立体组织结构，可以使这三类机构协调一致、紧密配合，为实现组织的总目标服务。

缺点：多重领导。

适用：这种组织形式适合于多种产品开发、跨地区经营的跨国公司或跨地区的大公司，可以为这些企业在不同产品、不同地区增强市场竞争力提供组织保证。

(七) 委员会制

委员会有各种各样的形式，委员会可分为常设委员会和临时委员会，执行管理职能的委员会和不执行管理职能的委员会。

优点：集思广益、集体决策、有效协调、鼓励参与。

缺点：①做出决定要经过很长时间，浪费时间、财力；②责任不明确，委员的责任感不强；③委员会可能产生专家之间的学派之争，使决策常带有感情色彩；④有些决定可能是妥协的结果，出于对某些委员的敬畏而顺从了他们并非正确的提议。

(八)网络结构

网络结构是一种很小的中心组织，以合同为基础，依靠其他组织，进行制造、分销、营销或其他业务的经营活动。网络组织结构示意如图6-11所示。

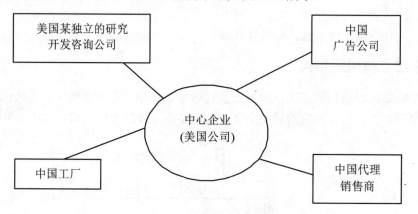

图6-11 网络组织结构示意图

优点：①以较少的资源，创造巨大的收益；②在网络结构中，管理者的主要工作是协调，充分发挥分工协作的优势。

缺点：在网络结构中，企业和其他职能企业是一种松散型关系，难以建立长期、稳固的合作关系，不利于稳定产品质量，不利于保守企业的技术秘密和其他商业秘密，网络协调的难度较大。

适用：跨国公司及虚拟企业。

第三节 组 织 文 化

一、组织文化的概念

组织文化是指组织在长期的经营实践中形成的共同思想、作风、价值观念和行为准则，是一种具有组织个性的信念和行为方式，是一种组织管理哲学。

广义的文化，是指人类所创造的物质财富与精神财富的总和。因而广义的组织文化，也就是指企业所创造的物质财富与精神财富的总和；狭义的组织文化是指组织在经营管理中所形成的独具特色的思想意识、价值观和行为方式。组织文化通常指的是狭义的组织文化。

从其内部结构来看，组织文化包括物质文化、行为文化、制度文化和精神文化四个层面。

1. 物质文化

物质文化包括组织的名称、标志、建筑、环境、广告等，也就是一切能为人们直接感知的东西。

2. 行为文化

行为文化是组织文化的第二层次，是指组织员工在生产经营、学习娱乐中产生的活动文化。其包括组织经营、教育宣传、人际关系活动、文娱体育活动中产生的文化现象，是组织作风、精神面貌、人际关系的体现，也是组织精神和价值观的动态反映。

3. 制度文化

制度文化是组织物质文化与精神文化的中介，具有固定和传递功能。它既是人的意识形态的反映，又是由一定物的形式所构成的。它包括组织领导体制、组织机构和组织管理制度。

4. 精神文化

精神文化是组织文化的核心层，是指组织在生产经营过程中，受一定的社会文化背景、意识形态影响而形成的一种精神成果和文化观念，包括组织精神、组织经营哲学、组织道德、价值观、风貌等意识形态的总和。它是组织物质文化和行为文化的升华，是组织的上层建筑。

小阅读

有一天动物园的管理员发现袋鼠从笼子里跑出来了，于是开会讨论，一致认为是笼子的高度过低。所以他们决定将笼子的高度由原来的10米加高到20米。第二天他们发现袋鼠还是跑到外面来了，所以他们又决定再将高度加高到30米。

没想到隔天居然又看到袋鼠全跑到外面，于是管理员们大为紧张，决定一不做二不休，将笼子的高度加高到100米。

一天长颈鹿和几只袋鼠们在闲聊，"你们看，这些人会不会再继续加高你们的笼子？"长颈鹿问。

"很难说。"袋鼠说，"如果他们再继续忘记关门的话！"

其实很多人都是这样，只知道有问题，却不能抓住问题的核心和本质。

二、组织文化的特征与功能

(一)组织文化的特征

组织文化是一种经济亚文化，从属于民族文化的大文化，但不同于其他类型的亚文化。其特征如下。

1. 继承性

组织文化的继承性包括两个方面的含义：一是组织文化作为一种亚文化，必然受到民族文化的影响，继承民族文化的特点，带有民族文化的烙印。例如，受本民族文化的影响，美国的企业文化带有创新、个人主义、理性主义色彩，而英国的企业文化带有贵族化的特点。二是企业文化延续了企业自身的文化传统和特色，这一特点在西方那些历史较长的企业中更为明显。

2. 人本性

人本性强调人的重要性，是现代组织文化的一大特点。组织是人的组织，组织文化是以人为主体的文化。因此，组织文化必然体现出强烈的人本主义色彩。人的素质决定企业的素质和企业文化的品质。

3. 独特性

组织的社会背景、所有制性质、生产方式、发展历史、行业性质、经营者和员工的素质等诸多方面的不同，都是造成组织文化独特性的原因。越是成功的组织，组织文化的特征也就越明显。单个组织文化的独特性就决定了组织文化的多样性。从创建组织文化的角度出发，也要坚持组织文化的独特性，只有特色鲜明，才能与同类企业、其他企业区别开来，提高企业的竞争力。

4. 稳定性

虽然组织文化不是一成不变的，要随着时代的发展而发展，但是它又具有相对的稳定性。也即在一定时期内，它能够保持一个稳定的面貌，这是组织文化发挥其功能的基础。否则，员工的思想和行为就失去了标准和导向。组织文化也不能因领导人的更换、某些职工的调动而变动。

5. 综合性

作为一种理论，组织文化是涉及管理学、行为科学、社会学、心理学、经济学、文化学等多学科的交叉学科，综合性强；作为一种亚文化，它的内容包括企业的经营哲学、组织精神、价值观、最高目标、职工交往准则等许多因素，体现了较强的包容性、交叉性、综合性。

6. 科学性和客观性

就组织文化的产生而言，作为一种微观上层建筑，组织文化必然反映社会的文化传统、政治结构、经济状况、组织方式、交往方式，也反映企业的生产经营实践，是它们的共生物和混合体。因此，组织文化是对客观的社会现实和企业管理规律的概括和反映，具有科学性和客观性。

7. 时代性

组织是具体的，组织文化也是具体的，它们存在于一定的时代、空间中，组织文化的形成和发展就必然带有时代的特色，甚至就是时代的产物。一个时代的政治体制、经济体制、社会结构、文化时尚等都会对组织文化产生影响。

8. 开放性

组织文化是一种适应市场经济发展要求的开放性的文化。主要表现在组织文化是动态的，受市场条件、社会因素和企业情况的变化而变化，具有可塑性。

(二)组织文化的功能

组织文化是组织的无形资产，具有潜在的生产力，是组织发展的力量之源。其功能如下。

1. 导向功能

企业文化反映广大员工的共同价值观和利益追求,对每个员工具有强大的感召力,把每个员工的思想和行为引导到企业的生产经营目标上,使人们自觉地为实现企业的目标而努力工作。同时,企业本身的发展方向也需要企业文化的引导。

2. 凝聚功能

共同的价值观和意志的信念目标能促成员工在待人处事等方面的共识,形成一个协调融洽、配合默契的高效率的生产经营团队,产生巨大的生产力和较强的竞争力。

3. 激励功能

组织文化的激励功能是指通过正确的价值观、组织精神、组织目标和组织伦理等在员工心目中渗透,最终使员工产生强烈的责任感和自豪感,鼓舞员工为企业的发展拼搏奉献。组织文化的激励功能是通过满足员工的高层次需要来发挥作用的。

4. 规范功能

通过培养员工的荣誉感、自豪感、归属感、优胜感、责任感等情感因素,使员工的思想和行为与组织文化统一、一致起来,逐渐形成以组织文化为标准规范的思想和行为方式,产生以组织文化为主导的"从众行为"。

5. 辐射功能

组织文化形成以后,特别是在其发展到较高水平后,不仅会对组织本身产生强烈的感染力,还会传播、辐射到企业外部,对社会文化(其他企业的企业文化、社区文化、民族文化等)产生重大影响。企业文化的这种"自我表现"功能,不仅提高了企业的知名度和美誉度,优化了企业形象,也会对社会文化的净化、改进起到积极的推动作用。

三、组织文化的建设

(一)组织文化建设的原则

虽然各组织所在的行业领域不同,所处的环境不同,组织整体素质不同,组织文化建设的过程也不同,但一般应遵循以下基本原则。

1. 目标原则

每一组织与企业都要有一个明确的、鼓舞人心的发展目标,如某高校要建成国内一流大学,某建筑企业要占领某一地区某类建筑市场等。要把组织的宣传、文化活动同目标紧密联系在一起,使组织员工感到方向明确、工作有劲,获得心理满足,为自己能给组织做出贡献而感到自豪。

2. 价值观念原则

组织文化建设要有目的、有意识地把员工的行为规范到组织共同的价值观念与理想追求上来。比如,在生产企业中树立"下道工序就是上道工序的用户"的思想,把不合格产品消灭在工序中,以保证最终产品的质量。

3. 合理原则

组织文化建设要促进员工相互信任，密切管理者和被管理者的关系，减小对立与矛盾，使全体成员形成合力，成为团结战斗的集体。

4. 参与原则

组织文化建设要注意培养员工参与组织管理的意识。让员工参与管理，可以调动员工的积极性，激励积极进取的精神，树立主人翁的责任感，促进组织文化建设的整体开展。

(二)组织文化建设的途径

1. 选择价值标准

由于组织价值观是整个组织文化的核心和灵魂，因此选择正确的组织价值观是塑造组织文化的首要战略问题。选择组织价值观要立足于本组织的具体特点。不同的组织有不同的目的、环境、习惯和组成方式，由此构成千差万别的组织类型，因此必须准确地把握本组织的特点，选择适合自身发展的组织文化模式，否则就不会得到广大员工和社会公众的认同与理解。

2. 强化员工认同

充分利用一切宣传工具和手段，大张旗鼓地宣传组织文化的内容和要求，使之家喻户晓、人人皆知，以创造浓厚的环境氛围。如通过树立英雄人物为组织成员提供可以仿效的具体榜样；通过培训教育使组织成员系统接收和强化认同组织所倡导的组织精神和组织文化。

3. 提炼定格

通过精心分析、全面归纳，把经过科学论证和实践检验的组织精神、组织价值观、组织文化，予以条理化、完善化、格式化，再加以必要的理论加工和文字处理，用精练的文字表达出来。

构建完善的组织文化需要经过一定的时间过程。因此，充分的时间、广泛的发动、认真的提炼、严肃的定格是创造优秀的组织文化所不可缺少的。

4. 巩固落实

建立必要的制度保证。在组织文化演变成全体员工的习惯行为之前，要使每个成员都能自觉主动地按照组织文化和组织精神的标准去行事，几乎是不可能的。即使在组织文化已成熟的组织中，个别成员背离组织宗旨的行为也时常发生。因此，建立某种奖优罚劣的规章制度还是有一定的必要性的。

5. 丰富发展

任何一种组织文化都是特定历史的产物，当组织的内外条件发生变化时，不失时机地调整、更新、丰富和发展组织文化的内容和形式总会经常地出现在议事日程里。组织文化的发展是一个不断淘汰旧文化和不断生成新文化的过程，也是一个认识与实践不断深化的过程，组织文化由此经过循环往复达到更高的层次。

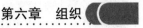

小阅读

19世纪末,美国康奈尔大学做过一次有名的青蛙实验。他们把一只青蛙突然丢进滚沸的油锅里,在那千钧一发的生死关头,青蛙用尽全力,一下就跃出了那势必使它葬身的滚烫的油锅,跳到锅外的地面上,安全逃生!

半小时后,他们使用同样的锅,在锅里放满冷水,然后把那只死里逃生的青蛙放到锅里,接着用炭火慢慢烘烤锅底。青蛙悠然地在水中享受"温暖",等到它感觉到热度已经熬不住,必须奋力逃命时,却发现为时已晚,欲跃乏力。青蛙全身瘫痪,终于葬身在热水锅里。

一个企业,必须能够应对不断变化的社会环境,管理者更要有深远而犀利的洞察力,让企业始终保持高度的竞争力,切不可在浑浑噩噩中度日,更不可躲避在暂时的安逸中。如果管理者不建立一个良性的企业文化,企业最终会面临如这只青蛙一样的下场。

互动话题

你们形成了班级文化吗?试着讨论一下班级文化建设方案。

第四节 组 织 变 革

一、组织变革的一般规律

1. 组织变革的概念和作用

组织变革是指组织根据组织内、外环境的变化,主动地、及时地对组织的原有状态进行改变,以适应未来组织发展要求的活动。这种变革包括组织的多个方面,如组织行为、组织结构、组织制度、组织成员和组织文化等。

组织变革对组织生存和发展具有重大的影响和作用。通过组织变革,使组织的目标更加明确,组织成员的认可和满意度提高,组织更加符合发展的要求;组织的任务以及完成任务的方法更加明确;组织机构的管理效率得到有效提高,组织做出的决策更加合理,更加准确;组织更具有稳定性和适应性;组织的信息沟通渠道畅通无阻,信息传递更加准确;组织的自我更新能力也会进一步得到增强。

2. 组织变革的原因

1) 组织外部环境的变化

组织是整个社会系统的一个子系统,它和组织以外其他社会系统的子系统之间相互联系、相互影响、相互制约。对组织而言,整个社会系统的其他子系统是其外部环境,当组织外部环境的这些因素发生变化时,组织就应当适应这种变化,及时地进行变革。导致组织变革的外部环境因素主要包括:①国内政治形势及政治制度的变化;②国家有关法律、法规的颁布与修订;③政府宏观经济政策和产业政策的调整;④国内外宏观经济形势的变化;⑤科学技术的进步;⑥国际政治形势和本国外交政策的变化;⑦相关产业的发展;⑧国内外市场需求的变化、市场竞争格局的变化、资源供应状况的改变;⑨社会文化的变化等。

2) 组织内部条件的变化

影响组织变革的内部条件主要有：①组织战略的调整；②组织规模的扩大与业务的迅速发展；③组织内部运行机制的改变；④管理技术条件的改变；⑤管理人员的调整与管理水平的提高；⑥组织成员对工作的期望与个人价值观的变化等。

3. 组织变革的目标

所有的变革都应与整个组织的发展目标紧密联系在一起。组织变革是由人进行的，并且是整个组织有计划的工作。实施变革应努力实现以下目标。

(1) 使组织更具环境适应性。

(2) 使管理者更具环境适应性。

(3) 使员工更具环境适应性。

4. 组织变革的内容

1) 人员变革

人员变革是指对人的思想与行为的变革。若组织不能改变人的观念和态度，组织变革就无从谈起。变革的主要任务是组织成员之间在权、责、利等方面的重新分配。要想顺利实现这种分配，组织必须注重员工的参与，注重改善人际关系并提高实际沟通的质量。

2) 结构变革

结构变革是指组织需要根据环境的变化适时对组织的体制、机制、责任、权力关系等方面进行变革。它包括权力关系、协调机制、集权程度、职务和工作再设计等其他结构参数的变化。

3) 技术与任务变革

技术与任务变革是指对业务流程、技术方法的重新设计、修正和组合，包括更换设备、采用新工艺、技术、方法等。管理者应注重利用最先进的科学技术对企业业务流程进行再造，还需要用先进的管理技术对组织中各部门或各层级的工作任务进行重新组合，如工作任务的丰富化、工作范围的扩大化等。

4) 对目标的变革

它是由战略变革所决定的，是指组织在发展战略或使命上发生的变革。如收缩业务，则必须剥离不良资产和非相关业务；要战略扩大，则要考虑购并的对象和方式，以及重构组织文化。

二、组织变革的过程与程序

1. 组织变革的过程

组织变革是一个复杂的过程。心理学家勒温从变革的一般特征出发，总结出组织变革的过程，该过程包括三个阶段：解冻、变革和再冻结。

(1) 解冻阶段：它是改革前的心理准备阶段，这个阶段的中心任务是改变员工的观念与态度，动员其接受改革和参与其中。组织变革会触及组织成员，要使每项变革措施得以在组织内部顺利实施，就必须从改变人的工作生活方式和自我观念入手，为此组织变革的领导者就必须引导大家对内外环境、组织结构、功能进行认真的分析，找出不适应性，激

第六章 组织

发大家正确认识、转变态度、接受并积极参与组织变革。

(2) 变革阶段：它是变革中的行为转变阶段，把员工的改革热情转化为改革的行为，关键是减少改革的阻力，调动员工的积极性，使改革成为全体员工的共同事业。变革最有效的方法是推广先进经验，进行典型示范，促使组织成员对角色模范的认同，使他们对新的行为方式产生积极的心理反应。

(3) 再冻结阶段：它是变革后的行为强化阶段，目标是对变革驱动力和约束力的平衡，使新的组织状态保持相对的稳定与平衡。在改革工作告一段落后，利用一定的措施将组织成员已形成的新态度和行为方式固定下来，使之得以巩固和发展。

2. 组织变革的程序

(1) 确定变革问题。一个组织是否需要进行变革以及所要变革的内容的确定，必须结合组织的实际情况予以考虑。如果组织需要变革，在日常管理实践中就会发现一些不适应的征兆。管理学家西斯克(G. Schienstock)对组织变革的征兆进行了具体研究并指出，当一个组织出现下列情况之一时，就表明该组织需要进行变革。

第一，组织决策效率低下或经常做出错误的决策。

第二，组织内部信息传递不灵或失真，沟通渠道不畅。

第三，组织的主要功能已无效率，或不能发挥真正的作用。

第四，组织缺乏创新。

一旦出现上述征兆，就表明组织的现状已不尽如人意，如不进行及时变革，组织的发展将会受到严重的影响。因此，组织就有必要对出现的征兆进行认真的分析，找出出现问题的原因，以确定组织变革的方向。

(2) 分析变革因素，制订变革方案。是对具体的需要变革的因素进行分析，制订多个可行的改革方案，以供决策者选择。

(3) 选择变革方案，制订和实施变革计划。选择变革方案就是在提出的方案中选出一个比较满意的方案。然后制定包括时间的安排、人员的培训和调动、财力和物力筹备等内容在内的具体的、全面实施的计划，并贯彻实施。

(4) 评价效果，及时反馈。评价效果就是检查计划实施后是否达到了变革的目的，是否解决了组织中存在的问题，是否提高了组织的效能。反馈是组织变革过程中关键的一环，也是一项经常性的工作。反馈的信息所揭示的问题较为严重时，需根据上述步骤再次循环，直到取得满意的结果为止。

管 理 故 事

龙永图选秘书

原中国对外经济贸易合作部副部长龙永图在中国入世谈判时曾选用过一位秘书。当龙永图选该人当秘书时，全场哗然，因为这个人根本不适合当秘书。在众人眼中，秘书都是勤勤恳恳、少言少语的，讲话很少、做事谨慎，对领导体贴入微。但是龙永图选用的秘书，处事完全不一样。他是一个大大咧咧的人，从来不会照顾人。每次龙永图和他出国，都是龙永图走到他房间里说，"请你起来，到点了"。对于日程安排，他有时甚至不如龙永图清楚，原本9点的活动，他却说9点30分，经过核查，十次有九次他是错的。但为什么龙永图会选他当秘书呢？因为龙永图是在其谈判最困难的时候选他当秘书的。当时由于谈判的压力大，龙永图的脾气也很大，有时和外国人拍桌子，回来以后一句话也不说。每次龙永图回到房间后，其他人都不愿自讨没趣到他房间里来。唯有那位秘书，每次不敲门就大大咧咧走进来，坐到龙永图的房间就跷起腿，说他今天听到什么了，还说龙永图某句话讲得不一定对等，而且他从来不叫龙永图为龙部长，都是"老龙"，或者是"永图"。他还经常出一些馊主意，被龙永图骂得一塌糊涂，但他最大的优点就是禁得住骂。无论怎么骂，他5分钟以后又回来了："哎呀，永图，你刚才那个说法不太对。"

这位秘书是个学者型的人物，他对很多事情不敏感，别人对他的批评，他也不在意，但是他是世贸专家，他对世贸问题简直像着迷一样，所以在龙永图脾气非常暴躁并难以听到不同声音的情况下，有那位禁得住骂的秘书对龙永图就显得分外重要了。

世贸谈判成功以后，龙永图的脾气好多了，稀里糊涂的秘书已不再适合龙永图的"胃口"，于是龙永图很快把他送走了。

这里，读者可不要误解龙永图是个过河拆桥之人。因为一个人在某个特定的历史背景、某个特定的历史时期，他做某件事情适合，但是换一个时间，他可能就不适合了。

诚然，龙永图是位卓越的领导，因为他非常清楚什么时候、什么人最适合什么工作，什么时候该用什么人，什么时候不该用什么人，这一点，是一般人所无法望其项背的。

简单地说，管理的任务就是找到合适的人，摆在合适的地方做一件事，然后鼓励他们用自己的创意完成手上的工作。

管 理 定 律

苛希纳定律——最佳管理人数

西方管理学中有一条著名的苛希纳定律：如果实际管理人员比最佳人数多两倍，工作时间就要多两倍，工作成本就要多四倍；如果实际管理人员比最佳人数多三倍，工作时间就要多三倍，工作成本就要多六倍。苛希纳定律告诉我们，在管理上并不是人多力量大。管理人员越多，工作成本就会越高。苛希纳定律要求我们，要认真研究并找到一个最佳人数，以最大限度地减少工作时间，降低工作成本。

知 识 测 试

(一)选择题

1. 企业各种资源拥有量较大，生产规模大，管理层次较多，一般适用于(　　)组织形式。
　　A. 集权式　　　　　　　　　　B. 分权式
　　C. 均权式　　　　　　　　　　D. 直线式
2. 采取多种经营向几个领域扩张的企业多采用(　　)的组织结构形式。
　　A. 直线制　　　　　　　　　　B. 职能制
　　C. 直线职能制　　　　　　　　D. 事业部制

3. 企业设有生产、营销、财务、人事等部门,这种部门划分的方法一般是( )。
   A. 按体制划分　　　　　　B. 按职能划分
   C. 按产品划分　　　　　　D. 按人数划分
4. 为了充分运用管理者的专业知识和技能,有利于组织专业化生产和经营,常常采用( )部门的方法。
   A. 按产品划分　　　　　　B. 按职能划分
   C. 按专业划分　　　　　　D. 按人数划分
5. (多选)直线制的优点( )。
   A. 操作迅速　　　　　　　B. 指挥灵活
   C. 效率高　　　　　　　　D. 能减轻各级领导的工作负担
6. (多选)组织变革的主要内容有( )。
   A. 结构　　　　　　　　　B. 技术
   C. 目标　　　　　　　　　D. 人员
   E. 环境

(二)论述题

1. 试简要论述几种主要的组织结构形式。
2. 通过调查了解学校的组织结构情况,画出你们学校的组织结构图。

素 质 拓 展

画组织结构图

【实训目标】

1. 培养初步运用管理思想解决问题的能力。
2. 培养组织结构图设计分析能力。

【实训内容与要求】

1. 学校每年都要组织学生开展各式各样的活动,许多工作由学生会负责,请根据你对学生会活动的了解和认识,拟定一份学生会组织结构形式,并说明其优势。
2. 结合你所在班级的管理结构现状,以所学管理思想改革现有的班级管理制度。
(1) 分析现有班级管理模式的缺陷。
(2) 提出自己认为合理的新班级管理的组织结构以及相关的制度。

【成果与检测】

1. 全班共同提供一份学生会组织结构图。
2. 每组提交一份班级组织结构图与班级管理制度。
3. 由教师与学生对所交材料与交流中的表现进行评估打分。

案 例 分 析

巴恩斯医院

下面这一事件发生在天气凉爽的10月的某一天，地点在圣路易斯的巴恩斯医院。

黛安娜·波兰斯基给医院的院长戴维斯博士打来电话，要求立即做出一项新的人事安排。从黛安娜的急切声音中，戴维斯能感觉得到发生了什么事。他告诉她马上来见他。大约5分钟后，波兰斯基走进了戴维斯的办公室，递给他一封辞职信。

"戴维斯博士，我再也干不下去了。"她开始申述："我在产科当护士长已经四个月了，我简直干不下去了。我怎么能干得了这工作呢？我有两个上司，每个人都有不同的要求，都要求优先处理。要知道，我只是一个凡人。我已经尽最大的努力适应这种工作，但看来这是不可能的。让我给举个例子吧。请相信我，这是一件平平常常的事。像这样的事情，每天都在发生。

"我昨天早上7:45来到办公室，就发现桌上留了张纸条，是达纳·杰克逊(医院的主任护士)给我的。她告诉我，她上午10点钟需要一份床位利用情况报告，供她下午在向董事会作汇报时用。我知道，这样一份报告至少要花一个半小时才能写出来。30分钟以后，乔伊斯(黛安娜的直接主管，基层护士监督员)走进来问我，为什么我的两位护士不在班上？我告诉她雷诺兹医生(外科主任)从我这要走了她们两位，说是急诊外科手术正缺人手，需要借用一下。我反对过并告诉他原因，但雷诺兹坚持说只能这么办。你猜，乔伊斯说什么？她叫我立即让这些护士回到产科部。她还说，一个小时以后，她会回来检查我是否把这事办好了！我跟你说，戴维斯博士，这种事情每天都发生好几次的。一家医院就只能这样运作吗？"

(资料来源：百度文库 https://wenku.baidu.com)

思考题：
1. 这家医院的正式指挥链是怎样的？
2. 有人越权行事了吗？
3. 戴维斯博士能做些什么来改进现状？

第七章 人员配备

办公司就是办人。人才是利润最高的商品，能够经营好人才的企业才是最终的大赢家。

——联想集团创始人柳传志

【学习目标】

知识点：
- 掌握人员配备的原则。
- 了解工作分析的内容和员工招聘的程序。
- 掌握员工培训的方法。
- 理解绩效考核和报酬系统的内容。

技能点：
- 培养人力资本管理意识。
- 培养绩效评估方法的应用。

【引例】

> **"群体增量"现象**
>
> 生物中最勤劳者莫过于蚂蚁，它们能够以惊人的速度将超过体重数倍的东西拖回蚁巢。即便是这样，蚂蚁的工作潜能仍然很大。
>
> 有人把蚂蚁放在大玻璃瓶内，观察它们在独自情况下和三五成群时的活动情形。
>
> 结果发现，蚂蚁的数目增加时，蚂蚁的工作量也增加，独自在瓶中的蚂蚁只要增加一只新蚂蚁，它工作得就更起劲，加入第三只时，原来两只的活动反应加速；两只活动率不同的蚂蚁共同活动时，活动率渐趋一致。这说明群体因素助长了工作效率。这种现象也出现在其他动物中。动物研究者发现，有同类在旁边时，鸡、鱼、老鼠吃得多些；马、狗、蟑螂跑得快些；小鸡啄食的次数要多些。
>
> 人类活动也是一样，要实现群体增量，必须培育出一个良好的"群体生态系统"。对于一个企业来讲，内部的用人机制、管理机制和由此产生的群体氛围，是形成良性群体生态系统的关键要素。
>
> (资料来源：百度文库 https://wenku.baidu.com)

第一节 人员配备概述

一、人员配备的内涵

人员配备是根据组织目标和任务正确选择、合理使用、科学考评和培训人员，以合适的人员去完成组织结构中规定的各项任务,从而保证整个组织目标和各项任务完成的职能活动。也就是让合适的人去做合适的事,是将人力资源投入到各个部门、地区、下属组织的职业劳动岗位之中,使之与其他经济资源相结合,形成现实的经济活动。

二、人员配备的原则

人员配备的原则如下。
(1) 因事择人原则,即按工作的不同而选择与之相适应的人员(包括能力与专长)。
(2) 责、权、利一致原则,即指组织的管理人员要保持权力、责任与利益的有机统一,做到在其位,谋其政,行其权,尽其责,得其利,获其荣。
(3) 公开竞争原则,即有利于公开、公正、公平竞争,促使组织能够得到一流的人才。
(4) 用人之长原则,人无完人,要充分发挥人员的长处,使人们能各得其所,各遂其志,人尽其才,才尽其用。
(5) 不断培养原则,人的知识总是会老化的,要不断更新才能适应变化。

小阅读

从前,有一个人遗失了一把斧头,他怀疑被隔壁的小孩儿偷走了。于是,他就暗中观察小孩儿的行动,不论是言语与动作,或是神态与举止,怎么看,都觉得小孩儿像偷斧头的人。由于没有证据,所以也就没有办法揭发。隔了几天,他在后山找到了遗失的斧头,原来是自己弄丢了。从此之后,他再去观察隔壁的小孩儿,再怎么看也不像会偷斧头的人。

认识一个人,切忌以自己主观想象作为衡量别人的标准,主观意识太强,经常会造成识人的错误与偏差。

三、人员配备的职能

1. 人员配备计划的制订

制订人员配备计划首先要对所需管理人员的人数和类型进行预测。一个组织需要多少管理人员以及何种类型的管理人员取决于组织的规模、目前和计划中的组织结构以及管理人员流动的频繁程度。将对管理人员的需求与现有的人才进行对照,同时考虑影响管理人员供给的、经济的、技术的、社会的、政治的以及法律的等内部因素,制订出企业的人员配备计划。

2. 人员的选聘、安置和提升

制订了人员配备计划之后,就要根据需要,选聘一些合格的人来补充组织中的职位或为今后的管理需要安置个新职位。如果管理人员工作表现突出,就会提升到需要更多才能、担负更大责任的职位上去,这样可以更好地发挥其才能和能力。

3. 人员的考评和报酬

考评是人员配备中非常重要的一环,与选聘、安置和提升密切相关。企业外的人选必须先经过选聘、安置后,才能对他们在某一职位上的业绩进行考评。考评是管理人员是否具备提升条件的依据。一个组织除了要有一个公平合理的考评制度外,还必须有一个好的

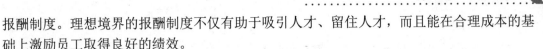

报酬制度。理想境界的报酬制度不仅有助于吸引人才、留住人才，而且能在合理成本的基础上激励员工取得良好的绩效。

4．人员培训和发展计划的制订

为了使管理人员能够应付新的需求、新的问题和新的挑战，必须对其进行培养和训练。要根据组织本身的要求、与企业经营和工作本身有关的要求以及管理人员的现有条件来制订具体的训练和发展计划。

第二节 人员配备计划

人员配备计划是为了实现组织的总体目标，对组织现今和未来人力资源的需求以及组织内外部人力资源供给状况进行科学预测，综合平衡，以保证获得足够数量和较高质量的人员的一系列活动。根据环境的变化，组织发展对员工结构的要求，人员配备计划要预测有多少个工作岗位，哪些需要补充或者减少员工，不同的岗位需要哪种类型的人员，明确每项职务或者工作岗位的具体要求，并制定出相应的工资福利制度。人员配备计划包括工作分析和供求预测两部分内容。

一、工作分析

在人力资源管理中，工作分析、工作说明书与工作规范的设计是一项非常重要的工作。工作分析是确定完成各项工作所需技能、责任和知识的系统过程，是一种重要而普通的人力资源管理技术。

(一)工作分析的主要内容

国外人事心理学家从管理的角度，提出了著名的工作分析公式，把工作分析所要研究的主要内容归纳为 6W1H，6W 即做什么(What)、为什么(Why)、用谁(Who)、何时(When)、在哪里(Where)、为谁(for Whom)，1H 即为如何做(How)。分别介绍如下。

1．做什么(What)

做什么(What)是指所从事的工作活动，主要包括以下内容。

(1) 任职者所要完成的工作活动是什么？
(2) 任职者的这些活动会产生什么样的结果或产品？
(3) 任职者的工作结果要达到什么样的标准？

2．为什么(Why)

为什么(Why)表示任职者的工作目的，也就是这项工作在整个组织中的作用，主要包括以下内容。

(1) 做这项工作的目的是什么？
(2) 这项工作与组织中的其他工作有什么联系？对其他工作有什么影响？

3. 用谁(Who)

用谁(Who)是指对从事某项工作的人的要求，主要包括以下内容。

(1) 从事这项工作的人应具备什么样的身体素质？
(2) 从事这项工作的人必须具备哪些知识和技能？
(3) 从事这项工作的人至少应接受过哪些教育和培训？
(4) 从事这项工作的人至少应具备什么样的经验？
(5) 从事这项工作的人在个性特征上应具备哪些特点？
(6) 从事这项工作的人在其他方面应具备什么样的条件？

4. 何时(When)

何时(When)表示在什么时间从事各项工作活动，主要包括以下内容。

(1) 哪些工作活动是有固定时间的？在什么时候做？
(2) 哪些工作活动没有固定时间？应如何安排？

5. 在哪里(Where)

在哪里(Where)表示从事工作活动的环境，主要包括以下内容。

(1) 工作的自然环境，包括地点(室内与户外)、温度、光线、噪声、安全条件等。
(2) 工作的社会环境，包括工作所处的文化环境(如跨文化的环境)、工作群中的人数、完成工作所要求的人际交往的数量和程度、环境的稳定性等。

6. 为谁(for Whom)

为谁(for Whom)是指在工作中与哪些人发生关系，发生什么样的关系，主要包括以下内容。

(1) 工作要向谁请示和汇报？
(2) 向谁提供信息或工作结果？
(3) 可以指挥和监控何人？

7. 如何做(How)

如何做(How)是指任职者怎样从事工作活动以获得预期的结果，主要包括以下内容。

(1) 从事工作活动的一般程序是怎样的？
(2) 工作中要使用哪些工具？
(3) 操纵什么机器设备？
(4) 工作中所涉及的文件或记录有哪些？
(5) 工作中应重点控制的环节是哪些？

由工作分析的产生、发展过程来看，工作分析包含两个方面的内容：①工作岗位本身的信息。主要确定工作岗位的内涵，即职务名称、工作地点、工作任务、工作职责、工作权限、工作对象、劳动资料、工作环境及本工作岗位与相关工作岗位之间的联系和制约方式等。表达这些信息的人事文件被称作工作描述。②本岗位的人员特征，即任职资格的信息。工作分析应包含工作岗位对员工的要求，根据工作岗位自身特点，工作岗位会要求在本岗位工作的员工应该具备的知识水平、工作经验和身体状况等资格条件。表达这些信息的人事文件通常称为职位说明书，如表 7-1 所示。

表 7-1　职务说明样本

销售代表职位说明
职务名称：销售代表
所属部门：销售部
直接上级：销售总经理
工作目的：代表公司销售公司产品，完成公司销售目标，开拓产品市场
工作要求：认真负责、工作主动、服从领导
工作责任： 　1. 与客户联络、沟通，记录客户资料并归档 　2. 配合技术人员进行产品技术展演，接受客户咨询 　3. 拟订个人商务(销售)计划 　4. 进行商务谈判 　5. 负责产品售后服务实施、监督与协调工作 　6. 发展潜在客户 　7. 完成销售所涉及的各种表格
衡量标准：本人的销售业绩
工作难点：如何提高销售业绩，发展潜在客户
工作禁忌：无法认清客户需求和销售形势
职业发展方向：销售部经理、营销部副总经理

(二)工作分析的作用

1. 工作分析的主动性使组织的结构合理

工作分析正像建筑业的概算师(预算师)，概算出一座建筑需要多少石、砖、水泥、沙、木，需要多少人工，以及它们之间的结构比例及"质"的规定等。

2. 工作分析的科学性使员工的才能得以发挥

工作分析可以人尽其才、才尽其用，避免"大材小用"或"人才高消费"，但这必须建立在工作分析的科学性之上。

3. 工作分析的规范性使员工的权责明晰

工作分析是企业对某一特定的工作做出明确规定，并确定完成这一工作需要什么样的行为的过程。工作分析要规范企业中各项工作的性质、内容、任务、权利和责任，以及所需员工的学识、经验等条件。

4. 工作分析的基础性使考评的依据公平

工作分析是基础性分析，对职务、工作任务、工作范围、工作职责进行客观描述，对适应工作岗位的员工提出一般要求、生理要求、心理要求，并对聘用(任用)条件包括工作时数、工资结构、支付工资的方法、福利待遇、该工作在组织中的地位、晋升机会、培训机会等都做了明确要求，既便于员工"按图索骥"，又便于企业对员工的业绩、绩效进行考评。

(三)工作分析的基本方法

要想得到一个系统、完善的工作分析资料，最好是对这项工作进行实际的调查研究。调查研究的方法有许多种，下面介绍几种主要的方法。

1. 访谈法

访谈法是与担任有关工作职务的人员一起讨论工作的特点和要求，从而取得有关信息的调查研究方法。

2. 问卷法

问卷法是让有关人员以书面形式回答有关职务问题的调查方法。

3. 资料分析法

为了降低工作分析的成本，应当尽量利用现有的资料，以便对每个工作的任务、责任、权利、工作负荷、任职资格等有一个大致的了解，为进一步调查奠定基础。

4. 直接观察法

直接观察法是指有关人员亲临工作现场，运用感觉器官或其他工具，对工作者的工作过程、行为、内容、特点、性质、设备、环境等进行仔细观察，并用文字或图表形式详细记录下来，而后再做系统分析与归纳总结的方法。

5. 技术会议法

这种方法是召集管理人员、技术人员举行会议，讨论工作特征与要求。由于管理人员和技术人员对有关的工作比较了解，尤其是比较了解有关工作的技术特征和工艺特征，所以他们的意见对获取有效的工作分析资料无疑是很有用的。

6. 工作日志法

工作日志法是员工的直接上级事先设计好详细的工作日志表，让员工按照要求在规定的时间填写，真实表现该员工每日的工作情况，从而收集员工的职务信息。

7. 工作参与法

这种方法是由工作分析人员亲自参加工作活动，体验工作的整个过程，从中获得工作分析的资料。

8. 关键事件法

关键事件法是请管理人员和工作人员回忆、报告对他们的工作绩效来说比较关键的工作特征和事件，从而获得工作分析资料。

小阅读

有一位青年在美国某石油公司工作，他所做的工作连小孩都能胜任，就是巡视并确认石油罐盖有没有自动焊接好。石油罐在输送带上移动至旋转台上，焊接剂便自动滴下，沿着盖子回转一周，作业就算结束。他每天如此，反复好几百次地注视着这种作业，枯燥无味，厌烦极了。他想创业，可又无其他本事。他发现罐子旋转一次，焊接剂滴落39滴，焊接工作便结束了。他想，在这一连串的工作中，有没有什么可以改善的地方呢？一天，他突然想道：如果能将焊接剂减少一两滴，是不是能节省点成本？于是，他经过一番研究，终于研制出 37 滴型焊接机。但是，利用这种机器焊接出来的石油罐，偶尔会漏油，并不理想。但他不灰心，又研制出"38滴型"焊接机。这次的发明非常完美，公司对他的评价很高。不久便生产出这种机器，改用新的焊接方式。虽然节省的只是一滴焊接剂，但"一滴"却给公司带来了每年 5 亿美元的新利润。这位青年，就是后来掌握全美制油业95%实权的石油大王——约翰·D. 洛克菲勒。

二、人员配备的供求预测

人员配备的供求预测是从组织发展战略目标出发，在调查人员配备现状的基础上，根据国内外环境发展的趋势和可能提供的条件，对未来人员配备的供求状况做出的一种估计。在预测时，应先考虑组织的战略计划，以及通常情况下的员工流动率。战略规划确定了组织的方向和所需的人员数量、质量、结构方面的变化，不同的战略决策会对组织中的人员配备产生不同的影响，如决定开发一项新产品或者建立一个新部门，就意味着需要增加新的成员和岗位；而计划紧缩业务，则会削减人员；如果战略上需要维持现状，则只有在在岗人员离开组织时，再雇用新人员。因此，人员配备的供求预测是制订人员配备计划中技术性较强的关键性工作。

三、人员配备计划的过程

人员配备计划的整个过程大致可以分为几个步骤，如图 7-1 所示。前三个步骤分别是在组织战略规划框架之下编制人员配备计划、招聘员工、选用员工，这一阶段的结果是要发掘有能力的人才并加以选用。后三个步骤分别是职前引导、培训员工和职业生涯发展，这三项活动是为了确保组织既能留住人才又能使员工技能得以更新，符合未来的组织发展要求。上述程序均会受到法律和政府政策的约束。

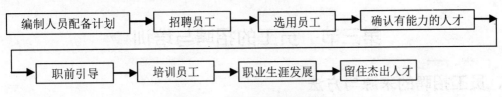

图 7-1　人力资源管理的程序

编制人员配备计划是程序中的第一步，这一步又可以细分为三个具体的步骤：评估现有的人力资源状况；评估未来所需的人力资源状况；制订一套相适应的人力资源方案计划，以确保未来的供需相匹配。

1. 评估现有的人力资源状况

这一步是通过工作分析法检查现有的人力资源状况，并做出工作说明书和工作规范，前者说明了员工应做哪些工作、如何做、为什么这样做，反映出工作的内容、工作环境以及工作条件等；后者说明了某种特定工作最低需要具备哪些知识和技能。

2. 评估未来人力资源状况

组织的目标与战略决定了对人力资源的未来需求。要使战略规划转化成具体的操作性较强的人力资源计划，组织就必须根据组织内外资源的情况对未来人力资源状况进行预测，找出各时期各类人员的余缺分布。

3. 制订一套相适应的人力资源计划

对现状和未来人力资源需求预测做出评估之后，管理者就可以找出人员的数量和种类，制订出一套与组织战略目标及其环境相适应的人力资源计划。当然，组织还必须对此计划进行跟踪、监督和调整，以正确引导当前和未来的人才需求。另外，这种计划还需要与组织中的其他计划相互衔接。

小阅读

很久以前，人类都还赤着双脚走路。有一个国王到某个偏远的乡间旅行，因为路面崎岖不平，有很多碎石头，刺得他的脚又痛又麻。回到王宫后，他下了一道命令，要将国内的所有道路都铺上一层牛皮。他认为这样做，不只是为自己，还可造福他的子民，让大家走路时不再受刺痛之苦。

但即使杀尽国内所有的牛，也筹措不到足够的皮革，而所花费的金钱、动用的人力更是不计其数。虽然根本做不到，甚至还相当愚蠢，但因为是国王的命令，大家也只能摇头叹息。

一位聪明的仆人大胆地向国王进言："国王啊！为什么您要劳师动众，牺牲那么多头牛，花费那么多金钱呢？您何不只用两小片牛皮包住您的脚呢？"国王听了很惊讶，但也当下领悟，于是立刻收回成命，采用这个建议。据说，这就是"皮鞋"的由来。

想改变世界，很难；要改变自己，则较为容易。

与其改变全世界，不如先改变自己——"将自己的双脚包起来"。改变自己的某些观念和做法，以抵御外来的侵袭。

当自己改变后，眼中的世界自然也就跟着改变了。

如果你希望看到世界改变，那么第一个必须改变的就是自己。

第三节　员工的招聘与培训

一、员工招聘的来源与方法

(一)员工招聘的来源

人力资源计划中最为关键的一项任务是能够招到并留住有才能的员工。依据招聘的内外环境不同，组织大致可以通过外部招聘和内部提升两种方式来选择和填补员工的空缺。

1. 外部招聘

外部招聘就是根据组织制定的标准和程序从组织外部选拔符合空缺职位要求的员工。选择员工具有动态性，特别是一些高级员工和专业岗位，组织常常需要将选择的范围扩展到全国甚至全球劳动力市场。

(1) 外部招聘具有以下几个优势。

①外部招聘具有外部竞争优势，所谓外部竞争优势是指被聘者没有太多顾虑，可以放手工作，具有外来和尚会念经的外来优势。②外部招聘有利于平息并缓和内部竞争者之间的紧张关系。③外部招聘能够为组织输送新鲜血液——来自外部的候选人可以为组织带来新的管理方法与经验，他们没有被太多的框框所束缚，工作起来可以放开手脚，从而给组织带来更多的创新机会。

(2) 外部招聘也有许多局限性，主要表现在以下几个方面。

①外聘者对组织缺乏深入了解。②组织对外聘者缺乏深入了解。③外聘行为对内部员工的积极性造成打击，大多数员工都希望在组织中能有不断升迁和发展的机会，都希望能够担任越来越重要的工作，如果组织过于注重从外部招聘管理人员，就会挫伤他们的工作积极性，影响他们的士气。同时，有才华、有发展潜力的外部人才在了解到这种情况后也不敢轻易应聘，因为一旦定位，虽然在组织中已有很高的起点，但今后升迁和发展的路径却很狭窄。

2. 内部提升

内部提升是指组织内部成员的能力和素质得到充分确认之后，被委以比原来责任更大、职位更高的职务，以填补组织中由于发展或其他原因而空缺了的管理职务。

(1) 内部提升制度具有以下几个优点。

①有利于调动员工的工作积极性。内部提升制度可以给每个人带来希望和机会，且会带来示范效应。②有利于被聘者迅速展开工作。被聘者了解组织运行的特点，所以可以迅速地适应新的工作，工作起来要比外聘者显得更加得心应手，从而能迅速打开局面。

(2) 内部提升制度也可能会带来以下一些弊端。

①内部提升可能会导致组织内部近亲繁殖现象的发生。②内部提升可能会引起同事之间的矛盾，在若干个候选人中提升其中一名员工时，虽可能提升士气，但也可能使其他旁落者产生不满情绪，这种情绪可能出于嫉妒，也可能出于欠公平感觉，无论哪一种情况都不利于被提拔者展开工作，不利于组织中人员的团结与合作。

(二)员工招聘的程序与方法

为了保证员工选聘工作的有效性和可行性，应当按照一定的程序并通过竞争来组织选聘工作，具体的步骤如下。

(1) 制订并落实招聘计划。
(2) 对应聘者进行初选。
(3) 对初选合格者进行知识与能力的考核。
(4) 竞聘演讲与答辩。
(5) 案例分析与候选人实际能力考核。

(6) 选定录用员工。
(7) 评价和反馈招聘效果。

二、员工的解聘

如果人力资源规划过程中存在冗员，组织面临结构性收缩要求或者员工存在违反组织政策的行为时，组织应当裁减一定的员工，这种变动叫作解聘。解聘的方式有多种，表7-2概括了几种主要的解聘方案。

表7-2 几种主要的解聘方案

方　案	说　明
解雇	永久性，非自愿地终止合同
临时解雇	临时性，非自愿地终止合同，可能持续若干天时间，也可能延续几年
自然减员	对自愿辞职或正常退休腾出的职位空缺不予填补
调换岗位	横向或向下调换员工岗位，通常不会降低成本，但可以减缓组织内的劳动力供求不平衡
缩短工作周	让员工每周少工作一些时间，或者进行工作分担，或以临时工身份做这些工作
提前退休	为年龄大、资历深的员工提供激励，使其在正常退休期限前提早离位

三、人员的培训

(一)人员培训的目标

培训是指组织通过对员工有计划、有针对性的教育和训练，使其能够改进目前知识和能力的一项连续而有效的工作。培训旨在提高员工队伍的素质，促进组织的发展，实现以下四个方面的具体目标。

(1) 补充新知识，提炼新技能。
(2) 全面发展能力，提高竞争力。
(3) 转变观念，提高素质。
(4) 交流信息，加强协作。

小故事

父子俩住在山上，每天都要赶着牛车下山卖柴。老父亲较有经验，坐镇驾车，山路崎岖，弯道特多，儿子眼神较好，总是在要转弯时提醒道："爹，转弯啦！"

有一天，父亲因病没有下山，儿子一人驾车。到了弯道，牛怎么也不肯转弯，儿子用尽各种方法，下车又推又拉，用青草诱之，牛一动不动。

到底是怎么回事？儿子百思不得其解。最后只有一个办法了，他左右看看无人，贴近牛的耳朵大声叫道："爹，转弯啦！"

牛应声而动。

牛用条件反射的方式活着，而人则以习惯生活。一个成功的人晓得如何培养好的习惯来代替坏的习惯，当好的习惯积累多了，自然会有一个好的人生。

(二)人员培训的方法

一个组织中的培训对象主要有新来员工、基层员工、一般技术或管理人员以及高级技术或管理人员。

1. 员工培训的方法

员工培训的方法有多种,依据所在职位的不同,可以分为对新职工的培训、在职培训和离职培训三种形式。

(1) 对新职工的培训。

应聘者一旦被录用之后,组织中的人事部门应该对他将要从事的工作和组织的情况给予必要的介绍和引导,西方国家称之为职前引导。职前引导的目的在于减少新来人员在新的工作开始之前的担忧和焦虑,使他们能够尽快熟悉所从事的本职工作以及组织的基本情况,如组织的历史、现状、未来目标、使命、理念、工作程序及其相关规定等,并充分了解他应尽的义务和职责以及绩效评估制度和奖惩制度等,例如有关的人事政策、福利以及工作时数、加班规定、工资状况等。

(2) 在职培训。

对员工进行在职培训是为了使员工通过不断学习掌握新技术和新方法,从而达到新的工作目标要求所进行的不脱产培训。工作轮换和实习是两种最常见的在职培训。所谓工作轮换是指让员工在横向层级上进行工作调整,其目的是让员工学习多种工作技术,使他们对于各种工作之间的依存性和整个组织的活动有更深刻的体验和更加开阔的视野。所谓实习是让新来人员向优秀的老员工学习以提升自己知识与技能的一种培训方式。在生产和技术领域,这种培训方式通常称为学徒制度。

(3) 离职培训。

离职培训是指为使员工能够适应新的工作岗位要求而让员工离开工作岗位一段时间,专心于一些职外培训。最常见的离职培训方式包括教室教学、影片教学以及模拟演练等。

2. 管理人员培训的方法

对员工的培训重在提高素质技能以使其能以更高的效率完成组织交给他的任务。管理工作的性质决定了对管理者培训的要求不仅是提高其具体工作的技能,而且更重要的是要提高其从整体上把握全局、激励他人以及协调他人劳动的能力。这种提高需要在实践中实现,可以考虑的方法有以下四种。

(1) 职务轮换培训。

职务轮换是指人员在不同部门的各种职位上轮流工作。职务轮换有助于受训人全面了解整个组织的不同工作情况,积累和掌握各种不同的工作经验,从而提高他们的组织和管理协调能力,为今后的发展和升迁打好基础。

(2) 提升培训。

提升是指将人员从较低的管理层级暂时提拔到较高的管理层级上,并给予一定的试用期。这种方法可以使有潜力的管理人员获得宝贵的锻炼机会,既有助于管理人员扩大工作范围,把握机会展示其能力和才干,又能使组织全面考察其是否适应和具备领导岗位上的能力,并为今后的发展奠定良好的基础。

(3) 设置助理职务培训。

在一些较高的管理层级上设立助理职务，不仅可以减轻主要负责人的负担，而且有助于培训一些后备管理人员。这种方式可以使助理接触到较高层次上的管理实务，使他们不断吸收其直接主管处理问题的方法和经验，在特殊环境中积累特殊经验，从而促进助理的成长。

(4) 设置临时职务培训。

设置临时性职务可以使受训者体验和锻炼在空缺职位上的工作情景，充分展示其个人能力，避免彼得现象的发生。劳伦斯·彼得(Laurence J.Peter)曾经发现，在实行等级制度的组织里，每个人都崇尚爬到能力所不及的层次。他把这种由于组织中有些管理人员被提升之后不能保持原来的成绩，反而可能给组织效率带来大滑坡的现象归结为"彼得原理"。

小阅读

多数人的失败不是因为他们的无能，而是因为他的心志不专一。有一个外科医生告诉自己的学生，"当个外科医生，需要两项重要的能力：第一，不会反胃；第二，观察力要强。" 接着，他伸出一根手指，蘸入一碟看来令人作呕的液体中，然后张口舔舔手指。他要全班学生照着做，他们只好硬起头皮照做一遍。医生颔首一笑说："各位，恭喜你们通过了第一关测验。但不幸的是，第二关你们都没通过，因为你们没注意到我舔的手指头，不是我探入碟中的那根手指。"请默想：你有没有仔细而认真地观察，现在所从事的工作是否有不佳之处？及时调整，永远不晚。

第四节 人员的考评与报酬

员工在进入组织并得到必要的知识和技能的培训之后，能否有效地完成工作，达到组织目标，在很大程度上取决于组织的激励制度是否合理。绩效考评是公平合理的激励制度的基础工作，而晋升与报酬则是组织激励制度的重要组成部分。

一、绩效评估

绩效评估又称业绩考评，是指按员工所从事的职务的要求鉴定其成绩和资格的过程。从员工进入本组织起，他们的上司就有责任对其工作业绩、工作能力和工作态度进行评价，以确保符合组织标准。

(一)绩效评估的作用

(1) 绩效评估的结果反映了员工工作的完成情况。
(2) 绩效评估是人事调整决策的重要依据。
(3) 绩效评估为组织的人员配备培训提供了直接的要求。
(4) 绩效评估是确定合理劳动报酬的基础。
(5) 绩效评估是激励员工的重要手段。
(6) 绩效评估可以反映组织的效率情况。

(7) 绩效评估可以作为组织发展、诊断的一个有力措施。

(二)绩效评估的方法

常用的绩效评估方法主要有以下几种。

1. 排序法

排序法是指按照某一标准，对一定范围的员工进行由高到低排列的方法。具体有以下三种方式。

(1) 直接排序法。直接排序法是指根据某一标准，将被评人按照由高到低的顺序依次排序。

(2) 交替排序法。交替排序法是指在被评人中先挑出最好的和最差的员工，然后在剩下的员工中再挑选出最好的和最差的。依次类推，直到所有被评估的员工按一定顺序排列出来。这种方法使用起来十分方便，但选择评估标准的主观性较大。

(3) 两两比较法。两两比较法是指将被评估员工两两进行比较，从而使每个员工都与其他员工进行一次比较，得出最终结果。这种方法的工作量较大，但结果比较客观、准确。

2. 强制分配法

强制分配法是由评估人员事先制定一些类别，并强制每个员工按其实际绩效归入每一类，如表 7-3 所示。

表 7-3 强制分配法

等 级	最差 5%	较差 15%	中等 60%	较好 15%	最好 5%
员工数目	10	30	120	30	10

3. 关键事件法

绩效评估的关键事件法是基于工作分析中的关键事件分析方法之上的。通过工作分析确定工作者应在岗位上完成的关键事件(指影响工作目标的达成与否的行为)。在评估期内，上级管理人员对下级员工的各种杰出表现或者不良的行为都需记录在案。评估时应引述具体的行为，而非记载笼统的个性特征。这样，每个员工都有一张关键事件表，在考评时能提供丰富的事例，指出哪些是符合要求的行为，哪些是不理想的行为。关键事件法强调评定人的注意力应集中于关键或主要的行为，以区分有效的或无效的工作绩效。

4. 描述法

描述法是比较常见的以一篇简短的书面鉴定来进行评估的方法。评估的内容、格式、篇幅、重点等多种多样，完全由评估者自由掌握，不存在标准规范。这种方法的优点在于形式灵活、反馈简捷。这种方法的缺点在于评估结果在很大程度上取决于评估者的主观意愿和文字水平。此外，由于没有统一的标准，不同员工之间的评估结果是很难比较的。

5. 与行为相联系的等级评分法

与行为相联系的等级评分法是近年来运用较多的绩效评估方法。评定人员将根据能反映员工绩效的具体工作行为做鉴定，而不是从一般化的特征描述来评价一个人。此法需具体限定看得见、可衡量的工作行为，应能反映有效行为和无效行为的实际情况，然后对各行为按其表现程度的差异，定出不同等级的分值加以衡量。

6. 目标管理法

根据目标管理的办法，让员工根据组织目标来制定自己的绩效目标。一旦此目标为下属所接受，他就会努力实现那些有一定难度，但也可能实现的目标。下级的绩效基本上是按他达到特定目标的水平来评价的。由于是上下级共同确定目标和达到目标的进度，在计划期末时，上下级之间再共同评估目标的完成情况，因此这种方法可以避免上级单方面建立评价基准的缺陷。

(三)绩效评估的步骤

1. 确定特定的绩效评估目标

在不同的管理层级和工作岗位上，每一个员工所具备的能力和做出的贡献是不同的，而一种绩效评价制度不可能适用于所有的评估目标。在考评员工时，首先要有针对性地选择并确定特定的绩效评估目标，然后根据不同岗位的工作性质，设计和选择合理的考评制度。

2. 确定考评责任者

考评工作往往被视为人事管理部门的任务。实际上，人事部门的职责是组织、协调和执行考评方案。要使考评方案取得成效，还必须让那些受过专门评估培训的直线管理人员直接参与到方案实施中来，因为直线领导可以更为直观地识别员工的能力和业绩，并负有直接的领导责任。当然，下属和同事的评价也可以作为参考。

3. 评价业绩

在确定了特定的绩效评估目标和考评责任者之后，就应当通过绩效评价系统根据特定的评估目标内容，对员工进行正确的考评。考评应当客观、公正，杜绝平均主义和个人偏见。在综合各考评表得分的基础上，得出考评结论，并对考评结论的主要内容进行分析，特别是要检查考评中有无不符事实以及不负责任的评价，检验考评结论的有效程度。

4. 公布考评结果，交流考评意见

考评人应及时地将考评结果通知被考评者。上级主管可以与被考评对象直接单独面谈，共同讨论绩效评价的结果。及时通报考评结论，可以使本人知道组织对自己能力的评价以及对其所做贡献的认可程度，认识到组织的期望目标和自己的不足之处，从而确定今后需要改进的方向。

5. 根据考评结论，将绩效评估的结论备案

根据最终的考评结论，组织可以识别那些具有较高发展潜力的员工，并根据员工成长的特点，确定其发展方向。同时还需要将绩效评估的结果进行备案，为员工今后的培训和人事调整提供充分的依据。

第七章 人员配备

小阅读

一位哲学家在海边目睹一条船遇难，船上的水手和乘客全部溺毙了。他痛骂上苍不讲理——只因为一位罪犯正好乘坐这条船，竟然让众多的无辜者受害。

当他正沉迷于这种思想的时候，他发觉自己被一大群蚂蚁围住，原来他站的位置距离蚂蚁窝不远。这时，有一只蚂蚁爬到他身上并叮了他一口，他立刻用脚踩死所有的蚂蚁。天神在这个时候现身，并用他的拐杖敲着哲学家说："你既然都以类似上苍的方式去对待那些可怜的蚂蚁，难道你还够资格去批判上苍的作为吗？"

这一则寓言很生动地描述了两种有碍管理绩效的心态：一种是，以偏概全；另一种是，宽于律己，苛以待人。

互动话题

学校每年都要进行三好学生的评选，这是一种针对学生的绩效考核方法，以此对学生学习绩效的好坏进行评价。在三好学生的评定过程中，看看你的班级在绩效考核执行中是否出现过下面的问题。

——认为三好学生的考核不好做，搞不好还得罪人，出力不讨好。于是，即使在平时发现了问题，甚至对一些学生的学习状况很不满意，而真正在纸上做评定时，所有人员的考核结果几乎都是优良。结果造成绩效考核流于形式、不见效果。

——没有实行三好学生考核的时候，班级内部同学之间的关系比较融洽，大家在学习上合作得也比较好。但实施绩效考核之后，学生为了维护自己的利益，只完成自己的学习任务，对于同学遇到的学习困难不像从前那样施手援助，而是坐观其乱。

——干得多、错得多、扣得多，使同学之间推诿扯皮，不想多干工作，导致学生积极性不升反降。

——跨部门的多个岗位协同完成的工作，奖罚不分明，甚至只奖第一线的、能直接带来效益的部分学生，使得其他同学牢骚满腹、心存不满。

这一大堆的问题怎么解决？绩效考核如何才能发挥真正的功效？请学生分组(5~7人一组)讨论，并提出使三好学生考核评定客观科学、不走形式、真正起到激励作用的对策建议。

二、报酬

一个组织除了要有一个公平合理的考评制度外，还必须有一个好的报酬制度。理想境界的报酬制度不仅有助于吸引人才、留住人才，而且能在合理成本的基础上激励员工取得良好的绩效。但是许多单位的报酬制度并不能成功地实现这些目标。一个成功报酬制度的设置，涉及薪资制度的指导原则、工资水平、工资结构和个人工资决策。

(一)制定薪资制度的指导原则

第一，遵照国家和地方有关部门关于劳动工资的有关法令政策，包括最低(工资)生活线标准，反对性别歧视。

第二，考虑当地生活物价指数上涨，相应增加工资以保持原有生活水平。

第三，坚持工资增长幅度不超过企业经济效益增长幅度，员工平均实际收入增长幅度不超过企业劳动生产率增长幅度的"两不超"原则。

第四，合理的员工报酬应达到：①讲求组织内外的公平性，破除"大锅饭"；②能吸引有技能的人到组织工作；③能把有才能的人留在组织不流失；④能激励员工努力把工作做好，做到奖勤罚懒。

第五，根据劳动力市场价格，尤其同行业公司、类似岗位的工资水平，制定竞争性工资率。

目前，已有专业人力资源咨询公司开始公开发布若干重要岗位薪资信息，组织据此可以判断其薪资水平是过低、过高或持平并做出相应的调整，尤其关注过低的关键岗位或人员。

第六，适当考虑员工需求差异，薪资和福利制度应富有弹性，可供选择。

第七，测算人力资本成本在总成本中的比例及变动空间，考虑组织最终对薪资的财务支付能力。

第八，在母公司财务管理总则指导下，全资子公司、控股子公司执行母公司的工资管理制度；参股公司、关联协作组织自行决定工资分配。

(二)建立报酬系统

报酬系统主要分为两个部分：金钱报酬和非金钱奖励。其中非金钱奖励可以分为两个部分：职业性奖励和社会性奖励。金钱报酬也可以分为两个部分：直接报酬和非直接报酬。直接报酬主要可以分为两个部分：工资与奖金。非直接报酬主要可以分为四个部分：公共福利、个人福利、有偿假期和生活福利。其详细内容如图 7-2 所示。

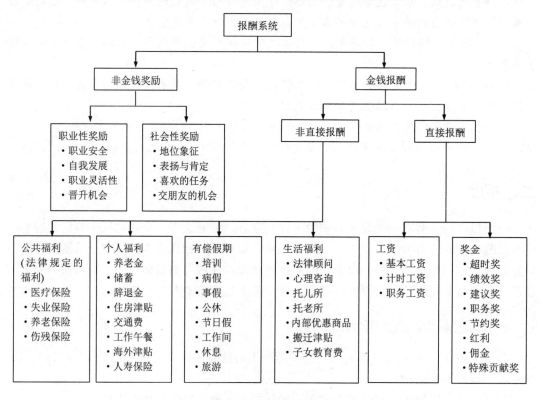

图 7-2　报酬系统模型

(三)工资水平决策

对于绝大多数组织来说,薪酬福利也许不是最好的管理方式,但却是最直接有效的管理手段。工资低了留不住人,高了却不一定能留住人;福利少了缺乏保障,多了却可能使职工贪图安逸。在市场经济条件下,一个组织通常要决定本组织的工资水平,即在本地区同行业中应高于、低于或等于现行的平均工资率。多数组织会选择与行业水平接近的工资率;效益不好的只能低于平均水平;而一些成功的大型企业,为了成为"高工资的领先者",则有意支付高于平均水平的工资,以吸引和留住高质量的员工。此外,劳动力市场的供求对工资水平也有很大的影响。一旦决定了工资水平,还需要有关外部信息以帮助确定实际的工资率。劳动工资管理人员需了解劳动力市场中有关职务的最高、最低和平均工资数据。通常需进行地区工资调查以收集这些信息。

(四)工资结构决策

通常确定工资结构需通过工作评价的程序,即对各职务相对于其他职务评估其价值,进而确定一项职务的报酬大小。掌握了这些资料,要进一步解决某项职务的劳动质量问题就有了较具体、客观的依据。哪种技术要求、劳动强度的劳动,应给多少基本工资,先明确工作要求,根据工作要求来确定一项职务相对于其他职务的工资差异水平。这项工作通常由人事部门来做。其目的是消除组织内各工作岗位间的报酬不公平现象。

互动话题

小王进入一家小有名气的外企。他对这份工作很满意,一方面,公司上上下下很和谐,气氛非常轻松,工作虽累却很舒心;另一方面,薪水也不错,底薪有3000元,还会有一些奖金。小王一门心思都扑在工作上,经常加班加点,有时还把工作带回家,而且确实也成绩斐然。同年进入公司的小李却开心不起来,因为他今年的业绩并不好。午饭时两人聊了起来,小李唉声叹气地说:"小王,你今年真不错,不像我这么倒霉,薪水都加不了,干来干去还是3900元。"猛然间,小王才知道,原来小李的底薪比自己高900元。他对小李没意见,可他想不通,即使不管业绩,小李的能力、学历都不比他强,公司怎么会这样做呢?他想也没想就往人力资源部跑去。

请回答:
(1) 小王在谈话后有什么感受?
(2) 你认为小王下一步会怎么做?
(3) 你认为公司领导应该怎么办?

管 理 故 事

日立"鹊桥"

在大多数企业,有不成文的规矩,即禁止内部员工谈恋爱。其实,这种做法既不合法,也不可取。"棒打鸳鸯"只能导致军心涣散,让员工对组织感到寒心。获得如此"待遇"的员工即便留下,也会"身在曹营心在汉"。

日本日立公司有一名叫田中的工程师，他为日立公司工作近 12 年了，对他来说，公司就是他的家，因为甚至连他美满的婚姻都是公司为他解决的。原来，日立公司内设了一个专门为职员架设"鹊桥"的"婚姻介绍所"。日立公司人力资源站的管理人员说："这样做还能起到稳定员工、增强企业凝聚力的作用。"

日立"鹊桥"总部设在东京日立保险公司大厦八楼，田中刚进公司，便在同事的鼓动下，把学历、爱好、家庭背景、身高、体重等资料输入"鹊桥"电脑网络。在日立公司，当某名员工递上求偶申请书后，他(她)便有权调阅电脑档案，申请者往往利用休息日坐在沙发上慢慢地、仔细地翻阅这些档案，直到找到满意的对象为止。一旦他(她)被选中，联系人会将挑选方的一切资料寄给被选方，如果被选方同意见面，公司就安排双方约会，约会后双方都必须向联系人报告对对方的看法。

终于有一天，同在日立公司当接线员的富泽惠子从电脑上走下来，走进了田中的生活。他俩的第一次约会，是在离办公室不远的一家餐厅里共进午餐，这一顿饭吃了大约 4 个小时。不到一年，他们便结婚了。婚礼是由公司的"月下老"操办的，而来宾中 70%的人都是田中夫妇的同事。

有了家庭的温暖，员工自然就能一心一意扑在工作上，由于这个家是公司"玉成"的，员工对公司就不仅是感恩了，而是油然而生的一种"鱼水之情"。这样的管理成效是一般意义的奖金、晋升所无法比拟的。

如果一个人能在公司中体味到家庭般的气氛，他便会安心，士气在无形中自然也就提高了。

(资料来源：中华品牌管理网 http://www.cnbm.net.cn)

管理定律

彼得原理——科学合理的人员选聘制度

美国学者劳伦斯·彼得在对组织中人员晋升的相关现象研究后得出一个结论：在一个等级制度中，每个员工趋向于上升到他所不能胜任的职位。就是说，有工作成绩的员工将被提升到高一级的职位，如果他们继续胜任，将进一步被提升，直至到达他们不能胜任的位置。由此的推导是，每一个职位最终都将被一个不能胜任其工作的员工所占据。这种状况对于员工和组织双方都没有好处。对员工来说，由于不胜任工作，找不到工作的乐趣，无法实现自身的价值。对组织来说，一旦相当部分的人员被推到了不胜任的职位，就会造成组织人浮于事、效率低下。因此，必须建立科学、合理的人员选聘机制，客观评价每个员工的能力和水平，做到才职匹配。

知识测试

(一)选择题

1. (　　)对一个组织来说，是各类资源中最重要的资源。
   - A. 人力资源
   - B. 物质资源
   - C. 财政资源
   - D. 信息资源

2. 只从内部提升主管人员的做法存在着若干弊端。在下面所列出的几条中，不属于内部提升制度的弊端的是(　　)。
  A. 可能造成"近亲繁殖"   B. 组织对晋升者的情况不能深入了解
  C. 会造成同事之间的紧张关系   D. 会引起同事的不满
3. 旨在培养管理人员能力与改变态度的培训方法有(　　)。
  A. 工作轮换   B. 设置助理职务
  C. 业余学习   D. 临时职务
  E. 彼得原理
4. (多选)员工培训的方式主要有(　　)。
  A. 新进员工培训   B. "师带徒"培训
  C. 在职培训   D. 脱产培训
  E. 企业文化培训
5. (多选)外部招聘的优点包括(　　)。
  A. 利于鼓舞士气   B. 具有外来优势
  C. 利于平息内部竞争者之间的紧张关系
  D. 为组织带来新鲜空气
  E. 利于被聘者迅速开展工作
6. (多选)以下属于非直接报酬的是(　　)。
  A. 培训   B. 养老金
  C. 医疗保险   D. 事假
  E. 红利

(二)论述题
1. 试论述管理人员培训的主要目标。
2. 试论述人员配备的过程。

素 质 拓 展

拓展项目一："老师如何尊重学生"培训方案

【实训目标】
1. 培养学生对培训工作重要性的认知意识。
2. 培养学生培训方案的制订能力。

【实训内容与要求】
1. 选看一篇东京迪斯尼乐园对清洁工的培训材料，然后根据材料思考东京迪斯尼乐园的培训方法对你有什么启示，有什么思想是以前具备的。
2. 根据以上材料的启示，制定一份以老师为培训对象的关于"老师如何尊重学生"为主题的培训方案。

【成果与检测】

1. 每位同学提供一份300字左右的关于"老师如何尊重学生"的想法。
2. 各小组在收集本组同学的想法的基础上写出一份以老师为培训对象"老师如何尊重学生"的培训方案。
3. 由教师和同学共同做出评价。

拓展项目二：听与说游戏

【实训目标】

1. 人员招聘中如何倾听和表达。
2. 培养学生倾听和表达问题的能力。

【实训内容与要求】

角色分配：

1. 孕妇：怀胎八个月。
2. 发明家：正在研究新能源(可再生、无污染)汽车。
3. 医学家：多年研究艾滋病的治疗方案，已取得突破性进展。
4. 宇航员：即将远征火星，寻找适合人类居住的新星球。
5. 生态学家：负责热带雨林抢救工作。
6. 流浪汉

游戏背景：私人飞机坠落在荒岛上，只有6人存活。这时逃生工具只有一个仅能容纳一人的橡皮气球吊篮，没有水和食物。

游戏方法：针对由谁乘坐气球先行离岛的问题，各自陈述理由。先复述前一人的理由再陈述自己的理由。最后，由大家根据复述别人逃生理由的完整与陈述自身理由充分的人，自行决定可先行离岛的人。

【成果与检测】

1. 认真聆听别人的话，记住别人的想法，这样别人才会相信你，才会让你去求救。可见，聆听非常重要。
2. 根据同学的表现评价好的表达和坏的表达。

案 例 分 析

跳 槽

周一主管会议上，工厂人事部高经理提出一项临时议题，缘由是该厂制造部张经理因不满本年考核，而公开提出"不加薪，就跳槽"的要求。高经理表示："如果我们一口回绝，那么张经理便会挂冠而去，公司也会立刻出现一个严重的空缺。"总经理也表示，训练一个接班人需要几个月的时间，生产力也会受到影响。显然寻找新人是一件吃力又花钱的事。与会的吴董事听了以后，便询问总经理刘经理的意见。刘经理说："员工以离职相威胁是一种不忠的行为,将来就可能又为了求高薪而去。除此之外,显示管理层屈服于威胁,也会产生一些副作用。"

(资料来源:豆丁网 https://www.docin.com)

思考题:
1. 如果你是总经理,你会如何处理这一问题?理由何在?
2. 你认为,此类问题平日应如何防范?
3. 我们从此案例中可以得到什么启发?

第八章 领　　导

最好的 CEO 是构建他们的团队来达成梦想，即便是迈克尔·乔丹也需要队友来一起打比赛。

——通用电话电子公司董事长查尔斯·李

【学习目标】

知识点：
- 掌握领导的本质及领导者的权力来源。
- 掌握领导者与管理者的区别。
- 理解领导的类型和几种有关领导方式的理论。
- 理解团队建设的要领。

技能点：
- 培养如何提升领导者品质的技能。
- 学习用领导者的眼光分析问题。

【引例】

鹦　　鹉

一个人去买鹦鹉，看到一只鹦鹉前标着：此鹦鹉会两门语言，售价二百元。另一只鹦鹉前则标着：此鹦鹉会四门语言，售价四百元。该买哪只呢？两只都毛色光鲜，非常灵活可爱。这个人拿不定主意。突然他发现一只老掉了牙的鹦鹉，毛色暗淡散乱，标价八百元。这人赶紧将老板叫来：这只鹦鹉是不是会说八门语言？老板说："不。"这人奇怪了："那为什么又老又丑，又没有能力，会值这个数吗？"老板回答："因为另外两只鹦鹉叫这只鹦鹉为老板。"

真正的领导人，不一定拥有很强的能力，只要懂信任、懂放权、懂珍惜，就能团结比自己更强的力量，从而提升自己的身价。

哈佛商学院教授约翰·科特(John Kotter)在《变革的力量》中说："领导是一个永恒的话题，而目前人们所说的管理主要是近一百年的产物，是 20 世纪最为伟大的发展之一，随大批复杂组织的出现应运而生……"领导是管理的一项重要职能。领导水平的高低往往决定一个组织的生死存亡。一个组织的领导者，犹如一支交响乐队的指挥，好的指挥能调动乐队中每一个成员的激情，并使整个乐队协调配合，奏出和谐自然、优美动听的乐曲。没有优秀的指挥，即使每个演奏者都很出色，也不可能有出色的乐队。

(资料来源：豆丁网 https://www.docin.com)

第一节 领 导 概 述

一、领导的含义

　　管理学中的"领导"一词是指一种行为过程,管理学界对"领导"下过许多定义,如泰罗认为,领导是影响人们自动为实现团体目标而努力的一种行为。哈罗德·孔茨认为,领导是一种影响力,它是影响人们心甘情愿地和满怀热情地为实现群体目标努力的艺术或过程;他还认为,领导是一种影响过程,即领导者和被领导者个人的作用和特定的环境相互作用的动态过程。

　　以上的定义基本上都包含了"影响力""过程""达到目标"等核心内容,其中孔茨的定义更具代表性。我们认为,从管理学意义上来讲,领导的定义可以概括为:领导是指领导者依靠影响力,指挥、带领、引导和鼓励被领导者或追随者,实现组织目标的活动和艺术。其基本含义包括几个方面:领导的本质是一种影响力;领导是一个活动过程;领导包含领导者和被领导者两个方面;领导的目的是实现组织的目标。

二、领导的影响力

　　我们说,领导的本质是一种影响力,所谓影响力是指一个人在与他人的交往中,影响和改变他人的心理和行为的能力。影响力来源于权力,领导者对个人和组织的影响力来自两方面:①职位权力(又称为制度权力)影响力;②非职位权力(又称为个人权力)影响力。

(一)职位权力影响力

　　职位权力是由于领导者在组织中担任一定的职务而获得的权力,是由上级或组织制度所赋予的权力,具有很强的职位特性。这种权力与领导者的职位相对应,退居职位后相应的权力便会消失,如法定权、惩罚权、奖赏权都属于职位权力。职位权力是管理者实施领导行为的基本条件,没有这种权力,管理者就难以有效地影响下属,实施真正的领导。

　　职位权力影响力包括法定权、强制权和奖赏权,它由组织正式授予领导者,并受组织规章的保护。

　　(1) 法定权。这是由组织中等级制度所规定的正式权力,被组织、法律、传统习惯甚至常识所认可。它通常与合法的职位紧密联系在一起。组织正式授予领导者一定的职位,从而使领导者占据权势地位和支配地位,使其有权力对下属发号施令。法定权力是领导者职权大小的标志,是领导者的地位或在权力阶层中的角色所赋予的,是其他各种权力运用的基础。

　　(2) 强制权又叫惩罚权。这是指通过精神或物质上的威胁,强迫下属服从的一种权力,例如,企业领导者可以给予员工扣发工资、降职等惩罚。服从是强制权的前提;法律、纪律、规章是强制权的保障;处分、惩罚是强制权的手段。惩罚权在使用时往往会引起愤恨、不满,甚至报复行为,因此必须慎重使用。

小阅读

三国时代诸葛亮与司马懿在街亭对战，马谡自告奋勇要出兵守街亭，诸葛亮心中虽有担心，但马谡表示愿立军令状，若失败就处死全家，诸葛亮才勉强同意他出兵，并指派王平将军随行，并交代在安置完营寨后须立刻回报，有事要与王平商量，马谡一一答应。可是军队到了街亭，马谡执意扎兵在山上，完全不听王平的建议，而且没有遵守约定将安营的阵图送回本部。等到司马懿派兵进攻街亭，围兵在山下切断粮食及水的供应，使得马谡兵败如山倒，重要据点街亭失守。事后诸葛亮为维持军纪而挥泪斩马谡，并自请处分降职三等。

纪律是一切制度的基石，组织与团队要能长久存在，其重要的维系力就是团队纪律。要建立团队纪律最首要的一点是：领导者自己要身先士卒，维护纪律。

(3) 奖赏权。这是一种建立在良好希冀心理之上的权力，在下属完成一定的任务时给予相应的奖励，以鼓励下属的积极性。奖赏属于正刺激，源于被影响者期望奖励的心理。领导者为了肯定和鼓励某一行为，而借助物质或精神的方式，以达到使被刺激者得到心理、精神以及物质等方面的满足，从而激发出前进性行为的最大动力。被影响者是否期望这种奖赏是奖赏权的一个关键。

(二)非职位权力影响力

非职位权力是指与组织的职位无关的权力，主要有专长权、个人魅力。这些是由于领导者的个人经历、地位、人格特殊品质和才能而产生的影响力，它可以使下属心甘情愿地、自觉地跟随领导者。这种权力对下属的影响比职位权力更具有持久性。

(1) 专长权。这是指领导者因为具有各种专门的知识和特殊的技能或学识渊博而获得同事及下属的尊重和佩服，从而在各项工作中显示出的在学术或专长上的一言九鼎的影响力。专长权与职位没有直接的联系，许多专家、学者，虽然没有什么行政职位，但是在组织和群体中具有很大的影响力，就是专长权的表现。专长权的影响往往仅限定在专长范围之内。

(2) 个人魅力。个人魅力是建立在领导者的个人素质之上的，是一种无形的、难以用语言准确描述的权力，诸如品格、知识、才能、毅力和气质等，它通常与具有超凡魅力或名声卓著的领导者相联系，又被称作领导者的感召权。

互动话题

你认为教师的权力有哪些？主要来源于哪里？

(三)领导影响力运用效果的影响因素

领导者在影响力运用过程中，必须认真研究影响力的运用效果。重点考虑以下几个主要因素。

1. 领导者职权与个人素质的结合程度

一般情况下，如果领导者个人素质、个人专长与所处职位能有机结合，则权力运用效

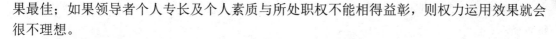

果最佳；如果领导者个人专长及个人素质与所处职权不能相得益彰，则权力运用效果就会很不理想。

2. 组织系统结构优化的程度

从某种意义上说，组织系统就是一定层次领导者的上级或下级。组织系统结构优化程度如何，肯定会影响到领导者权力运用的效果。因此，一个精明的、成功的领导者总是十分注意选配下属及不断优化组织系统结构，以确保权力运用的效果。

3. 社会心理

社会心理对领导者权力运用的效果有重要的影响，特别是在社会改革和发展中，由于社会地位及其他因素的改变，很容易在社会上形成一定的逆反心理，在某种程度上削弱和损害领导者权力的运用。因此，领导者必须正视社会心理，善于利用社会心理，提高权力运用的效果。

4. 授权、分工和权限

是否有明确的授权、分工与权限，是影响权力运用效果非常关键的因素。授权得当，分工明确，权限合理，则权力运用效果好。

三、领导的作用

领导作用对于企业的发展至关重要。好的领导可以带领一个企业不断地发展；不具备领导能力的人可能会把一个经营非常成功的企业断送。领导包括两个过程：指挥部下的过程和激励部下的过程。

领导对下属的影响作用体现在哪些方面呢？具体地说，领导职能主要体现在指挥作用、协调作用和激励作用三个方面。

1. 指挥作用

"只有糟糕的将军，没有糟糕的士兵"，一支训练有素的部队，如果没有一位优秀的指挥官，也不可能在战争中取得胜利。领导者就是一名指挥官，指挥所有员工向着既定目标前进，因此，领导的首要作用是指挥。

小阅读

拿破仑在一次与敌军作战时，遭遇顽强的抵抗，队伍损失惨重，形势非常危险。拿破仑也因一时不慎掉入泥潭中，被弄得满身泥巴，狼狈不堪。

可此时的拿破仑浑然不顾，内心只有一个信念，那就是无论如何也要打赢这场战斗。只听他大吼一声："冲啊！"

他手下的士兵见到他那副滑稽模样，忍不住都哈哈大笑起来，但同时也被拿破仑的乐观自信所鼓舞。一时间，战士们群情激昂、奋勇当先，终于取得了战斗的最后胜利。

无论在什么样的危急困境中，领导者都要保持乐观积极的心态。尤其作为一个商界的领导人物，你的自信，可以感染到无数的人。有没有乐观自信的态度也会直接影响到一场交易的成败。

经理不是只告诉别人怎么干的人，而是要激发队伍产生一定抱负，并朝着目标勇往直前的那个人。

2. 协调作用

组织是通过分工和协作来实现目标的。专业化的分工可以提高劳动效率，但也带来协调的困难，各分工部门必须协调互动、密切配合才能保证组织整体目标的实现，否则组织整体会陷入混乱，效率低下。因此，组织需要由具有一定协调、沟通、谈判能力的领导者来协调各部门的领导者、协调各部门的关系和活动以保证组织目标的有效实现。

3. 激励作用

现代管理学证明，组织的活力取决于员工的士气。现代人力资源管理的研究也在想方设法调动员工的积极性。领导者应该认识和掌握个体行为及群体行为的规律性，运用激励的方式激发下属的积极性和创造性，创建一个充满活力的群体，使员工的潜能得到最大限度的开发。

四、领导者与管理者

领导与管理是两个不同的概念，管理活动包括计划、组织、领导、控制等职能；而领导只是管理的一项职能，它侧重于研究如何影响一个组织或群体成员去实现既定的目标，领导行为是与组织或群体中的人密切联系在一起的。与此相对应，领导者和管理者也不是一个概念，两者的含义不同，不能将它们混为一谈。

(一)共性

从行为方式来看，领导和管理都是一种在组织内部通过影响他人的协调活动，实现组织目标的过程。从权力的构成来看，两者也都是组织层级的岗位设置的结果。

(二)区别

1. 工作对象不同

管理的对象可以是人、财、物、时间、信息等组织资源；而领导的对象是人(包括个体和集体)。

2. 职能的侧重点不同

管理职能偏重于实践，侧重于短期视角；而领导职能偏重于运筹，侧重于长期视角。

3. 在组织内发挥作用的层次和角度不同

管理具有执行性，而领导具有统率性；管理从微观角度考虑问题，而领导更多从宏观角度考虑问题；管理注重维护、控制，领导注重期望、鼓舞。

4. 工作中心不同

管理的中心是解决效率、效益及效果，强调每项工作的规范有序；而领导的中心是解决组织方向、目标、路线问题，强调集中统一，注重组织、团体及全社会的宏观效益。

五、领导风格类型

(一)按制度权力的集中与分散程度划分

1. 集权式领导者

所谓集权式领导者,就是指把管理的制度权力相对牢固地进行控制的领导者。由于管理的制度权力是由多种权力的细则构成的,如奖励权、强制权和收益的再分配权等,这就意味着对被领导者或下属而言,受控制的力度较大。

显然这种领导者的优势在于:通过完全的行政命令,管理的组织成本在其他条件不变的情况下,要低于在组织边界以外的交易成本。这对于组织在发展初期和组织面临复杂突变的变量时,是有益处的。但是,长期将下属视为某种可控制的工具则不利于他们职业生涯的良性发展。

2. 民主式领导者

与集权式领导者形成鲜明对比的是民主式领导者。这种领导者的特征是向被领导者授权,鼓励下属的参与,并且主要依赖于其个人专长权和影响力影响下属。从管理学角度来看,意味着这样的领导者通过对管理制度权力的分解,通过进一步激励下属的积极性,去实现组织的目标。不过,这种权力的分散性会使组织内部资源的流动速度减缓,因为权力的分散性一般会导致决策速度降低,进而增大组织内部的资源配置成本。但是,这种领导者给组织带来的好处也十分明显。通过激励下属的积极性,组织发展所需的知识,尤其是意会性或隐性知识,能够充分地积累和进化,员工的能力结构也会得到不断提高。因此,相对于集权式领导者,这种领导者更能为组织培育21世纪越来越需要的智力资本。

(二)按领导工作的侧重点不同划分

1. 事务型领导者

事务型领导者通过明确角色和任务要求而指导或激励下属向着既定的目标前进,并且尽量考虑和满足下属的社会需要,通过协作活动提高下属的生产率。他们对组织的管理职能推崇备至,对勤奋、谦和而且公正地把事情理顺、工作有条不紊地进行引以为豪。这种领导者重视非人格的绩效内容,如计划、日程和预算,对组织有使命感,并且严格遵守组织的规范和价值观。

2. 变革型领导者

变革型领导者鼓励下属为了组织的利益而超越自身利益,并能对下属产生深远而且不同寻常的影响。他们关怀每一个下属的日常生活和发展需要;他们帮助下属用新观念看待老问题,从而改变了下属对问题的看法;他们能够激励、唤醒和鼓舞下属为达到群体目标而付出更大的努力。

3. 战略型领导者

战略型领导者的特征是用战略性思维进行决策。战略型领导者是将领导的权力与全面调动组织的内外资源相结合，实现组织长远目标，把组织的价值活动进行动态调整，在市场竞争中站稳脚跟的同时，积极竞争，抢占未来商机领域的制高点。战略型领导者一般是指组织的高层管理人员，尤其是首席执行长官(CEO)。其他战略型领导者还包括企业的董事会成员、高层管理团队和各事业部门的总经理。战略型领导者一般具有不可授权的决策责任。没有战略型领导者，就无所谓战略的提出与实施。

(三)按创新方式划分

1. 魅力型领导者

魅力型领导者有着鼓励下属超越他们预期绩效水平的能力。他们的影响力来自以下方面：有能力陈述一种下属可以识别的、富有想象力的未来远景；有能力提炼出一种每个人都坚定不移赞同的组织价值观系统；信任下属并获取他们信任的回报；提升下属对新结果的意识；激励他们为了部门或组织利益而超越自身的利益。这种领导者不像事务型领导者那样看不到未来光明的远景，而是善于创造一种变革的氛围，热衷于提出新奇的富有洞察力的想法，把未来描绘成诱人的蓝图，并且还能用这样的想法去刺激、激励和推动其他人勤奋工作。此外这种领导者对下属具有某种感情号召力，具有达成共识的观念，有未来眼光，而且能就此和下属沟通并激励下属。

2. 变革型领导者

变革型领导者鼓励下属为了组织的利益而超越自身利益，并能对下属产生深远而不同寻常的影响，如美国自由软件公司的比尔·盖茨。这种领导者关心每个下属的日常生活的发展需要，帮助下属用新观念分析老问题，进而改变他们对问题的看法，能够激励、唤醒和鼓舞下属为达到组织或群体目标而付出加倍的努力。

小阅读

孔子的学生子贱有一次奉命担任某地方的官吏。当他到任以后，却时常弹琴自娱，不管政事，可是他所管辖的地方却治理得井井有条、百兴业旺。这使得那位卸任的官吏百思不得其解，因为他每天即使起早摸黑、从早忙到晚，也没有把地方治好。于是他请教子贱："为什么你能治理得这么好？"子贱回答说："你只靠自己的力量去进行，所以十分辛苦；而我却是借助别人的力量来完成任务。"

现代企业中的领导人，喜欢把一切事揽在身上，事必躬亲、管这管那，从来不放心把一件事交给手下人去做，这样，使得他整天忙忙碌碌不说，还会被公司的大小事务搞得焦头烂额。

其实，一个聪明的领导者，应该像子贱那样，正确地利用下属的力量，发挥团队协作精神，这样不仅能使团队很快成熟起来，同时也能减轻管理者的负担。

第二节 领导理论

领导理论是研究领导有效性的理论，是管理学理论研究的热点之一。影响领导有效性的因素以及如何提高领导的有效性是领导理论研究的核心。领导理论的研究成果可分为三个方面，即领导特性理论、领导行为理论和权变理论。

一、领导特性理论

领导特性理论着重研究领导者的个人特性对领导有效性的影响。这种理论最初是由心理学家开始研究的。他们的出发点是，根据领导效果的好坏，找出好的领导者与差的领导者在个人品质或特性方面有哪些差异，由此确定优秀的领导者应具备的特点。

一般将领导者的品质特征归纳为身体特征(如外貌、身高、精力等)、背景特征(如教育、经历、社会地位、社会关系等)、智力特征(如知识、智商、判别能力、语言能力等)、性格特征(如热情、开朗、自信、机敏、果断、独立性等)、与工作相关的特征(如进取心、忍耐力、创造性等)以及社交特征(如指挥能力、合作性、人际交往技巧、声望等)。

(一)传统领导特性理论

1949年以前，学者们主要从领导者的个人品质、特性进行分析，并以此描述和预测领导成效，他们研究了一些美国名人的素质和心理特征，得出了领导者必须具备的天赋条件。早期提出这种理论的学者认为，领导者所具有的特性是天生的，是由遗传决定的，领导者与被领导者之间存在着个性品质的明显差异，这就是"伟人论"的主要观点。拉尔夫·M.斯托格第尔(Ralph M.Stogdill)研究发现，领导者应具备16种先天个性：有良心、可靠、勇敢、有责任心、有胆略、力求革新进步、直率、自信、有理想、有良好的人际关系、风度优雅、心情愉快、身体健康、智力过人、有组织能力、有判断力。

传统领导特性理论强调领导者的个性品质是与生俱来的，显然，这种认识是不全面的，因为不能简单地说领导是天生的。

(二)现代领导特性理论

现代领导特性理论认为，领导是个动态的过程，领导者的特性和品质是在实践中逐渐形成的，并且可以通过教育和培训而造就。不同国家的学者根据本国的情况进行研究并提出了应该培养和训练领导者所必须具备的特性条件。例如日本的有效领导观就要求一个领导者具有10项品德和10项能力。10项品德是：使命感、责任感、信赖感、积极性、忠诚老实、进取心、忍耐性、公平、热情和勇气。10项能力是：思维能力、决策能力、规划能力、改造能力、洞察能力、劝说能力、对人理解能力、解决问题能力、培养下级能力和调动积极性的能力。美国企业界认为一个企业家应具备10个条件，即合作精神、决策才能、组织能力、精于授权、善于应变、敢于求新、勇于负责、敢担风险、尊重他人和品德超人。

领导特性理论强调了良好的个人特性或品质对于领导工作与提高领导效能的重要意义，一些研究表明，个人品质与领导有效性之间确实存在着某种相互联系。特性理论系统地分析了领导者所应具有的能力、品德和为人处世的方式，向领导者提出了要求和希望，有助于选拔和培养领导人才。但该理论也有局限性，首先，不同的环境对合格领导者提出的标准是不同的。对于领导者应当具有哪些特性，不同的研究者得出的结论并不相同。其次，不少学者提出证据，认为领导者的特性与非领导者的特性没有质的差别，同时领导者的特性与领导效能的相关性并不大。再次，也有人认为该理论只对领导者的品质做静态分析，忽略了其活动过程和被领导者与环境因素的作用，因而有较大的片面性。

小故事

一个农民，只读了两年初中，家里就没钱继续供他上学了。他辍学回家，帮父亲耕种三亩薄田。在他 19 岁时，父亲去世了，家庭的重担全部压在了他的肩上。他要照顾身体不好的母亲，还有一位瘫痪在床的祖母。

20 世纪 80 年代，农田承包到户。他把一块水洼挖成池塘，想养鱼。但乡里的干部告诉他，水田不能养鱼，只能种庄稼，他只好又把水塘填平。这件事成了一个笑话，在别人的眼里，他是一个想发财但又非常愚蠢的人。

听说养鸡能赚钱，他向亲戚借了 500 元钱，养起了鸡。但是一场洪水后，鸡得了鸡瘟，几天内全部死光。500 元对别人来说可能不算什么，对一个只靠三亩薄田生活的家庭而言，不啻天文数字。他的母亲受不了这个刺激，竟然忧郁而死。

他后来酿过酒，捕过鱼，甚至还在石矿的悬崖上帮人打过炮眼……可都没有赚到钱。

35 岁的时候，他还没有娶到媳妇，即使是离异的有孩子的女人也看不上他。因为他只有一间土屋，随时有可能在一场大雨后倒塌。

但他还想搏一搏，就四处借钱买了一辆手扶拖拉机。不料，上路不到半个月，这辆拖拉机就载着他冲入一条河里。他断了一条腿，成了瘸子。而那拖拉机，被人捞起来，已经支离破碎，他只能拆开它，当作废铁卖。

几乎所有的人都说他这辈子完了。

但是后来他却成了一家公司的老总，手中有两亿元的资产。现在，许多人都知道他苦难的过去和富有传奇色彩的创业经历。许多媒体采访过他，许多报告文学描述过他。

记者问他："在苦难的日子里，你凭着什么信念一次又一次毫不退缩？"

他坐在宽大豪华的老板台后面，喝完了手里的一杯水。然后，他把玻璃杯子握在手里，反问记者："如果我松手，这只杯子会怎样？"

记者说："摔在地上，碎了。"

"那我们试试看。"他说。

他手一松，杯子掉到地上发出清脆的声音，但并没有破碎，而是完好无损。他说："即使有 10 个人在场，他们都会认为这只杯子必碎无疑。但是，这只杯子不是普通的玻璃杯，而是用玻璃钢制作的。"

二、领导行为理论

领导行为理论主张评判领导好坏的标准应该是其领导行为，他们试图用领导者做什么来解释领导现象和领导效能，而不是将有效领导归因于领导者的内在素质。由于有效与否取决于领导者表现出来的实际行动，这样就可以通过培训来塑造领导者。领导行为理论是基于权力运用的领导风格理论，集中研究领导者的工作作风和行为对领导有效性的影响。主要研究成果包括：勒温(Kurt Lewin)的三种领导方式理论、伦西斯·李克特(Rensis Likert)的四种管理方式理论、领导行为四分图理论、管理方格理论等。

(一)勒温的三种领导方式理论

美国依阿华大学的研究者、著名心理学家勒温和他的同事们从 20 世纪 30 年代起就进行了关于团体气氛和领导风格的研究。勒温等人发现，团体的领导并不是以同样的方式表现他们的领导角色，领导者们通常使用不同的领导风格，这些不同的领导风格对团体成员的工作绩效和工作满意度有着不同的影响。勒温等研究者力图科学地识别出最有效的领导行为，他们着眼于研究三种领导行为或领导风格，即专制型、民主型和放任自流型的领导风格。

1. 专制型领导

专制型领导的特点：独断专行，从不考虑别人的意见，所有的决策都是由领导者自己决定；从不把任何消息告诉下级，下级没有任何参与决策的机会，而只能察言观色，奉命行事；主要依靠行政命令、纪律约束、训斥和惩罚，只有偶尔的奖励；领导者预先安排一切工作的程序和方法，下级只能服从；领导者很少参加群体的社会活动，与下级保持相当的心理距离。

2. 民主型领导

民主型领导的特点：所有的政策是在领导者的鼓励和协作下由群体讨论而决定，而不是由领导者单独决定的；分配工作时，尽量照顾到个人的能力、兴趣和爱好；对下属的工作，不安排得那么具体，个人有相当大的工作自由、较多的选择性与灵活性；主要应用个人权力和威信，而不是靠职位权力和命令使人服从；领导者积极参加团体活动，与下级无任何心理上的距离。

3. 放任自流型领导

放任自流型领导的特点：领导者极少运用其权力，放权于下属来确定他们的目标以及实现目标的方法；工作事先无布置，事后无检查，权力完全给予个人，一切悉听尊便，毫无规章制度；认为领导者的职责仅仅是为下级提供信息并与企业外部进行联系，以此有利于下属的工作。

勒温认为，这三种不同的领导风格，会造成三种不同的团体氛围和工作效率。专制型的领导者只注重工作的目标，仅仅关心工作的任务和工作的效率。但他们对团队的成员不够关心，被领导者与领导者之间的社会心理距离比较大，领导者对被领导者缺乏敏感性，被领导者对领导者存有戒心和敌意，容易使群体成员产生挫折感和机械化的行为倾向。民主型的领导者注重对团体成员的工作加以鼓励和协助，关心并满足团体成员的需要，营造一种民主与平等的氛围，领导者与被领导者之间的社会心理距离比较近。在民主型的领导风格下，团体成员有较强的工作动机，责任心也比较强，团体成员自己决定工作的方式和进度，工作效率比较高。放任型的领导者采取的是无政府主义的领导方式，对工作和团体成员的需要都不重视，无规章、无要求、无评估，工作效率低，人际关系淡薄。

在实际的组织与企业管理中，很少有极端型的领导，大多数领导者都是界于专制型、民主型和放任型之间的混合型。

(二)李克特的四种管理方式理论

伦西斯·李克特是美国现代行为科学家，他是在领导学和组织行为学领域卓有影响的密执安大学社会研究所的创始人和首任领导者,他对管理思想发展的贡献主要在领导理论、激励理论和组织理论等方面。

李克特和他的同事于1947年开始进行研究,试图比较群体效率如何随领导者的行为变化而变化。这项研究发现了两种不同的领导方式。

(1) 工作导向型的领导行为。这种领导方式关心工作的过程和结果,通过密切监督和施加压力来争取获得良好的绩效。对领导者而言下属是实现目标和绩效的工具,他们不关心下属的情感和需要,群体任务的完成情况是领导行为的核心。

(2) 员工导向型的领导行为。这种领导方式表现为关心员工,有意识地培养与高绩效群体相关的人文因素,即重视人际关系。员工导向的领导者把他们的行为集中在对人的监督而不是对生产的提高上,他们关心员工的需要、晋升和职业发展。

研究者们进一步发现,员工导向的组织生产数量要比工作导向的组织高。员工导向的组织中满意度高,离职率和缺勤率都很低;在工作导向型的生产单位中,产量虽然不低,但员工的满意度低,离职率和缺勤率都比较高。所以最后研究者们得出这样的结论:关心人比关心工作的效果要好一些。员工导向的领导者与高的群体生产率和高满意度成正相关。

李克特总结了环境变化趋势和管理特点后,于1967年提出了领导的四系统模型,即把领导方式分成四类系统:剥削式的集权领导、仁慈式的集权领导、协商式的民主领导和参与式的民主领导。他认为只有第四系统——参与式的民主领导才能实现真正有效的领导,才能正确地为组织设定目标和有效地达到目标。

1. 专制命令型

专制命令型(剥削式的集权领导)就是用强制和命令,靠合法权的支持来要求下属工作。专制式领导将权力定位于领导者个人,靠权力和强制命令实施领导。

2. 温和命令型

温和命令型(仁慈式的集权领导)虽然也是运用合法权,但是更多地采取温和的态度、商量的口气。

3. 协商型

协商型(协商式的民主领导)就是和下属一起协商,讨论这个目标是否可行,这个方案是否合理,了解下属有什么问题、有什么建议。

4. 群体参与式

群体参与式(参与式的民主领导),就是和下属一起制定这个目标以及完成目标任务的途径而不是一个人来确定目标。

在以上四种方式中,第四种方式最富有成果,其原因在于群体成员参与管理和在管理实践中相互支持的程度高。

(三)领导行为四分图理论

美国俄亥俄州立大学的课题组首次把领导行为归纳为两大类。一类为"抓组织",这种行为类型主要以工作为中心,领导者主要抓组织设计,明确各部门职责和关系,通过制定任务，确定工作目标和工作程序来引导和控制下属的行为表现。另一类为"关心人"，这种行为类型主要以人际关系为中心，关心和强调下属个人的需要，尊重下属的意见，注意建立同事之间、上下级之间的相互信任气氛。按照这两类内容，领导者可以是单一的组织型或体贴型，或者是两者的任意组合，而具体组合方式可由领导行为四分图表示。

领导行为四分图理论的代表人物是拉尔夫·斯托格迪尔(Raiphe M. Stogdill)和卡罗尔·沙特尔(Carroll L. Sharte)。他们将领导行为用以下两个层面来描述。

- 关怀维度：领导者对下属所给予的尊重、信任和相互了解的程度。
- 定规维度：领导者对于下属的地位、角色和工作方式，是否都制定有规章或工作程序。

这两个方面不是相互矛盾、相互排斥的，而是互相联系的。领导者只有把这两个方面结合起来，才能进行有效的领导。于是有了以下四个组合。

1. 低关心、低制度行为

这种行为对制度与人均缺乏相应的关心，是一种不负责的管理行为。

2. 低关心、高制度行为

这种行为重视制度而不重视对人的关心，是一种强制管理的行为。

3. 高关心、低制度行为

这种行为重视对人的关心而忽视制度建设，可以认为是一种亲情管理行为。

4. 高关心、高制度行为

这种行为既关心员工，又重视制度建设，在建立良好制度的基础上又维持和谐的人际关系，应当是一种理想的领导行为模式，更能使下属达到高绩效和高满意度。但是，由于领导者精力与其他方面的限制，做到这种模式比较困难。一般情况下，作为一名领导者，应当在制度与关心之间寻找平衡，达到一种比较理想的境界。

小案例

深圳的某报刊曾报道了这样一个事例：当地的一家工厂经常发现有住厂的员工偷偷跑回家。经过调查，发现这些员工都有一个共同的特点，就是刚刚新婚不久。这家工厂没有选择通过完善制度来杜绝这一现象，而是特批了一笔资金，在工厂边上建了一排"夫妻房"，专门提供给这些情况特殊的员工。作为回报，这家工厂的效率在这个政策实施后提高了近三成，比任何激励或考核的效果都明显。

张瑞敏曾经说过，他在海尔，第一是设计师，第二是牧师。当相当多的领导人把注意力集中在完善各式各样的制度以改善企业管理时，张瑞敏敏锐地意识到，领导者职责的一个重要部分是对文化的阐释和发展。制度永远是冰冷的，而企业传播关怀的媒介就只有文化，因为很难想象可以将为员工建夫妻房写入某项制度中去。如果领导者拥有了关怀，企业就有了灵魂，这种关怀就像蜂王用来维系工蜂工作一样，使企业从一台冰冷的机器变成一个有生命的组织，可以自我修复和治愈，而不必等到病入膏肓时寻找英雄来拯救。

(四)管理方格理论

管理方格理论是研究企业的领导方式及其有效性的理论，是由美国得克萨斯大学的行为科学家罗伯特·布莱克(Robert R. Blake)和简·莫顿(Jane S. Mouton)在 1964 年出版的《管理方格》一书中提出的。这种理论倡导用方格图表示和研究领导方式。他们指出：在对生产关心的领导方式和对人关心的领导方式之间，可以有使二者在不同程度上互相结合的多种领导方式。为此，他们就企业中的领导方式问题提出了管理方格法，使用自己设计的一张纵轴和横轴各 9 等分的方格图，纵轴和横轴分别表示企业领导者对人和对生产的关心程度。第 1 格表示关心程度最小，第 9 格表示关心程度最大。全图总共 81 个小方格，分别表示"对生产的关心"和"对人的关心"这两个基本因素以不同比例结合的领导方式，如图 8-1 所示。

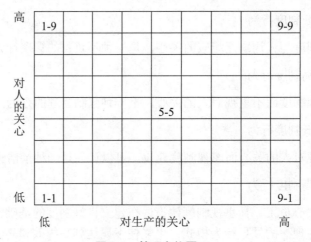

图 8-1 管理方格图

管理方格理论将领导行为划分成许多不同的类型：(1-1)为贫乏的管理；(1-9)为俱乐部式的管理；(9-1)为任务型管理；(9-9)为团队式管理；(5-5)为中间式管理。

(1-1)被称为贫乏型管理。这种领导者就是以最小的努力完成必需的工作以维持组织中的身份。在这种状态下，领导者既不关心人也不关心生产，只要维持就可以了。身在其位，不谋其事，大撒把式，放任自流，怕人打扰，爱说中性的牢骚话，遇到自己无法推掉的工作就交由下级办理。

(1-9)是乡村俱乐部型的领导。这种领导者只注重支持和关怀下属，根本不关心任务和效率，表现出对员工关怀备至，创建一种舒适友好的工作氛围。重视下级对自己的评价，与下级打成一片。能容忍下级的各种行为，因而滋长了一种懒散气氛，满意度较高。

(9-1)被称为任务型领导。这种领导者只注重任务，而根本不关心员工的发展和他们的感受，对人的因素基本上采取漠视的态度。有能力，权力欲强，目的是完成工作，对下属的情绪和发展不关心，喜欢用能力强的人，进攻性强。这种方式短时期有效，长期会造成上下级的关系紧张，效率下降。

(9-9)是团队型领导。这种领导者既关心工作也关心人，在组织内部形成一种相互信任和依赖的氛围，员工的士气和工作效率都得到了很大提高。对目标和途径有深刻的认识，善于学习，有独到的管理哲学，自我实现的层次较高。善于把组织和个人的目标有机地结合在一起。能向下级指明前途，也不避讳困难。对工作方法能做具体的研究，既强调自主也强调合作。

(5-5)是中庸型领导。这种领导者维持足够的工作效率和令人满意的士气以保证必要的绩效。在关心人上比较适度，在关心工作上也比较适度。热衷于弄清多数人的意见，有风度。健谈而不深刻，在管理中不用命令，喜欢激励和沟通。既重视人的优点，也指出人的缺点。非常善于和非正式群体保持良好的关系。这种方式有长期支持性，对于日常事务多、规则方式多的组织比较适合，但容易使人变得油滑。

三、权变理论

权变理论最初是由著名管理大师菲德勒在他的《领导效能论》和《领导效能新论》等著作中提出来的，后来经过管理界专家们在实践中不断地完善，已经发展成为比较系统成熟的领导理论，并认为此理论在提高人的效率方面具有里程碑式的意义。权变中的"权"是指权衡比较、判明情况、审时度势。权变中的"变"是指因势利导、把握局势。

权变理论认为，任何领导者总是在一定的环境条件下，通过与下属的相互作用去实现组织目标，没有万能的和固定不变的领导方式，有效的领导方式是因工作的不同而不断变化的，不同的工作环境需要不同的领导方式。权变理论又称情景理论、情境理论或者情势理论，代表人物是菲德勒等。其主要成果有：菲德勒的权变领导模型(1967)、戴维斯与豪斯的路径-目标理论(1971)及保罗•赫塞和肯尼斯•布兰查德的领导生命周期理论等。

(一)菲德勒的权变领导模型

弗雷德•菲德勒(Fred E. Fiedler)，美国当代著名的心理学和管理专家。他于1951年起从管理心理学和实证环境分析两方面研究领导学，提出了"权变领导理论"，开创了西方领导学理论的一个新阶段，使以往盛行的领导形态学理论研究转向了领导动态学研究的新轨道，对以后的管理思想发展产生了重要影响。菲德勒认为：领导活动是一个过程。领导者施加影响的能力取决于群体的工作环境、领导者的风格和个性及领导方法对群体的适合程度。用公式表示为：

$$S=f(L, F, E)$$

式中：S 为领导方式；L 为领导者特征；F 为被领导者特征；E 为环境特征。

1. 领导者与成员的关系

领导者与成员的关系是指领导者是否受到下级的喜爱、尊敬和信任，是否能吸引并使下级愿意追随他。

2. 职位权力

职位权力是指领导者所处的职位能提供的权力和权威是否明确充分，在上级和整个组织中所得到的支持是否有力，对雇佣、解雇、纪律、晋升和增加工资的影响程度大小。

3. 任务结构

任务结构是指工作团体要完成的任务是否明确，有无含糊不清之处，其规范和程序化程度如何。

菲德勒模型利用上面三个权变变量来评估情境。领导者与成员关系或好或差，任务结构或高或低，职位权力或强或弱，三项权变变量综合起来，便得到八种不同的情境或类型，每个领导者都可以从中找到自己的位置。

把这八类工作环境画到如图 8-2 所示的坐标中，变成横轴：工作环境的有利与不利。纵轴是领导方式，把领导方式一分为二：上半部分以人际关系为中心(关系)，下半部分以工作为中心(任务)。

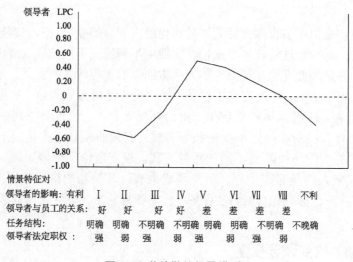

图 8-2 菲德勒的领导模型

因此提高领导者的有效性实际上只有两条途径：①改变领导方式，以适应特定的环境；②改变领导环境，以适应领导者的方式。

菲德勒模型强调为了有效需要采取什么样的领导行为，而不是从领导者的素质出发强调应当具有什么样的行为，这为领导理论的研究开辟了新方向。菲德勒模型表明，并不存在一种绝对的、最好成绩的领导形态，企业领导者必须具有适应能力，自行适应变化的情境。同时也提示管理层必须根据实际情况选用合适的领导者。

(二)路径-目标理论

路径-目标理论又叫目标导向理论，由加拿大多伦多大学教授豪斯(R. J. House)创立。豪斯认为，领导者的行为只有在帮助下属实现他们的目标时才会被下属接受。因此，如果下属认为领导者正在为实现某种目标而和自己一道工作，而且那种目标能为自己提供利益，那么这种领导者就是成功的。

由于下属的需要是随着新情境变化的，领导者必须调整自己的行为以适应下属需要。也就是说，在某些情境中，下属要求领导者指导并设定目标。而在其他场合，他们已经知道做什么，因而只需要情感方面的支持。

在豪斯看来，领导者在应付每一种情境的时候，可以采用下列四种风格的领导行为中的一种：工具的、支持的、参与的和成就定向的。工具风格的领导者对员工的活动进行计划、组织和控制。支持风格的领导者关心员工。参与风格的领导者与员工分享信息，并让他们参与决策。成就定向风格的领导者为员工设定挑战性目标，并加强对成就的奖励。

每一种领导风格都只能用于特定情境，而且有赖于下属的能力和任务的结构化程度。一般来说，下属能力水平越高，领导者的指导越少。同样，任务非结构性越强，领导者应有的指导越多。

有鉴于此，豪斯等认为，为了提高效率，领导者应该：认清下属的需要，并努力满足之；奖励达成目标的下属；帮助下属识别用于达成特定目标的最好途径；扫清障碍以便员工达成目标。

总之，领导者的行为主要在于努力协助下属找到实现目标的最好途径。当工作任务不明确，员工无所适从时，他们希望领导者对他们的工作做出明确的规定和安排。对例行性的工作或内容已经明确时，员工只希望领导者给予生活等方面的关心，使个人需要得到满足。如果工作任务已经明确，领导者还在喋喋不休地发布指示，员工就会感到厌烦，甚至认为是侮辱。可见，领导者一方面要用抓好组织、关心生产的办法，帮助职工扫清通往目标的障碍；另一方面要体贴关心人，满足员工的需要，使他们顺利实现自己的预定目标。

(三)领导生命周期理论

领导生命周期理论是由美国学者保罗·赫塞(P. Hersy)和肯尼斯·布兰查德(K. Blanchard)联合提出的。这是一个重视下属的权变理论。赫塞和布兰查德认为，根据下属的成熟水平选择正确的领导风格才会使领导取得成功。这个模型的关键就是根据下属的成熟程度来安排领导的风格。应把工作任务、关心人和下属成熟度三者结合起来考虑，领导方式随下属成熟度的逐步提高而相应改变，如图8-3所示。

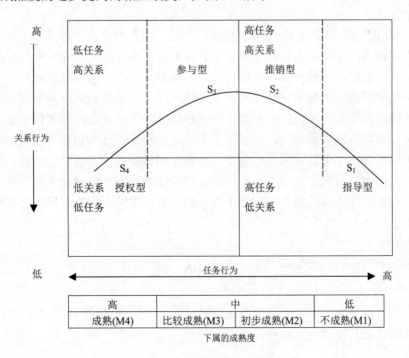

图8-3　领导生命周期理论

下属成熟程度是指个体对自己的直接行为负责任的能力和愿望，它包括两个因素：工作成熟和心理成熟。工作成熟包括一个人的知识和技能。工作成熟度高的个体拥有足够的知觉能力和经验去完成他的工作而不需要他人的指导，而心理成熟是指一个人做事的愿望和动机。心理成熟的个体也不需要太多的外部激励，靠内部的动机激励就能够自己完成工作。

保罗·赫塞和肯尼斯·布兰查德把成熟度分成四个等级，即不成熟、稍成熟、较成熟和成熟，分别用 M1、M2、M3 和 M4 来表示。

M1：下属缺乏接受和承担任务的能力和愿望，既不能胜任又缺乏自觉。
M2：下属愿意承担任务但缺乏足够的能力，有积极性但没有完成任务所需的技能。
M3：下属具有完成领导者所交给任务的能力，但没有足够的积极性。
M4：下属能够而且愿意去做领导者要他们做的事。

在赫塞和布兰查德的理论模型里，也是把领导分为任务导向的和关系导向的两种。但是赫塞和布兰查德更进一步，他们认为每一个维度有高有低，这样就总结出四种领导风格。

(1) 命令型(低关系-高任务)：领导者决策，强调指挥和控制，不重视人际关系和激励，也叫作指导型，领导者告诉下属应该怎么做以及何时何地去做。这种方式对低成熟阶段的人适宜。

(2) 说服型(高关系-高任务)：领导者决策，但重视人际关系，采用激励手段调动下属的积极性，也叫作推销型，领导者既告诉下属何时何地该怎么做，同时也注重下属的个人感受，关心下属的态度。这种方式对初步成熟的人适宜。

(3) 参与型(高关系-低任务)：领导者与下属共同参与决策，同时采用激励手段，鼓励群体积极性，为下属提供便利的条件，同下属充分沟通，关心下属的感受。这种方式对比较成熟的人适宜。

(4) 授权型(低关系-低任务)：领导者授权给下属，由其独立自主地开展工作、完成任务。领导者提供极少的支持和指导，完全交给下属去做。这种方式对成熟的人适宜。

这一理论告诉人们，下属的成熟程度是可以不断提高的。随着下属成熟程度的不断提高，领导者可以不断地减少对下属活动的控制，同时还可以不断地减少同下属维持关系的行为。在下属成熟程度低的阶段，需要给予明确的指导，手把手地教他如何去做。在中成熟阶段就要采取高任务高关系行为，弥补下属的不足。高任务行为弥补下属在工作能力上的不足，高关系行为则试图让下属在心理上领会领导的意图，变不能做为能做。在第三阶段要实施参与型的领导方式，运用支持性的而非指导性的领导风格进行激励，解决下属能干而不想干的问题。在第四阶段，领导者不需要管太多的事情，因为下属既有意愿去干也有能力去承担了。

第三节 团队建设

团队是信息社会条件下最富有活力的组织形式，团队管理是管理者组织职能的深刻变革。团队是现代社会高绩效组织的基石。

一、团队的含义与特征

(一)团队的含义

团队是指有明确目标与个人角色定位,强调自主管理、自我控制、沟通良好、合作协调的一种扁平型组织形式。

在大工业生产时期,大多数企业建立传统的垂直式、功能化的组织模式。它是一种包含多层次的金字塔结构,实行一种高权威、高结构、逐级负责的纵向管理。每个员工都被严格定位在以功能为核心的部门,分工明晰、权责明确,在管理者的严格指挥与监督下进行工作。我们可以把这种组织模式称为"命令型"群体。在经济全球化、信息化及市场竞争激烈化、快速化的条件下,这种传统的组织模式已明显不适应企业的发展。打破僵化的分工与等级制,凸现合作、自主与协调成为时代的趋势,扁平式的团队管理组织应运而生。这种组织模式与"命令型"群体相对应,可称之为"工作团队"或"团队"。

(二)团队的特征

与"命令型"组织相比,"团队"具有以下几个显著特征。

(1) 在组织形态上,团队属扁平型组织。实行团队模式的组织,管理层次较少,取消了许多中间管理层次,以保证员工可以直接面对顾客与公司的总目标。

(2) 在目标定位上,团队有明确的目标,每个成员有明确的角色定位与分工。团队成员的角色主要有三种:以工作为导向的角色,其主要任务是促进团队目标的实现;以关系为导向的角色,其主要任务是促进团队各种关系的协调与发展;以自我为导向的角色,其主要任务是注重自我价值的实现。

(3) 在控制上,强调自主管理、自我控制。在团队中,领导者逐步由监督者变为协调者,团队成员充分发挥主动性、创造性,为满足顾客的需要与实现企业的总目标而自觉奋斗。

(4) 在功能上,团队形成一种跨部门、交叉功能的融合体系。团队可以跨部门建立,来自不同部门的成员淡化原有界限,实现功能交叉与融合,成员以多种技能实现互补,实行一种高度融合的协同作战。

(5) 在相互关系上,团队构建合作、协调的团体。团队成员有共同的价值观与理念,建立良好的沟通渠道,相互之间高度信任、团结合作、整体协调,形成强大的凝聚力与战斗力。

二、团队的类型

1. 工作团队

工作团队是最基本、最普遍的团队形式。工作团队主要承担企业生产经营等基本工作任务,如设计、制造、储运、销售产品,或给其内外客户提供服务。

2. 项目团队

项目团队主要承担某个工作项目或解决特殊问题等专题性任务。特别任务小组、流程改善小组、问题解决小组等,都属于项目团队。该团队成员一般具有专门知识与技能,可以发挥专业与技能整合优势。

3. 管理团队

管理团队主要负责对下属一些部门或人员进行指导与协调。管理团队依靠与传统的"命令型"组织的集权式的纵向管理不同的方式管理下级或改善团队的绩效，促进团队的协调与整合，管理者从监督者变成协调者。

三、团队建设的要领

要建设有效团队，应注意抓好以下几项工作。

(1) 科学地设定目标。这是团队建设的首要任务。团队的目标既是团队设立的出发点与归宿，又是凝聚团队成员、合作协调、团结奋战的纽带。

(2) 打造团队文化。共同的价值观与文化是团队建设的灵魂。先要确立正确的价值观，并通过各种文化建设的途径使全体成员共同认可，进而塑造健康向上的团队精神，全面建设具有本团队特色的组织文化。

(3) 促进跨部门整合与技能互补。工作团队与一般的工作群体的一个本质区别就是实行跨部门整合，其成员具有多种技能，并且在各成员之间实行技能互补，以形成团队的整合优势。

(4) 维持小规模的团队。如果团队的规模过大、人数过多，就无法进行团队所需要的建设性沟通与互动，成员对管理与决策的参与程度就较低，而且对于共同面临的一些问题也不易达成共识。

(5) 重新设计信息系统。团队的建设与绩效同信息沟通关系极为密切。没有有效的沟通，就没有团队的合作与协调。因此，要按照团队建设的要求重新设计与完善信息系统，实现团队内外信息的有效沟通，促进团队的合作与协调。

(6) 重新设计报酬系统。必须突破传统的奖酬理念与体系，采取一种以知识技能为中心的报酬系统，即以员工的技能与知识而不是以其所处的职位作为决定奖酬多少的主要依据。同时，要把团队绩效与整个团队的奖酬挂钩。团队应利益与风险共担、荣辱与共，真正成为利益共同体。

第四节　领　导　艺　术

领导艺术是领导者在工作方法和方式上表现出来的有利于达到管理目标的技巧。领导艺术是富有创造性的领导方法的体现，它建立在主管人员个人经验、素养和洞察力的基础上。讲求领导艺术既有助于密切上下级关系，又有助于提高工作的有效性，从而促进组织的发展。

一、领导人的艺术

领导工作首先是做人的工作。在组织的所有资源中，第一位是人力资源，管理是以人为本的管理。领导面对的是人，是通过一系列的措施了解、掌握人的需要，从而有目的地引导、指挥和协调人的行为，千方百计地通过提高员工的满足感来调动人的积极性。可见领导与激励有着非常密切的关系。领导在处理与人的关系中，一项非常重要的工作是识人和用人，即发现人的长处，用好人的长处。世间没有完人，每个人均有长处，也有短处，识人、用人的关键在于发现人的长处，敢于、善于用人的长处。所以领导用人的艺术的关键在于培养对人的洞察力。

在具体的领导过程中，高明的领导者要巧妙地运用待人艺术，正确处理上下、左右各种复杂的人际关系，形成一股有利于达到目标的最佳合力。领导者的待人艺术主要包括以下三个方面。

(一)对待下级的艺术

1. 知人善任的艺术

用人之长是同下级搞好关系的诀窍。领导者善于用下级之长，使下级的才干得以充分发挥。下级得到组织和领导的承认，自然就乐于在其手下工作，上下级关系也就很融洽。

2. 批评教育的艺术

对下级的缺点和错误给予批评教育是完全必要的，但对下级进行批评教育时必须掌握方式方法，注意分寸。开展批评时，要区别不同对象，采取不同形式。

3. 关心、爱护的艺术

善于尊重、关心、爱护、体贴下级，是处理上下级关系的一个技巧。领导者要善于用爱抚亲和艺术，理解、关心、信任、包容和尊重下级，着意创造心情舒畅的氛围，发挥情谊的作用。

4. 助人发展的艺术

"人往高处走"是一般人的心理倾向，上级领导者应该关心下级的进步和成长。

5. 上下沟通的艺术

上下沟通是指领导者与下级之间传达和交流思想、情感、信息的过程。上下沟通是实施领导的基本条件，也是统一下属意志不可缺少的领导艺术。领导者必须了解下属的需要和期望，尽可能把领导意图、工作目标和下级的需要、期望联系起来。

小阅读

要治理好天下，必须要有雅量。比如宋太宗在这方面表现得就很突出。《宋史》记载，有一天，宋太宗在北陪园与两个重臣一起喝酒，边喝边聊，两臣喝醉了，竟在皇帝面前相互比起功劳来，他们越比越来劲，干脆斗起嘴来，完全忘了在皇帝面前应有的君臣礼节。侍卫在旁边看着实在不像话，便奏请宋太宗，要将这两人抓起来送吏部治罪。宋太宗没有同意，只是草草撤了酒宴，派人分别把他俩送回了家。第二天上午他俩都从沉醉中醒来，想起昨天的事，惶恐万分，连忙进宫请罪。宋太宗看着他们战战兢兢的样子，便轻描淡写地说："昨天我也喝醉了，记不起这件事了。"

宽容是一个老板的美德。

(二) 对待同级的艺术

领导者正确处理同级关系,应当特别注意方法、讲究艺术。一般应做到:既要齐心协力积极开展工作,又要做到不越位擅权,不插手别人分管的工作;要尊重其他部门和其他领导人的职权,维护他们的威信,不干预和随便评论别人的工作;不插手别人职权范围内的工作,不打乱别人的部署,不影响别人的工作,不伤害别人的感情和自尊心,防止引起别人的不满。因此,必须做到属于别人职权范围内的事决不干预,属于自己的责任也决不推卸;在别人需要帮助时,一定要掌握好分寸和尺度,掌握好时机和方法,避免产生负效应。具体应做到以下几点。

(1) 明辨是非而不斤斤计较。
(2) 见贤思齐而不嫉贤妒能。
(3) 相互沟通而不怨恨猜忌。
(4) 支持帮助而不揽功推过。

(三) 对待上级领导的艺术

正确认识和评价自我,找准自己的角色和位置,是领导者处理好与上级关系的前提条件。在社会关系中,每个人总是处于某一特定的位置,这种位置要求人们的行动必须与这种位置相吻合,才能与其他社会角色的关系处于常态,保持相对的和谐。领导者在同上级相处的时候,扮演的是下级的角色,这就要求领导者必须按照自己的身份,把握好自己的位置,既要尽心尽责地做好本职工作,又要做到出力而不越位。具体应做到:善于领会领导的意图;适应上级的特点和习惯开展工作;在上级面前规矩而不拘谨;运用"等距外交",避免交往过密或亲疏不一;把处理好与上级关系的着眼点放在努力将自己所承担的工作做好等。

二、处理事的艺术

作为一个组织或群体,均有一定的存在目的,为实现目的要进行大量工作。领导的一个职能就是处理这些事务,特别表现在制定各种决策,进行现场指挥,使各项工作有条不紊地进行。为了使工作有效,领导者应有一套判断标准,用来决定哪些事应该优先去做,哪些事应该稍后去做,哪些事不应由自己去做。所以,领导者处理事的艺术的关键在于坚持合理的工作次序,为此,领导者应该做好以下几点。

1. 领导者必须干领导的事

领导者干领导的事,这是提高领导工作效率的第一条。领导者必须时时记住自己的工作职责,不能让精力与时间做不必要的消耗。这就要做到不干预下一领导层次的事,不越级指挥。

2. 任何工作都要问三个"能不能"

美国威斯汀豪斯电器公司前任董事长兼总经理唐纳德·C.伯纳姆是一位享有盛誉的管理专家,他在名著《提高工作效率》中提出了提高工作效率的三条原则,它们是当你处理任何工作时，必须自问：①能不能取消它？②能不能与别的工作合并？③能不能用更简便的东西代替？这就可以节省大量时间和精力，提高工作效率。

3. 要不断总结经验教训

善于从自己的工作实践中总结经验、吸取教训，更是提高领导工作效率的一条重要方法。恩格斯曾指出：伟大的阶级，正如伟大的民族一样，无论从哪方面学习都不如从自己所犯错误的后果中学习来得快。

4. 提高会议效率

会议应当实行会议"六戒"，即：没有明确议题的不开；议题过多的不开；没有充分准备的不开；可用其他方式替代的不开；没有迫切需要的不开；会议成本过高的不开。此外，要做好会前准备，包括议题的拟订、会议议程的安排、会议资料的准备、搞好会场会务等。另外，领导者主持好会议也是开好会议的关键。要开好会议，必须有一套驾驭会议的艺术，即要始终抓住会议的主题，要注重激发与会者的思维，把握会议的时间。

小案例

日本太阳公司为提高开会效率，实行开会分析成本制度。每次开会时，总是把一个醒目的会议成本分配表贴在黑板上。成本的算法是：会议成本=每小时平均工资的3倍×2×开会人数会议时间(小时)。公式中平均工资乘3，是因为劳动产值高于平均工资；乘2是因为参加会议要中断经常性工作，损失要以2倍来计算。因此，参加会议的人越多，成本越高。有了成本分析，大家开会时态度就会慎重，会议效果也十分明显。

管 理 故 事

在一次宴会上，唐太宗对王珪说："你善于鉴别人才，尤其善于评论。你不妨从房玄龄等人开始，都一一做些评论，评一下他们的优缺点，同时和他们互相比较一下，你在哪些方面比他们优秀？"

王珪回答说："孜孜不倦地办公，一心为国操劳，凡所知道的事没有不尽心尽力去做，在这方面我比不上房玄龄。常常留心于向皇上直言建议，认为皇上能力德行比不上尧舜很丢面子，这方面我比不上魏征。文武全才，既可以在外带兵打仗做将军，又可以进入朝廷搞管理担任宰相，在这方面，我比不上李靖。向皇上报告国家公务详细明了，宣布皇上的命令或者转达下属官员的汇报，能坚持做到公平公正，在这方面我不如温彦博。处理繁重的事务，解决难题，办事井井有条，这方面我也比不上戴胄。至于批评贪官污吏，表扬清正廉洁，疾恶如仇，好善喜乐，这方面比起其他几位能人来，我也有一日之长。"唐太宗非常赞同他的话，而大臣们也认为王珪完全道出了他们的心声，都说这些评论是正确的。

从王珪的评论中可以看出唐太宗的"团队"中，每个人各有所长，但更重要的是唐太宗能将这些人依其专长运用到最适当的职位，使其能够发挥自己所长，进而让整个国家繁荣强盛。

(资料来源：中国历史故事网 http://www.gs5000.cn)

管 理 定 律

帕金森定律——从自己身上找问题

英国著名历史学家诺斯古德·帕金森经过长期调查研究,写了一本名叫《帕金森定律》的书,他在书中阐述了机构人员膨胀的原因及后果。一个不称职的官员,可能有三条出路:第一是申请退职,把位子让给有能力的人;第二是让一位能干的人来协助自己工作;第三是任用两个水平比自己更低的人当助手。对这个不称职的官员来说,第一条路是万万走不得的,因为那样会丧失许多权力;第二条路也不能走,因为那个能干的人会成为自己的对手;看来只有第三条路最适宜。于是,两个平庸的助手分担了他的工作,他自己则高高在上发号施令,而他们不会对自己的权力构成威胁。两个助手既无能,也就上行下效,再为自己找两个无能的助手。如此类推,就形成了一个机构臃肿、人浮于事、相互扯皮、效率低下的领导体系。

帕金森定律告诉我们,从事企业经营管理工作的人特别是一把手,要从自己身上找问题,并反思领导体系的效能,找出领导效率低下的原因,解决问题,选配能人,建立一个精干高效的领导体系,这样的火车头才能带动火车跑得更快。

知 识 测 试

(一)选择题

1. 领导特质理论的研究重点是( )。
   A. 领导行为　　　　　　　　B. 领导环境
   C. 领导者品质　　　　　　　D. 领导绩效
2. 一厂长这样说:"走得正,行得端,说话才有影响,领导才有威信,群众才能信服。"这位厂长在这里强调了领导的影响力来源于( )。
   A. 合法权　　B. 奖惩权　　C. 专长权　　D. 感召权
3. 领导权变理论的研究重点是( )。
   A. 领导行为　　　　　　　　B. 领导环境
   C. 领导者品质　　　　　　　D. 领导绩效
4. 领导与管理的关系为( )。
   A. 管理影响领导
   B. 领导行为等于管理行为,无论在内涵还是外延上
   C. 领导工作是管理工作的一部分
   D. 管理的对象是物,领导的对象是人
5. (多选)西方现代领导理论的发展经历了三个阶段,即( )。
   A. 传统领导理论阶段　　　　B. 特质领导阶段
   C. 领导行为阶段　　　　　　D. 领导权变理论阶段

6. (多选)领导的作用主要是以下哪三个？（　　）
   A. 沟通协调作用　　　　　　B. 指挥引导作用
   C. 维持秩序作用　　　　　　D. 激励鼓励作用
   E. 监督控制作用

(二)论述题

1. 试论述团队建设的重要性和建设方法。
2. 管理者与领导者有何差异？

素 质 拓 展

最佳老板和最佳下属

【实训目标】

1. 培养学生对领导者素质、领导理论、领导艺术的认识。
2. 培养学生用管理理论分析思考生活中的管理问题。

【实训内容与要求】

通过一个或多个介绍练习，让大家相互了解在座其他人的一些最基本的信息。然后让每个人在卡片上指定一个他们认为可以称为最佳老板的人选。在另一张卡片上，让他们选一个他们认为可以成为最佳下属的人。

接着让他们将每张卡片翻转过来，列出他们是根据哪些特点选出老板和部下的。收回这些卡片，计算选票。宣布得票最多的老板(前3名)和得票最多的部下(前3名)。再用表列出(或通过讨论向大家了解)他们所依据的两种不同的特性。

讨论：

1. 当你被选为(或未被选为)老板或部下时，你是怎么想的？
2. 据以选择老板和部下的特性之间有无区别？为什么？
3. 用来选老板或部下的理由恰当吗？或者说这些理由根本不相干？我们怎样选出理想的老板或部下？

【成果与检测】

1. 通过该活动，大家能在一定程度上了解老板或是部下所必须具备的素质及各自须履行的义务。因此，该游戏对训练、培养具有领导能力的人才及高素质的员工有所启发。但要切忌把领导和员工理想化。
2. 每个学生上交一份报告，回答"判断某个人是具有领导潜质还是只是个追随者时所采用的相关及不相关的标准"。

案 例 分 析

副总家失火以后

一家公司的销售副总在外出差时家里失火了,他接到妻子电话后,连夜火速赶回家。第二天一早去公司向老总请假,说家里失火要请几天假安排一下。按理说,这个要求也不过分,但老总却说:"谁允许你回来的?你要马上出差,如果你下午还不走,我就免你的职。"这位副总很有情绪,无可奈何地从老总办公室里出来后又马上出差走了。

老总听说副总已走,马上把党政工团负责人都叫了过来,要求他们分头行动,在最短时间内,不惜一切代价把副总家里的损失弥补回来,把家属安顿好。

思考题:
1. 从管理方格理论分析这位老总属于哪一种领导风格?为什么?
2. 从本案例中你可以获得哪些启迪?
3. 你赞成这位老总的做法吗?有何建议呢?

第九章 激 励

在这个世界上取得成就的人,都努力去寻找他们想要的机会,如果找不到机会,他们便自己创造机会。

——萧伯纳

【学习目标】

知识点:
- 掌握激励的原理。
- 理解激励的理论。
- 掌握激励的原则和方法。

技能点:
- 培养自我激励的能力。
- 学会有效激励的技巧。

【引例】

> **珍惜生命,就能走出挫折的沼泽地**
>
> 有个叫阿巴格的人生活在内蒙古草原上。有一次,年少的阿巴格和他爸爸在草原上迷了路,阿巴格又累又怕,到最后快走不动了。爸爸就从兜里掏出5枚硬币,把一枚硬币埋在草地里,把其余4枚放在阿巴格的手上,说:"人生有5枚金币,童年、少年、青年、中年、老年各有一枚,你现在才用了一枚,就是埋在草地里的那一枚,你不能把5枚都扔在草原里,你要一点点地用,每一次都用出不同来,这样才不枉人生一世。今天我们一定要走出草原,你将来也一定要走出草原。世界很大,人活着,就要多走些地方,多看看,不要让你的金币没有用就扔掉。"在父亲的鼓励下,那天阿巴格走出了草原。长大后,阿巴格离开了家乡,成为一名优秀的船长。
>
> (资料来源:百度贴吧 https://tieba.baidu.com)

第一节 激励概述

一、激励的含义

激励的原意是指一个有机体在追求某些既定目标时的主观愿意程度,含有激发动机、鼓励行为、形成动力的意义。从心理学的角度来讲,激励指的是激发人的动机,诱导人的行为,使人产生内在的动力,朝着所期望的目标前进的心理活动的过程,也就是通常人们所说的调动人的积极性的过程。

激励作为一种重要的管理手段，与管理者凭借权威进行指挥相比，最明显的特征有两个：一是内在驱动性，二是自觉性。由于激励是起源于人的需求，因需求而产生动机及行为，是被管理者追求个人需求满足的过程，因而，这种实现组织目标的过程，不带有任何强制性，相反，完全是靠被管理者内在动机驱使的、自觉自愿的过程。激励的上述特点，决定了激励的过程，是一个激发人的动机、诱导人的行为、使人产生内在动力，并为实现既定目标而努力的过程。

小阅读

一位游客旅行到乡间，看到一个老农把喂牛的草料铲到一间小茅屋的屋檐上，不免感到奇怪，于是就问道："老大爷，你为什么不把喂牛的草放在地上，方便它直接吃呢？"

老农说："这种草的草质不好，我要是放在地上，它就不屑一顾；但是我放到让它勉强可以够得着的屋檐上，它就会努力去吃，直到把全部草料吃个精光。"

很多人持有"便宜无好货"的观点，明明是物美价廉的优质商品，如果你免费赠送给他，他可能怀疑你这是假冒伪劣产品。

管理亦是如此，太容易到手的东西没有人会珍惜，很多时候，一个头衔、一点奖励，哪怕官职再小、奖品再薄，也不要轻易授人，最好能够激励部属们通过公平竞争的手段去获得。

授人以鱼，不如授人以渔；授人以渔，不如授人以欲。

二、激励的构成要素

从激励的整个过程来看，激励主要由以下几个要素构成。

1. 动机

动机是激励的核心要素，激励是否起作用，关键环节就是动机的激发。

2. 需求

需求是激励的起点与基础。人的需求是人的积极性和创造性的源泉和实质，而动机则是需求的表现形式。

3. 外部刺激

外部刺激是激励的基本条件。外部刺激主要是指管理者为实现组织目标而对被管理者所采取的种种管理手段及相应形成的管理环境。在管理实践中，外部刺激的表现一般为外在压力，外在压力同样是动力的一种形式。

4. 行为

行为是指人在激励状态下，为动机驱使所采取的实现目标的一系列动作表现，因此，行为是激励的目的。动机、需求、行为与外部刺激这些要素相互组合与作用，就构成了对人的激励。

第二节 激励理论

激励理论主要研究人类动机激发的因素、机制与途径等一系列问题。心理学家和管理学家进行了大量的研究，形成了一些著名的理论，在管理工作实践中得到了广泛的应用。这些理论大致分为三类：激励的内容理论、激励的过程理论和激励的行为理论。现将有代表性的理论进行简要介绍。

一、激励的内容理论

这类理论重点研究激发动机的诱因，主要包括需求层次理论、双因素理论、成就激励理论等。

(一)需求层次理论

需求层次理论是由美国心理学家马斯洛(Abraham Maslow)在1943年所著的《人的动机理论》一书中首次提出的。这一理论揭示了人的需求与动机的关系及规律，认为人类有多种需求，需求是以层次的形式出现的。

1. 两个基本观点

人是有需求的动物，已经得到满足的需求不再能起激励作用，只有尚未满足的需求才能够影响其行为。

人的需求是有高低层次的，只有当较低层次的需求得到满足后，才会追求高一层次的需求。

马斯洛认为，在特定的环境和特定的时刻，如果人的一切需求都未能得到满足，那么满足最主要的需求就比满足其他需求更迫切。只有排在前面的那些需求得到满足，才能产生更高一级的需求，而且只有当前面的需求得到充分的满足后，后面的需求才能显现出激励作用。

2. 五大需求层次

马斯洛将人类的需求分为五个层次，由低到高形成阶梯排列：生理需求、安全需求、社交需求、尊重需求和自我实现需求，如图9-1所示。

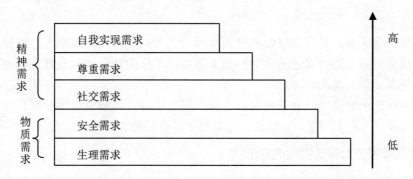

图9-1 人的需求层次

(1) 生理需求。这是人类最基本、最低层次的需求，即对衣、食、住、行的需求。如果这些需求得不到满足，人类就不会追求更高层次的需求，换句话说，其他需求都不能起到激励人的作用。所以管理者首先必须研究并尽力满足员工的生理需求，给予最基本的生存保障。

(2) 安全需求。当人类最基本的生理需求得到满足后，就会追求安全需求，即对生命安全、财产安全、职业安全等的需求。这些需求又可分为两类：一类是现在的安全需求，如现在的生活保障，就业岗位的稳定，社会的稳定与发展，生产过程中的劳动安全保障，社会生活中的人身安全以及财务的安全等；另一类是未来的安全需求，如人们关心病、老、残、伤后的生活保障等。

针对这种需求，管理者要尽力改善员工的生活条件、学习条件和工作条件，完善员工福利设施，加强安全保障体系建设，消除员工后顾之忧，使之全身心投入工作和学习中去。

(3) 社交需求。这种需求是指人们希望与别人交往，避免孤独，与同事和睦相处、关系融洽的欲望。主要包括对友谊、爱情及归属的需求。如果这些需求得不到满足，就会影响员工的精神健康，导致其对工作不满意、没有热情、情绪低落、工作效益降低。所以，当生理和安全得到一定程度的满足后，尽力满足员工的社交需求就显得十分重要。

(4) 尊重需求。主要包括自尊的需求和受人尊重的需求两方面。具体表现为对名誉、地位、人格、成就的追求，要求个人的能力和成就得到社会的承认。当一个人得到这些需求的时候，就会赢得人们的尊重，就会使自信心增强，就会觉得自己在这个世界上有价值、有实力、有能力、有用处。如果这些需求得不到满足，就会使人产生自卑感、软弱感、无能感，生活无意义，学习无兴趣，工作缺乏积极性。

所以，管理者在激励员工时，要充分尊重他们的人格，员工取得了成绩，要及时公开地给予表扬和奖励，布置工作任务时，要强调工作的坚决性、取得成功所需求付出的努力和必须掌握的技能技巧，使员工产生自信和获得成功的欲望。

小案例

韩国某大型公司的一个清洁工，本来是一个最被人忽视的角色，但就是这样一个人，却在一天晚上公司保险箱被窃时，与小偷进行了殊死搏斗。

事后，有人为他请功并问他的动机时，答案却出人意料。他说，当公司的总经理从他身旁经过时，总会不时地赞美他"你扫的地真干净"。

就这么一句简简单单的话，就使这个员工深受感动，并感恩图报。

这也正合了中国的一句老话"士为知己者死"。

(5) 自我实现需求。是指要求最充分地发挥一个人的能力，实现个人的理想、抱负的需求。这种需求具体表现为强烈的事业心和上进心，工作的胜任感、成就感和对理想的不断追求。这是人类最高层次的需求。

对于有这种需求的员工，管理者在设计和布置工作时，要强调运用最富有创造性和建设性的技巧，鼓励人们大胆创新，以使工作变得更具开拓性和挑战性，充分发挥人的潜能。

3. 需求层次理论对管理实践的启示

(1) 要正确认识和科学分析员工需求的多层次性，要灵活有区别地看待和满足员工的不同需求。

(2) 注重满足员工物质需求的同时，更应关注员工多层次的精神需求和心理需求的满足。

(3) 正确认识需求层次理论的机械性和局限性。比如我们可以观察到一些人，他们在生理需求没有得到满足的时候，也产生了非常崇高的精神追求。

(4) 随着社会的进步和人类素质的提高，人们越来越注重求知的需求和求美的需求的满足。管理者要注重研究人们的这种需求倾向与工作的关系。

互动话题

是什么改变了他的人生？

有一个德行不好的人，好吃懒做不算，还有偷偷摸摸的习惯，所有的人都很讨厌他，因为他借了人家的钱不还不算，还总是拿去赌博，所以周围的人几乎没人再借钱给他，即便想做个小买卖，他都没有本钱。于是他跑到远房亲戚家借钱，那是他第一次向她张口，他以为她不知道自己的底细。

他很顺利地拿到了钱，在转身要走的一刹那，她叫住了他："曾有人打电话告诉我说你不会还钱，让我不要借钱给你，但我相信你不是那样的人，也许他们对你有误解。"

在听到这句话之前，他是准备拿这1000元钱去赌博的，但这句话给了他很大的震动，他没有说话，关上门走了，去了深圳。

半年后，他的亲戚收到了他从深圳寄来的1000元钱。三年后，他开着私家车从深圳回来，把从前欠别人的钱全部还清了。

(二)双因素理论

双因素理论是美国犹他大学教授赫茨伯格(F. Herzberg)在1959年与他人合作出版的《工作的激励因素》一书中提出的。他和同事通过对203名工程师和会计师，用"关键事件法"进行调查研究后得出结论，人的需求存在两种类型，对激励而言，存在着两种不同类型的因素，一类因素能促使人们产生对工作上的上进心、事业心和发展的欲望，能调动人们的工作主动性，称之为激励因素。另一类因素只能使人产生对工作的满足感，保持工作的情绪的稳定与安心，使其积极性不会降低，称之为保健因素。激励因素与工作内容关系密切，而保健因素则与工作环境相关。

1. 保健因素

保健因素属于和工作环境或工作条件相关的因素，主要包括政策与制度、监督与控制、工作环境与条件、人际关系环境、报酬与薪水、福利待遇、职务地位、工作安全度等因素。当人们得不到这方面的满足时，就会产生不满情绪，积极性下降，从而影响工作；当这些因素具备时，员工工作情绪稳定，工作安心是保持员工努力工作的基本条件，但对员工起不到明显的激励作用。

2. 激励因素

激励因素属于和工作内容相关的因素，主要包括成就感、责任感、荣誉感、创造性、挑战性、开拓性、认可与赞赏、发展前景、个人成材与晋升的机会等因素。当上述因素具备时，员工会对工作产生浓厚的兴趣，工作主动性强、积极性高，对员工有明显的激励作用。此类因素不具备时,则员工工作积极性缺乏,但不会产生明显的不满足情绪。

3. 双因素理论对管理实践的启示

(1) 正确认识和区分员工中存在的两类因素,对于工作条件、住房条件及员工福利等保健因素,要尽力给予改善和满足,以消除员工的不满情绪。

(2) 要抓住激励因素,对员工进行充分激励。如充实工作内容,为员工创造发展和成功的机会,激发员工的创造性和工作兴趣,充分发挥员工的潜能,强化员工的责任心和归属感,千方百计地使员工满意自己的工作,使员工产生极大的工作热情和积极性。

(3) 正确认识激励因素的相对性。对员工积极性起到明显激励作用的因素不是绝对的,在管理工作实践中,其受到社会、阶层、个人经济状况、身份地位、文化层次、价值观念、信念信仰、个性特征、心理素质等多种因素影响,因此,在科学分析的基础上,灵活运用,才能收到最佳效果。

(三)成就激励理论

成就激励理论是美国心理学家麦克利兰(David Maclelland)在 1961 年出版的《获得成就的社会》一书中提出来的。他认为人的基本生存需求得到满足以后,还有三种需求,即成就需求、权力需求和社交需求。

(1) 成就需求:指人对成功有一种强烈欲望的需求。

(2) 权力需求:指人有较强权力欲,希望担任领导和控制别人的需求。

(3) 社交需求:指人希望在集体中和他人那里得到友爱,并从友爱中得到快乐,有强烈归属感的需求。

在上述三种需求中,成就需求的满足所产生的激励作用是最强烈而持久的,一个组织的成败,与他们拥有高成就需求的人数多少有关。高成就需求的人越多,组织目标的实现越有希望。在一个组织中,具有高成就需求的人的基本特点是:十分关心事业成败;喜欢独自找出解决问题的办法;喜欢适度冒险和挑战性工作;目标明确且具有社会责任感;不怕疲劳和困难等。

成就激励理论对管理实践的启示如下。

成就需求是社会性需求之一,是人们执行任务时追求成功的动机。成就需求的强弱对一个人的发展、一个组织的发展和一个国家的发展,都起着特别重要的作用。可以通过教育和培训的方式,来造就出更多具有高成就需求的人。管理者通过举办培训班,宣传有高成就需求的人物的形象,以及采取交流经验等方法对员工进行成就需求感激励,都可以取得积极的效果。

小阅读

1975 年,比尔·盖茨在母亲节前夕寄给他母亲一张实物问候卡。在卡片上,比尔·盖茨写着这么一段话:"我爱您!妈妈,您从来不说我比别的孩子差;您总是在我干的事情中,不断寻找值得赞许的地方;我怀念和您在一起的所有时光。"

比尔·盖茨从他母亲那里继承了什么,从这张问候卡上,人们几乎感觉到,这位独步天下的亿万富翁,从他母亲那儿得到了一份被许多母亲忽视了的东西——赏识。

二、激励的过程理论

过程型激励理论与内容型激励理论不同的是,该理论重点研究以动机的产生到采取行动的心理过程,强调了内在因素(内因)与外部环境(外因)在过程上的动态的统一。主要包括费鲁姆的"期望理论"和亚当斯的"公平理论"等。

(一)期望理论

期望理论是美国心理学家费鲁姆(Victor Vroom)于 1964 年出版的《工作与激励》一书中提出来的一种综合型激励理论。这一理论的基本观点是:激励是由人们期望的工作结果支配的。人们只有在预期行为有助于达到某种目标时,才会被充分激励起来,并采取行动努力达到这一目标。

费鲁姆认为,在任何时候,人们从事某一工作的动机强度,或者被激发的力量(积极性)大小,取决于目标价值(效价)和预计能够达到这个目标的概率(期望值)两个因素。换言之,激励力是一个人某一行动的效价和预计达到目标的期望值之乘积。用公式可表示为

$$激励力 = 效价 \times 期望值$$

从公式中可以看出,人们对某项工作积极性的高低,取决于他对这项工作能满足其需求的程度及实现可能性大小的评价。如果一个人对实现目标认为是无足轻重,效价为零,或目标的实现反而对自己不利,效价为负,都不会产生激励力量。如果一人把目标价值看得很大,估计能实现的概率越高,那么激发的动机就越强烈,激励力就越大。

为了使激励力最大化,费鲁姆提出了人的期望模式,即:

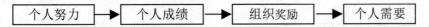

个人努力 → 个人成绩 → 组织奖励 → 个人需要

根据期望模式,为了有效地激发人的动机,必须正确处理好努力与成绩的关系、成绩与奖励的关系、奖励与个人需求的关系。

期望理论对管理实践的启示如下。

(1) 管理者在选择激励方式时,必须选用员工感兴趣、评价高,即认为效价大的方式或项目,才会起到较大的激励作用。

(2) 确定目标的标准不宜过高,应是大多数员工通过努力能够实现的,通过增加目标实现的概率,来增加激励作用。

(3) 管理者要从客观实际出发,主观推行对员工来说效价不高、实现概率不大的项目,是不可能起到激励作用的,员工会因实现目标无望而放弃努力。

(二)公平理论

公平理论也称权衡理论或社会化比较理论,是美国心理学家亚当斯(J.S.Adams)于 1967 年提出来的,主要研究报酬的公平性对员工积极性的影响程度。

1. 公平理论的基本内容

亚当斯认为,人的工作积极性不仅受其所得的绝对报酬的影响,更重要的是受相对报酬的影响。这里的相对报酬是指个人所付出的劳动与所得到的报酬的比较值。付出的劳动

包括体力和脑力的消耗、技术水平高低、能力大小、工龄长短、工作强度及工作态度等；报酬包括工资、奖金、晋级晋职、名誉、地位等。人们对工作的满意度取决于其在群体中的公平感，这种公平感是由付出与报酬的比较来实现的。比较方式有两种：一是横向比较，即人们在判断自己的付出是否得到应有的回报时，首先将自己同别人比较；二是纵向比较，即人们会将自己不同时期的付出与报酬进行比较。人们通过比较后，会做出积极或消极的反应。

是否感到公平，主要取决于相对报酬多少，即付出与报酬之间的比较值大小。相对报酬合理，则员工获得公平感，就会心情舒畅，努力工作。相对报酬不合理，则员工有不公平感，对员工的激励程度下降，员工就会出现心理上的紧张不安，就会采取相应行为以消除这种紧张心理，如试图改变其所得报酬或付出；有意无意强调自己或他人的报酬或付出；竭力想改变他人的报酬；工作情绪低落或怠工等。员工公平感受可用下列公式表示。

① $\dfrac{\text{个人所得报酬}}{\text{个人付出劳动}} = \dfrac{\text{他人(或历史上个人)所得报酬}}{\text{他人(或历史上个人)付出劳动}}$ ⟹ 公平的感受

② $\dfrac{\text{个人所得报酬}}{\text{个人付出劳动}} < \dfrac{\text{他人(或历史上个人)所得报酬}}{\text{他人(或历史上个人)付出劳动}}$ ⟹ 不公平的感受

由此可见，在一个组织中，员工对自己付出的劳动是否能得到公平合理的结果是十分敏感的，这种敏感性主要来自同他人相比较的结果。在比较时，人们总是对自己的付出做出高估，对别人的付出做出低估；而对自己的报酬做出低估，对别人的报酬做出高估。由于这种感觉上的偏差，人们对自己的报酬总是产生不满情绪，从而对组织或个人造成破坏性影响。

2. 公平理论对管理实践的启示

(1) 管理者要十分重视员工的相对报酬问题。要将相对报酬原理作为有效激励的方式运用到工作中去，需通过引导和说明来消除员工在报酬感觉上的偏差。

(2) 管理者要尽可能实现相对报酬的公平性。要将员工的劳动所得与劳动付出挂钩，坚持多劳多得、少劳少得、不劳不得的原则来分配劳动报酬。

(3) 当出现报酬分配不公平现象时，要及时加以调整，并通过改革与管理的规范化及科学化消除不公平现象。

三、激励的行为理论

(一)强化理论

强化理论是美国心理学家斯金纳(B. F. Skiner)提出的，是用强化的办法来控制人的行为的一种理论。他研究的是行为与影响行为的环境之间的关系，也就是研究通过不断改变环境的刺激因素来得到增强、减弱或消除某种行为的过程。

1. 强化理论的基本内容

强化是指通过某一事物增强某种行为的过程。如员工努力工作并取得成就，企业就给予相应奖励，则全体员工的积极性就会提高。强化理论属于行为主义学派，侧重于研究个体外在的行为表现，强调人的行为结果对其行为的反作用。当行为结果有利于个体时，这种行为就可能重复出现；反之就会消退和终止。

斯金纳认为，人的行为可分为两大类：一类为应答性行为，即不学就会的本能性行为；另一类为操作性行为，即必须通过学习才会发生的行为。应答性反应是环境对人起作用而引起的反应，操作性反应则是人为了得到某种目的而作用于环境的结果。人与环境作用的结果如果能满足他的需求，这种行为出行的频率就会增加，即强化刺激，凡能增加反应强度的刺激物称为强化物。人们可以通过控制强化物来控制某种行为，从而改变某种行为。人们的行为习惯实质就是强化的结果。

强化可以分为三类：正强化、负强化和弱化。

(1) 正强化：就是以某种强化物来奖励那些符合组织目标的行为，必须使这些行为得到进一步加强，从而有利于组织目标的实现。即以某种形式对员工的行为表示肯定的态度，如奖赏、表扬、认可、加薪、晋升、培训、考察等。

(2) 负强化：就是惩罚那些不符合组织目标的行为，以使这些行为削弱直至消失，从而保证组织目标的实现不受干扰。即以某种形式对员工的行为表示否定的态度，制止此种行为的重复出现，如处罚、批评、降级、预先告知、违纪处理办法等。

小阅读

一次拿破仑打猎的时候，看到一个落水男孩，一边拼命挣扎，一边高呼救命。这河面并不宽，拿破仑不但没有跳下水救人，反而端起猎枪，对准落水者，大声喊道："你若不自己爬上来，我就把你打死在水中。"那男孩见求救无用，反而增添了一层危险，便更加拼命地奋力自救，终于游上岸。

(3) 弱化：就是对某种不利于组织目标实现的行为不予理睬，以表示对此种行为的不支持、轻视或某种程度的否定，随着时间的推移，这种行为会自然消失。即对员工的某种行为表示既不肯定也不完全否定的态度，让其自然消退。

2. 强化理论对管理实践的启示

(1) 运用强化激励必须及时，延迟时间的强化会使作用减弱。

(2) 多运用正强化，少运用负强化。正强化宜在大范围内进行，负强化则宜在小范围内实施。

(3) 竞争强化、监督强化、表扬强化、奖金强化等外在环境强化，都需要通过内因才能起作用。

(4) 运用负强化时，应同时告诉员工应该怎么做，并加以指导。运用弱化时，有时会被员工理解为默许，必须慎重使用。

(二)归因理论

归因理论是美国心理学家海德(Heider)首先提出的，后由美国斯坦福大学的罗斯(Michael Rose)等人加以发展。目前，归因理论的研究着重在两个方面：一个方面是把行为归结为外部原因，另一个方面是人们获得成功或遭受失败的归因倾向。人们的行为获得成功还是遭受失败可以归因于四个要素：努力程度(相对不稳定的内因)、能力大小(相对稳定的内因)、任务难度(相对稳定的外因)以及运气和机会(相对不稳定的外因)。这四个因素可以按以下三个方面来划分。

(1) 内因或外因：努力和能力属于内因，任务难度和机遇属于外因。

(2) 稳定性：能力和任务难度属于稳定因素，努力和机遇属于不稳定因素。

(3) 可控性：努力是可控因素；能力在一定条件下是不可控因素，但人们可以提高自己的能力，这种意义上的能力是可控的；任务难度和机遇是不可控的。

人们把成功和失败归因于何种因素，对以后的工作态度和积极性有很大影响。例如，把成功归因于内部原因，会使人感到满意和自豪；归因于外部原因，会使人感到幸运和感激。把失败归因于稳定因素，会降低以后工作的积极性；归因于不稳定因素，可能会提高以后的工作积极性。

归因理论给管理者很好的启示，即当下属在工作中遭受失败后，如何帮助他寻找原因(归因)引导他继续保持努力行为，争取下一次行为的成功。

(三)挫折理论

挫折理论专门研究人们遭到挫折后会有什么行为反应，研究阻碍人们发挥积极性的各种因素，了解挫折产生的原因、挫折的表现以及应对挫折的方法；研究管理者应如何针对员工遇到的挫折采取相应措施，引导员工行为，走出挫折阴影，积极努力地对待工作。

挫折有两种含义：一是指阻碍个体动机性活动的情况；二是指个体遭受阻碍后所引起的心理状态。总体来说，挫折可表述为：当个体从事有目的的活动时，在环境中遇到阻碍或干扰，致使其动机不能获得满足时的情绪状态。

引起挫折的原因是多种多样的，人们受挫折的程度也各不同，但归纳起来不外乎有两种原因，即客观原因和主观原因。由客观原因产生的挫折是指由于外界事物或情况阻碍人们达到目标产生的挫折，包括自然环境和社会环境两个方面。主观原因产生的挫折则是指个人所具备的条件以及个人动机的冲突。

挫折是一种普遍存在的社会心理现象，任何人都不可能一生中事事如意，因而挫折的产生是不以人的意志为转移的。通常一个人在受到挫折后，心理上、生理上都将产生种种反应，从而影响人的生活和工作的正常进行。面对挫折，有的人采取积极态度，有的人却采取消极态度，甚至是对抗的态度。

挫折理论提出采用改变环境、分清是非、心理咨询等多种方法引导人们在挫折面前避免消极的甚至是对抗的态度，而采用积极的态度，以使人的行为朝积极方向发展。

挫折理论对管理工作实践有较强的实用价值，作为管理者应耐心细致地帮助受挫折者分析挫折原因，及时给予他们关心、劝慰和鼓励，使他们重新振作精神，以利再战；当受挫折者的行为不理智时，要有容忍的态度，弄清事实真相，先缓解挫折因素，再分析他的防卫机制，以理服人；对犯错误的职工要创造一种情境，使他们感到集体的温暖，感到自己不会受到集体的排斥，可以成为集体的成员；也可采取精神发泄方法或谈心活动等，使受挫折者自由表达他们受压抑的情感，从而摆脱阴影，由紧张情绪回复到理智状态等。

第三节 激励的原则与方法

一、激励的原则

由于人的心理、需求和行为的复杂性以及外部环境的多样性，决定了在不同的情形下对不同的人进行激励的复杂性和困难性。同时，激励总是存在一定的风险性，所以在制定和实施激励政策时，一定要谨慎。尽管如此，在管理中仍然有一些共同的激励原则可以遵循和参考。

1. 坚持物质激励与精神激励相结合的原则

好的激励应该是物质激励与精神激励的有机结合。物质激励是激励的一般模式，也是目前使用最为普遍的一种激励模式。涨薪、年终分红、各种奖金、股权及福利奖励等都是物质奖励的常用方式。与物质激励相比，精神激励满足的主要是员工的精神需求。相对而言，精神激励不仅成本较低，而且常常能取得物质激励难以达到的效果。将精神激励和物质激励组合使用，可以大大激发员工的成就感、自豪感，使激励效果倍增。

2. 坚持目标合理的原则

激励往往和目标联系在一起，因此，应树立合理的目标及尽可能准确、明确的绩效衡量标准。目标既不能过高，也不能过低。过高会使员工的期望值降低，影响积极性；过低则会使目标的激励效果下降。

3. 坚持奖惩结合的原则

有功则奖，有过则罚。对有贡献者奖励是必需的，而对有过失者实施适当的惩罚也是必要的。要坚持以正激励为主，负激励为辅。在进行奖惩时要注意奖惩分明，以奖为主。同时，对于无功无过者也不能采取不闻不问的态度。一般来说，无功无过者大都甘居"中游"，多是思想消极、缺乏热情、不求进取的平庸之人。因此，对无功无过者也必须给予适当的批评、教育，让他们懂得"无功便是过"，激发他们的热情，促使他们进取。

4. 坚持因人而异的原则

不同人的需求是不一样的，同一个人在不同时期的需求也是不一样的。所以相同的激励措施对不同的人起到的效果是不同的。在制定和实施激励措施时，首先要调查清楚每个员工的真正需求，将这些需求合理地整理归纳，然后再制定相应的激励措施。对于处于不同需求层次的人，应该使用不同的激励手段。同样经济成本下，不同的激励方式对人的激励程度也是有差别的。因此，管理者必须努力与员工共同去发现其最大的激励因素：是物质奖励、培训、发展机会、良好的工作氛围，还是其他的回报。

5. 坚持公开、公平、公正的原则

激励应坚持公开、公平、公正的原则，切忌平均。公开是公平、公正的基础，公开的核心是信息的公开，包括制度、程序及结果的公开。公平性是员工管理中一个很重要的原则，员工感到的任何不公的待遇都会影响他的工作效率和工作情绪，并且影响激励效果。

公平、公正一方面意味着所有相关员工在激励面前享有平等的权利和义务，另一方面也意味着奖励的程度与价值贡献度对等。公平、公正必然导致价值分配实际上的不平均，而这种不平均正好体现了制度和程序的公平、公正。追求成果分享的平均主义，是一种实质上的不公平，得不到很好的激励效果，而且可能产生副作用，打击优秀员工的积极性。

6. 坚持适度激励的原则

激励要适度，奖励和惩罚不适度都会影响激励效果，同时增加激励成本。奖励过重会使员工产生骄傲和满足的情绪，失去进一步提高自己的欲望；奖励过轻会起不到激励效果，或者让员工产生不被重视的感觉。惩罚过重会让员工感到不公，或者失去对公司的认同，甚至产生怠工或破坏的情绪；惩罚过轻会让员工轻视错误的严重性，从而可能还会犯同样的错误。

二、激励的方法

(一)物质利益激励的方法

物质需求是人类最基本的利益需求，以物质利益为诱因，对员工进行物质利益关系的调整，来激发员工的内在动机，满足其物质需求，调动员工的积极性。具体方法有以下几种。

1. 奖酬激励

奖酬激励是利用增加工资、奖金以及各种形式的福利津贴和实物奖励等，来激发员工的工作热情。虽然对于生活水平较高的国家或地区的人们来说，物质激励的作用越来越小，但对于我国相当一部分收入水平较低的群体来说，物质刺激仍然是一种主要的激励手段。物质激励必须遵循以下客观要求。

(1) 物质激励机制的设计要为实现组织目标服务。也就是说，奖酬的形式、奖酬与贡献挂钩的办法、奖酬发放的形式等，都要有助于促进工作任务的完成和工作质量与工作效率的提高。

(2) 物质激励要确定适度的刺激量。在实际工作中，物质刺激量的大小，要根据组织对物质的承受能力和被激励者的期望值多少来合理地确定，过大或过小，都对组织目标实现不利。既要有选择地实行重奖，以此引起轰动和奖励效应，又要防止不适当无限扩大刺激量，招致员工产生不公平心理。

(3) 物质激励要同其他激励方式结合使用。单纯采用物质刺激，会导致金钱万能思想意识的产生，对组织目标的实现产生不利的结果。

2. 物资上的关心帮助

管理者对待下属在生活上给予关心照顾，是激励的有效形式。当员工生活上遇到困难时，管理者要积极主动地去为他排忧解难，并给予物资上的帮助，这样不但使员工获得物质上的利益，而且使员工获得尊重和归属感上的满足，从而产生报恩心理，工作积极性提高。

3. 经济处罚

当员工违纪或工作违规，破坏组织目标的实现时，在经济上对员工进行处罚，是一种管理上的负强化，属于一种特殊形式的激励方式。运用这种方式必须有可靠的事实根据和政策依据，令其心服口服；处罚的刺激量和方式要得当，同时要注意做好思想工作，变消极因素为积极因素，这样才能真正起到激励的作用。

(二)社会心理激励的方法

管理者运用社会心理学的方法原理，刺激员工的社会心理需求，以激发其动机的方式与手段，即为社会心理激励。这种激励主要是以人的社会心理因素作为激励的诱因。具体方式有以下几种。

1. 目标激励

目标激励是以目标为诱因，通过设立明确的目标，使员工了解努力的方向，从而自觉地表现出组织所期望的行为，以此激发动机，调动积极性的方式。

可用以激励的目标有三类：工作目标、个人成长目标和个人生活目标。管理者应通过设置和选择适当的目标，告知员工一个明确的努力方向。

目标是行为的先导，员工的行为是围绕设定的目标进行的。因此，在工作实践中，一是要尽可能增大目标的效价，使员工明确目标的实现会给社会和个人带来较大的利益；二是要增加目标的可行性。目标设定要科学合理，具有可操作性，使员工明确通过努力目标是能够实现的，以激励员工的自信心。

2. 情感激励

情感激励是以情感作为激励的诱因，通过对下属的关怀，建立良好的感情纽带，从而激发员工的积极性。

现代人对社会交往的需求和感情的需求是强烈的，如果管理者能经常关心下属，同下属交心，建立知心朋友关系，在下属遇到危难时，及时排忧解难，就会得到下属积极的回应。这种回应很大程度地表现在努力工作上。所以情感激励已成为现代管理实践中极为重要的激励方法。

情感激励包含的主要内容如下。

(1) 在上下级之间建立融洽和谐的关系，增强管理者的亲和力。

(2) 尽力促进下级和部门之间关系的协调与融洽，尽可能满足正式组织和非正式组织各成员之间社会交往的需求。

(3) 营造健康的、愉快的、积极向上的人际关系环境，打造和谐团队，满足组织成员归属感需求。

3. 强化激励

强化激励是指通过对员工某种行为的肯定或否定的评价，以得到某种有利行为重复出现或不利行为消退的目的。如表扬、奖金、提升、培训等，就是通过正强化使员工的优良行为得到发扬；而批评、降级等处罚，就是通过负强化使员工的不良行为得以消退，从而对员工进行工作激励。

但是运用表扬与批评进行强化激励的时候，要讲究艺术和效果，应该注意以下几点：坚持以表扬为主、批评为辅的原则；表扬与批评要以事实为依据，要讲究方式、时机、地点，注重实际效果；批评要对事不对人，尽量减少批评的次数；一般情况下要先表扬后批评。表扬与批评的使用适当结合，往往激励效果更好。

4. 民主参与激励

民主参与激励是以让员工参与管理及决策为诱因，激发员工的积极性和创造性。员工参与管理，有利于满足他们的尊重需求，也有利于集中群众意见，保证决策的科学性与正确性。

在管理实践中，要注意以下几点要求：要建立健全员工参与管理机制，增强民主管理意识；要适当授权于下级，使他们实实在在地参与决策和管理的全过程；要有效利用多种民主参与形式，鼓励员工全员参与、全程参与管理和决策，以最大限度地开发员工的潜能，调动其积极性和创造性。

5. 榜样激励

榜样激励是指通过树立表彰先进典型来激发员工的工作积极性和创造性，使组织形成一种积极向上、你追我赶的工作氛围。

榜样激励主要包括以下两个方面的内容。

(1) 先进典型的榜样激励。管理者要善于发现和总结先进事迹和先进人物，培养并树立榜样，及时宣传并认真组织群众学习榜样，以榜样的真实感人事迹来激励员工和感动员工。

(2) 管理者自身的榜样激励。管理者在工作、学习、生活中的模范带头作用，无疑会对员工产生激励和影响。因此，要求员工做到的，首先自己要能做到。管理者应身先士卒，率先垂范，严格要求自己，恪守诺言，以影响和带动下级。

6. 尊重与支持激励

尊重与支持激励是指管理者充分信任、鼓励员工，尽力为员工提供工作条件和工作指导，以满足其尊重需求，激发其工作热情。

管理者与员工之间，只存在着管理层次和职权的差别，彼此之间都是平等的。因此要充分尊重员工对工作、学习、生活的态度及选择，特别是尊重其人格，使员工始终获得受到尊重的心理体验。

管理者要尽力满足员工的成就感。要创造条件，支持和鼓励员工实现自己的工作目标，追求事业的成功，满足其自我实现的需求。

管理者要为员工提供成长和发展的机会，并支持员工加强自我管理、自我控制、自我学习、自我发展和自我成功的实现。

小阅读

拿破仑的"精神激励"

在一次与敌军作战时，拿破仑遭遇到顽强的抵抗，不仅队伍损失惨重，自己也因一时不慎掉入泥潭中，弄得满身是泥，狼狈不堪，形势十分危险。可拿破仑对这些却浑然不顾，抱着无论如何也要打赢这场战斗的坚定信念，爬出泥潭大吼一声："冲啊！"他手下的士兵见到他那副滑稽模样，忍不住都哈哈大笑起来，但同时也被拿破仑的乐观自信所鼓舞。一时间，战士们群情激昂、奋勇当先，终于取得了战斗的最后胜利。

从这个故事中，我们应该受到这样的启发：无论在任何危急的困境中，都应保持乐观积极的态度。尤其作为一个管理者，你的自信可以感染你的员工。你有没有乐观自信的态度也直接影响到一场交易的成败。如果一个企业管理者能够成功地激励每个员工"舍生忘死"进而"前赴后继"，那么你所处的企业就会战无不胜、攻无不克。

(三) 工作激励的方法

双因素理论告诉我们，对人最有效的激励因素是员工满意于自己的工作。因此，管理者在分配工作时，要尽量考虑到员工的特长和爱好，做到人尽其才、才尽其用；同时，对工作的要求应富有创造性和挑战性，千方百计地使员工对自己的工作满意、有兴趣、有信心。

在管理实践中，要实现工作激励，主要有以下几种途径。

1. 工作丰富化

让员工参与一些具有较高技术或管理含量的工作，提高工作层次，使员工获得成就感的满足，如将部分管理工作交给员工，使员工也成为管理者；让员工参与管理决策的全过程；对员工进行业务技能培训；让员工承担一些具有挑战性的工作任务等。

2. 工作扩大化

管理者通过设计和调整工作思路及工作层次，增加工作内涵，丰富工作内容，克服工作的单调乏味和简单重复，减少工作的枯燥感，增强工作的趣味性，以吸引员工、激励员工。如兼职作业，增加工作种类；使员工前向、后向地接管其他环节的工作；对员工的工作岗位定期进行轮换；增加工作的技术难度等，都是重要的激励手段。

3. 工作的竞争性

争强好胜是人们具有的普遍心理，它是由人们谋求实现自我价值、重视自我实现需求所决定的。因此管理者结合工作任务，组织各种形式的竞赛，鼓励各种形式的正当竞争，就会极大地激发员工的热情、工作兴趣、克服困难的勇气和力量。

但是在实践工作中必须注意的是：竞争竞赛要公平、公正、合理；要有完善的程序和标准；要有明确的目标和要求，并加以正确引导；结果要有公正明确的评价和相应的奖励。

4. 工作的完善性与自主性

管理者应根据工作的性质与需求，并结合员工的特点，尽可能将工作划分成较为完整的单元后，再分配给员工，使每位员工所承担的工作任务都是完整的，这样员工在工作完成之后，就能获得一种强烈的成就感。因此，人们都愿意在工作实践中承担完整的工作任务。

同时，出于自尊和自我实现的需求心理，人们都希望独立自主地完成工作任务，这样，工作成果就完全归自己所拥有。没有人愿意在他人的指使或强制下被迫工作。管理者可通过目标管理等方式，明确目标和任务，提出规范与标准，适当授权给员工，让员工独立自主地完成工作，以此来满足员工工作自主性的心理需求，调动员工积极性。

5. 工作的适应性与挑战性

有研究表明，科学合理的人与事的配合，是有效激励的重要手段。根据工作的性质和特点，对工作安排与员工的条件和特长相吻合，能充分发挥其优势，员工满意度就会增强。因此管理者要用人之所长，避人之所短，对工作及人员要进行科学调配与重组，实现人与事的最佳配合，调动员工积极性。

同时，人们都愿意承担和从事重要的工作任务，并对具有创造性、挑战性的工作感兴趣，它反映了人们追求自我价值实现、渴望获得别人尊重的心理状态。因此，管理者布置工作时，应向员工强调工作的重要意义，适时增加工作的技术难度，以激发员工对工作的高度重视和全身心投入，提高工作质量和工作效率。

管理故事

一 碗 面

一个女孩和母亲吵完架，赌气离家。在外逛了一天，直到肚子很饿了，她才来到一个面摊前，却发现忘记带钱了。好心的面摊老板免费煮了一碗面给她。女孩感激地说："我们又不认识，你就对我这么好！可是我妈妈，竟然对我那么绝情……"面摊老板说："我才煮一碗面给你吃，你就这么感激我，你妈给你煮了十几年饭，你不是更应该感激吗？"女孩一听，整个人愣住了！是呀，妈妈辛苦地养育我，我非但没有感激，反而为了小小的事，就和她大吵一架。女孩鼓起勇气，往家的方向走，快到家门口时，她看到疲惫、焦急的母亲正在四处张望。妈妈看到女孩时，忙喊："饭都已经做好，快回去吃，菜都凉了！"此时女孩的眼泪夺眶而出……

我们对亲人朋友的关爱习以为常，而且期望值很高。有时他们少了一丝关爱，我们甚至会恶语相向。对于陌生人，我们没有抱着多大的期望，因此，他们的一点点儿帮助，都让我们感动不已。事实上，对于陌生人的帮助，我们应当报以适当的感动。可是对于亲人的帮助，我们应该报以更大的感恩。所以，珍惜我们的日常生活和身边的亲人朋友吧！

(资料来源：搜狐网 http://www.sohu.com)

管理定律

皮格马利翁效应——掌握激励手段

1968年，美国心理学家罗森塔尔和贾可布森做了一个实验：他们来到一所小学，煞有介事地对所有学生进行智能测验。然后把一份学生名单通知有关教师，说这些名单上的学生被鉴定为"新近开的花朵"，具有在不久的将来产生"学生冲刺"的潜力，并再三嘱咐教师对此"保密"。其实，这份学生名单是随意拟定的，根本没有依据智能测验的结果，但八个月后再次进行智能测验时，奇迹出现了：凡被列入此名单的学生，不但成绩提高很快，而且性格开朗，求知欲望强烈，与教师的感情也特别深厚。罗森塔尔和贾可布森借用希腊神话中一王子的名字，将这个实验命名为"皮格马利翁效应"。传说皮格马利翁王子爱上了一座少女塑像，在他热诚的期望下，塑像变成活人，并与之结为夫妻。为什么会出现这种奇迹呢？由于罗森塔尔和贾可布森都是著名的心理学家，教师对他们提供的名单深信不疑，于是在教育过程中就会产生一种积极的情感，即对名单上的学生特别厚爱，尽管名单对学生是保密的，但教师们掩饰不住的深情还是通过语言、眼神等表现出来，在这种深情与厚爱的滋润下，学生自然会产生一种自尊、自爱、自信、自强的心理，从而推动他们有了显著进步。

"皮格马利翁效应"启示我们：作为领导者，在对自己的下属实施领导时，一定要善于把握和运用激励的手段来调动他们的积极性，这是一项重要而且卓有成效的领导技能和基本功。美国科学家威廉·詹姆斯研究发现，人类本性中最深切的渴求就是受到赞扬。所以，对下属最好的激励就是赞扬，学会赞扬，按照下属的心理规律和性格特征，恰如其分地给予赞扬，使他们感觉到领导对自己的厚爱，可以促使他们更加充分地挖掘自己的潜能，增强自信心，调动积极性，从而做到"上下同欲"，实现激励的目标。

知 识 测 试

(一)选择题

1. 曹雪芹虽食不果腹，仍然坚持《红楼梦》的创作，是出于其(   )。
   A. 自尊需求　　B. 情感需求　　C. 自我实现的需求　　D. 以上都不是
2. 商鞅在秦国推行改革，他在城门外立了一根木棍，声称有将木棍从南门移到北门的，奖励500金，但没有人去尝试。根据期望理论，这是由于(   )。
   A. 500金的效价太低　　　　　　B. 居民对完成要求的期望很低
   C. 居民对得到报酬的期望很低　　D. 枪打出头鸟，大家都不敢尝试
3. 当人们认为自己的报酬与劳动之比，与他人的报酬与劳动之比是相等的，这时就会有较大的激励作用，这种理论称为(   )。
   A. 双因素理论　　B. 效用理论　　C. 公平理论　　　D. 强化理论
4. 使信息持久、可以核实、查询的沟通方式是(   )。
   A. 口头沟通　　　　　　　　　B. 书面沟通
   C. 非言语沟通　　　　　　　　D. 情感沟通
5. 从期望理论中，我们得到的最重要的启示是：(   )。
   A. 目标效价高低是激励是否有效的关键
   B. 期望概率的高低是激励是否有效的关键
   C. 存在着负效价，应引起领导者注意
   D. 应把目标效价和期望概率进行优化组合
6. (多选)双因素理论将(   )看作保健因素。
   A. 责任感　　　　　　　　　　B. 人际关系
   C. 工作条件　　　　　　　　　D. 报酬
   E. 晋升

(二)论述题

1. 试用马斯洛的需求层次理论分析大学生当前的主要需求。
2. 当前成功学中有句话叫"成功是成功之母",请用激励的有关原理说说它的合理之处。

素 质 拓 展

【实训目标】

1. 培养学生对激励理论的兴趣和理解。
2. 培养学生用激励理论思考有效激励问题。

【实训内容与要求】

故事接龙:根据资料内容不断提出新问题和找出解决方案。

猎狗与兔子

一条猎狗将兔子赶出了窝,一直追赶它,追了很久仍没有抓到。牧羊人看到此种情景,讥笑地对猎狗说:"你们两个之间小的反而跑得快很多。"猎狗回答说:"你不知道我们两个跑的目标是完全不同的!我仅仅为了一顿饭而跑,而它却为了性命而跑呀。"

一、目标是什么

兔子跑步的目标是救自己的性命,而猎狗的目标只是为了一餐饭,同样的跑步,它们的积极性当然会不一样。是不是可以说,跑步只是实现目标的过程,而即使有相同的过程,其目标不一样,动力不一样,也会得到不同的结果。

两个应聘者来到企业,一个说:"我要在你们这里扎扎实实地干,做出成绩,与企业共同成长。"另一个说:"我要在三年后成为部门经理,五年后我要做到副总的位置,待翅膀硬了,我就要自己创业。"老总选择了后者,有人不解地问:"他以后要成为你的竞争对手,你准备培养敌人吗?"老总笑答:"他有志气上进,能升上来就是为企业做了巨大贡献,到其准备自己干时,我们企业已经在另一个层次上了,或者他会留在这个大舞台上,在更广阔的空间里大施拳脚,或者其自己创业,但他的企业与我们不是一个数量级,也不能成为我们的敌人。"说这话的老总的确有气魄,经营的企业一直在高速成长。

曾经有一个企业投资房地产项目,8000万元的资金压了两年,本年有望开盘。项目经理要求按收回成本后的利润拿提成奖金,他觉得不妥,但又不知该怎么办。顾问前去调查,项目经理说:"业界的操盘手都是这么拿提成的。"顾问给他分析,别人是按正常情况下经营计算的利润,而该项目当初是存在巨大风险的,老板应该获得比别人付出的更多风险的风险回报,然后才是项目的真正利润。通过计算,项目经理接受了顾问提出的激励方案,并与顾问一起细化了项目运作实施措施。最后该项目获得巨大成功,项目经理也得到了应有的报酬。在顾问回访中,项目经理说:"要是我们只按一般的保本和利润目标经营,肯定不会有现在这么成功,是你们帮助制定了更高的目标,我们严格要求、努力工作,才获得了双赢。"

的确,只要你认为目标是合理的,你就会为之奋斗,达到这个目标。所以当经营者接受股东要求的经济增加值(EVA)指标时,就会拿出比一般资本收益更高经营水平的经营本领,实现这个目标。

人力资源的工作之一,就是帮助不同的组织和个人设计更高一点的目标及其评价指标,促使其发挥出最大的潜力。

二、动力何在

猎人想:"猎狗说的是对的。我要想得到更多的猎物,就得想个好办法。"于是,猎人又买来了几条猎狗,凡是能够在打猎中抓到兔子的,就可以得到几根骨头。抓不到兔子的就没有饭吃。这一招果然奏效,猎狗们纷纷努力去追兔子,因为谁也不愿意看见别人吃骨头,自己没有吃的。过了一段时间,问题又出现了,大兔子非常难抓,而小兔子好抓,抓到了大兔子得到的奖赏和抓到小兔子得到的奖赏差不多,善于观察的猎狗发现了这个窍门,专门去抓小兔子。慢慢地,大家都发现了这个窍门。猎人对猎狗们说:"最近你们抓的兔子越来越小了,为什么?"猎狗说:"反正不会有太大区别,为什么要去抓大的呢?"

猎人在猎狗中引进了竞争机制,一定时间内收到了效果,但是随着时间的推移,骨头对于猎狗们来说,诱惑力越来越小。

深圳某企业推行绩效考核,考核成绩与工资挂钩,一定时间内,大家都非常紧张,害怕自己的成绩不好,一是影响收入,二是面子不好看。工作成绩在一段时间内得到了提升。但是,经过了半年左右的运作,却出现了这样的现象:其一,员工都找自己的主管争考核分,相互攀比,最后每个班组成员的考核分都差不多,考核分差距很小;其二,有的地方有工作失误,员工说,不就是扣分扣几块钱吗,爱扣就扣去!员工的神经已经麻木了,根本起不到通过考核改进工作和激励的作用。

公司认识到问题的严重性,重新设计了绩效考核方案,每月的工资与考核不直接挂钩,将绩效工资固定,每半年调整一次绩效工资的级别。实行一年多来,效果比以前好很多。

为什么同样的考核评分,效果却不同呢?前者,员工每月关注的是工资,不让自己吃亏、别人占便宜,结果考核失去了原有的意义;后者,每月关注的是真实的工作评价,能够帮助工作改进和提高。考核结果,通过一定的时间跨度与工资挂钩,减弱了员工将绩效换算成工资的想法,使绩效考核真正达到评价工作的目的;同时绩效结果体现在绩效工资的级别上,可以促使员工改进工作,提高或保持较好的绩效。这就是该绩效薪酬系统成功的关键。

人力资源工作之一就是要找到正确的激励方法,使工作者在保持良好工作氛围的基础上,发挥出最大能力。

三、长期的骨头——诱惑

猎人经过思考后,决定不将分得骨头的数量与是否抓到兔子挂钩,而采用每过一段时间,就统计一次猎狗抓到兔子的总重量。按照重量来评价猎狗,决定一段时间内的待遇。于是猎狗们抓到兔子的数量和重量都增加了,猎人很开心。但是,过了一段时间,猎人发现猎狗们抓的兔子的数量又下降了,而且越有经验的猎狗,抓的兔子的数量下降得越厉害。于是猎人又去问猎狗。猎狗说:"我们把最好的时间都奉献给了您,主人,但是我们随着时间的推移会变老,当我们抓不到兔子的时候,你还会给我们骨头吃吗?"

A是一家化妆品企业的老板,公司不大,最近效益下滑。老板对我说:"兄弟,你说我这些员工怎么回事?以前做得好好的,现在却不如以前努力了,公司现在效益不好,他们怎么还是和以前一样不努力？真是没有办法，你能不能给我介绍几个认真负责的人来工作？"没过多久，跟随他创业的几个老弟兄都走了，有的也自己创业，变成了他的竞争对手。

B是一家医药企业的老总，公司出现了高层震荡，营销老总带着很多人集体跳槽到一家竞争对手那里。B气鼓鼓地说："我已经为他们做了很多，奖金该兑现的都兑现了，工资该涨的也涨了，他们为什么还要走呢？"

A和B都没有将员工的短期利益与长期利益结合起来，他们没有想明白员工会走，老功臣会走，有能力的人会走的原因。公司的政策导向是这样，员工自然而然会做出这样的反应。那么，要想解决这样的问题，不但要将员工、公司的短期利益结合起来，而且要将员工、公司的短期利益与长期利益结合起来。

人力资源管理的一个重要目标就是不断地将员工的短期利益与长期利益结合起来，因此，才出现了股票期权、员工持股。

猎人是精明的，他懂得如何让猎狗发挥最大的能量，不断地调节猎狗的士气。故事虽然简单，给我们的启示却是很多的。在我们的企业中，人力资源工作者在工作中怎样调动员工的积极性而达到企业发展的目的，通过什么样的过程，营造什么样的氛围，让有能力的人发挥最大能力。

人力资源的工作目标——创造一种发挥人力资源最大能力、获得最大价值的工作管理机制。

四、得到骨头与肉

猎人决定，论功行赏，分析与汇总了所有猎狗抓到的兔子的数量与重量，规定如果抓到的兔子超过了一定的数量后，即使抓不到兔子，每顿饭都可以得到一定数量的骨头。猎狗们都很高兴，大家都努力达到猎人规定的数量。终于，一些猎狗达到了猎人规定的数量。这其中，有一条聪明的猎狗对其他猎狗说："我们这么努力，只是得到了几根骨头，而我们抓的猎物却远远超过了这几根骨头，我们为什么不能给自己抓兔子呢？"于是，有些猎狗离开了猎人，自己抓兔子去了。

如果你是猎人，该如何办？

（资料来源：百度知道 https://zhidao.baidu.com）

【成果与检测】

同学们分组讨论，然后以接力的形式进行一轮，看看谁接得好。

案 例 分 析

伯乐难留良马

助理工程师黄大佑，一个名牌大学的高才生，毕业后工作已8年，于4年前应聘到一家大厂的工程部负责技术工作，工作诚恳负责，技术能力强，很快就成为厂里有口皆碑的"四大金刚"之一，名字仅排在厂技术部主管陈工之后。然而，工资却同仓库管理人员不相上下，一家三口尚住在刚入厂时分的那间平房里。对此，他心中时常有些不平衡。

李厂长，一个有名的识才老厂长，"人能尽其才，物能尽其用，货能畅其流"的孙中山先生的名言，在各种公开场合不知被他引述了多少遍，实际上他也这样做了。4 年前，黄大佑来报到时，门口用红纸写的"热烈欢迎黄大佑工程师到我厂工作"十几个不凡的颜体大字，是李厂长亲自吩咐人事部主任落实的，并且交代要把"助理工程师"的"助理"两字去掉。这确实让黄大佑当时工作更卖劲。

两年前，厂里有指标申报工程师，黄大佑属于有条件申报之列，但名额却让给一个没有文凭、工作平平的同志。他想问一下厂长，谁知，他未去找厂长，厂长却先来找他了："黄工，你年轻，机会有的是。"去年，他想反映一下工资问题，来这里工作的一个目的不就是想得到高一点儿的工资，提高一下生活待遇吗？但是几次想开口，都没有勇气说出来。因为厂长不仅在生产会上表扬他的成绩，而且，曾记得，有几次外地人来取经，李厂长当着客人的面赞扬他："黄工是我们厂的技术骨干，是一个有创新的⋯⋯"哪怕厂长再忙，路上相见时，总会拍拍黄工的肩膀说两句，诸如"黄工，干得不错"，"黄工，你很有前途"。这的确让黄大佑兴奋，"李厂长确实是一个伯乐"。此言不假，前段时间，他还把一项开发新产品的重任交给他呢，大胆起用年轻人，然而⋯⋯

最近，厂里新建好了一批职工宿舍，听说数量比较多，黄大佑决心要反映一下住房问题，谁知这次李厂长又先找他，还是像以前一样，笑着拍拍他的肩膀："黄工，厂里有意培养你入党，我当你的介绍人。"他又不好意思开口了，结果家没有搬成。

深夜，黄大佑对着一张报纸的招聘栏出神。第二天一早，李厂长办公台面上放着一张小纸条，"李厂长：您是一个懂得使用人才的好领导，我十分敬佩您，但我决定走了。黄大佑于深夜"。

(资料来源：百度文库 https://wenku.baidu.com)

思考题：
1. 根据马斯洛的理论，住房、评职称、提高工资和入党对于黄工来说分别属于什么需求？
2. 根据公平理论，黄工的工资和仓库管理员的工资不相上下，是否合理？
3. 李厂长的激励手段有什么问题？他应该使用什么样的激励方式才能留住黄工？

第十章 沟 通

管理就是沟通、沟通、再沟通。

——通用电气公司总裁杰克·韦尔奇

【学习目标】

知识点：
- 掌握沟通的完整过程。
- 理解沟通障碍的来源和表现。
- 了解冲突管理。

技能点：
培养沟通的能力和技巧。

【引例】

小公主的愿望

一个小公主病了，她娇憨地告诉国王，如果她能拥有月亮，病就会好。国王立刻召集全国的聪明智士，要他们想办法拿月亮。总理大臣说："它远在三万五千里外，比公主的房间还大，而且是由熔化的铜所做成的。"魔法师说："它有十五万里远，用绿奶酪做的，而且整整是皇宫的两倍大。"数学家说："月亮远在三万里外，又圆又平像个钱币，有半个王国大，还被黏在天上，不可能有人能拿下它。"国王又烦又气，只好叫宫廷小丑来弹琴给他解闷。小丑问明一切后，得到了一个结论：如果这些有学问的人说的都对，那么月亮的大小一定和每个人想的一样大一样远。所以当务之急便是要弄清楚小公主心中的月亮到底有多大多远。于是，小丑到公主房里探望公主，并顺口问公主："月亮有多大？""大概比我拇指的指甲小一点吧！因为我只要把拇指的指甲对着月亮就可以把它遮住了。"公主说。"那么有多远呢？""不会比窗外的那棵树高！因为有时候它会卡在树梢。""用什么做的呢？""当然是金子！"公主斩钉截铁地回答。 比拇指指甲还要小，比树还要矮，用金子做的月亮当然容易拿啦！小丑立刻找金匠打了个小月亮穿上金链子，给公主当项链，公主好高兴，第二天病就好了。

人们较少关注客户的真实需求，完全是按照自己的意愿做事情，但是不论多么努力，效果总是不好。而沟通才是掌握客户的心理的最好办法。 另外，选择好沟通的内容也十分重要，沟通内容选择好后，才能直入主题，简洁高效。

(资料来源：百度文库 https://wenku.baidu.com)

第一节 沟通概述

一、沟通的含义

　　如果领导者想领导一个组织朝着明确的目标前进,必须有一支稳定有效、协调一致的合作队伍,沟通则是组织、团队不可或缺的润滑剂。不少权威的管理学家经过调查分析认为,领导者的成功大部分(占 70%~90%不等)取决于沟通和良好的人际关系,智慧、专业技术只是一小部分。量化未必如数字那样精确,但是,沟通的价值越来越被领导者认识和重视,成为领导科学和组织管理的要素,是确定无疑的。沟通是指两个或多位个体或群体之间交换信息和分享思想及感情的过程。沟通一般有两种类型:人际沟通和管理沟通。所谓人际沟通是人与人之间的沟通。所谓管理沟通,是指一定组织中的人,为达成组织目标而进行的管理信息交流的行为和过程。

　　管理沟通与一般意义上的人际沟通存在差异,它是存在于"组织范围中的沟通",是一种特殊的人际沟通,具有以下特点。

　　(1) 沟通的目的更为明确。管理沟通是围绕着特定的管理活动而进行的,目的十分明确。上情下达、下情上传、横向交流都是出于一定的管理目的的考虑,而不仅仅是为沟通而沟通。

　　(2) 沟通的渠道更加健全。任何组织内部都设有正式的信息沟通渠道。沟通网络纵横交错,十分正规、健全。

　　(3) 沟通活动更有计划。因为管理沟通的目的明确,活动力更富计划性,一般有周密的考虑和精心的准备。从其发展方向来看,它将越来越趋向于制度化。

二、沟通的过程

　　沟通过程是一个发送者把信息通过沟通渠道传递给另一个接收者的过程,如图 10-1 所示。

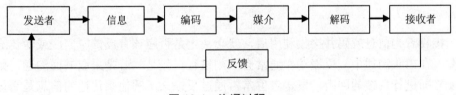

图 10-1　沟通过程

1. 发送者

　　发送者即信息源。发送者的动机、态度及其可靠性,对沟通效果具有重要作用,可以解决"谁正在沟通""信息从何处来""信息是否可靠"等问题。

2. 信息

　　信息的传送者就是沟通的发起人。发送者把头脑中的想法进行编码而生成的信息,需要向接收者传送或接收者提供。这里所说的信息包括概念、思想、观点或资料等。对于一个有效的沟通过程来说,这是最为重要的。因为,如果没有形成有价值的信息,其他步骤则毫无意义。

3. 编码

所谓编码就是传送者把信息放入接收者能看懂的符号中。发送者把信息编译成适当的传输符号，如言语、文字、图片、身体姿势、表情动作等。被编码的信息受到四个条件的影响：技能、态度、知识和社会文化系统。首先，沟通需要必要的技能。例如，如果教师缺乏必要技能，则很难用理想的方式把信息传递给学生。其次，个体的态度也影响着行为。我们对许多事情有自己预先定型的想法，这些想法影响我们的沟通。再次，沟通活动还受到我们对某一具体问题所掌握的知识范围的限制。最后，人们在社会文化系统中所持的观点和见解也影响着行为。例如作为文化系统部分的信仰和价值观，就影响着沟通的信息源。

4. 媒介

媒介是指发送者将信息传递到接收者所借助的手段，如面谈、电话、会议、计算机网络、政策条例、计划和工作日程等。

5. 解码

接收到信息的人会进行解码。所谓解码就是接收者把信息转译成具有特定含义的信息。与编码者相同，接收者同样受到自身的技能、态度、知识和社会文化系统的限制。一个人的知识水平不仅影响他传递信息的能力，也影响着他的接收能力。接收者的态度及其文化背景也会使所传递的信息失真。由于发送者编码与传递能力的差异以及接收者接收和解码水平的不同，信息的内容和含义经常被曲解。因此，发送者要求接收者按照他的本意准确地理解信息，事实上这是很困难的。在绝大多数情况下，只要做到能接近符合发送者的本意就算是成功的沟通。

6. 接收者

传送的信息为接收者所接收，接收者也就是信息指向的个体，接收者根据这些信息传递的方式，选择相对应的接收方式。

7. 反馈

当接收者为信息解码并接收利用后，就会决定是否应该有反馈、回应或者传送新信息的必要。在口头沟通中，反馈动作通常会立刻进行。但是，若是采取书面沟通，则通常没有必要立即进行反馈的回函。发送者也常常通过反馈来了解他想传递的信息是否被对方准确无误地接收。实际上，在沟通的过程中，发送者和接收者的角色是可以互换的。

8. 噪声

在整个沟通过程中，无论是在发送者方面、在传递中还是在接收者方面，都存在着许多干扰和扭曲信息传递的因素，这些因素被称为障碍或噪声。典型的噪声包括难以辨认的字迹、电话中的静电干扰、接收者的疏忽大意以及生产现场中设备的背景噪声。噪声会使沟通效果大为降低，造成信息失真或信息歪曲的现象。噪声分外部噪声(同事的高声喧哗)和内部噪声(说话人或发送者的声音过低)。外部噪声对沟通有效性的影响是不言而喻的，因此这里主要分析在沟通过程中造成信息失真的内部噪声。

以上的各个步骤充分显示，良好的信息沟通与信息的采集、传输、接收全过程中的工作质量相关，更与管理工作中信息沟通的特点——参与全过程人员的素质密切相关。

三、沟通的作用

组织内沟通的目的，从根本上说是在组织内通过成员间的相互沟通，增进相互了解，有效判断自己现时的行为活动状况，从而进行行为协调，形成巨大合力，有效实现组织既定的目标。从这一根本目的上可看到，人际沟通实际上还起到以下效用。

1. 创造一个和谐的氛围

人际关系的和谐尽管首先与组织成员的素质修养有很大关系，但没有良好的沟通渠道和沟通方式，组织内和谐的氛围也难以维持。通过沟通使成员互相了解，进而调整自己的行为，就容易友好相处、共同工作。

2. 使行为协调

行为协调的前提是组织成员知道自己干了什么，正在干什么，别人干了什么，正在干什么，大家应该如何合作，而这必须通过有效的沟通才能实现。沟通可以使组织成员明白自己之所做和他人之所在，明白与目标的差异，从而调整各自的行为，进行团体的合作。

3. 上行下达

管理层次愈多，组织内上行下达的命令、请示、反馈等信息的传递就会愈需要经过多层次送达。且不说这样的送达过程会导致信息的失真，仅层层传递就要耗费大量时间，进而使组织动作行为迟钝、效率降低。信息沟通需要渠道，没有渠道就没有办法进行沟通。因此，重要的是有没有沟通渠道以及这些渠道安置的有效性。当渠道不多而且还不够宽甚至有障碍时，高层领导的指挥命令就难以迅速传至下级，而下级的行为偏差，上级也无法及时知道，这样就有可能使组织丧失机遇，发生偏差。

四、沟通的种类

在一个沟通有效的组织中，信息沟通种类繁多，按其区分标准不同，可作以下分类。

1. 浅层沟通和深层沟通

从沟通的功能来看，管理沟通可分为浅层沟通和深层沟通。

(1) 浅层沟通是指发送者将在管理工作中必要的信息、知识、想法、行为要求等信息传递给接收者。浅层沟通是组织内部信息传递工作中必不可少的重要内容，它一般仅限于管理工作表层上的必要部分，管理者无法得知下属的情感、态度等；它是员工工作的一部分内容，一般比较容易进行。

(2) 深层沟通是指管理者和下属之间为了有更深的了解，在个人情感、态度、价值观等方面进行双向的较深入的交流，其作用主要是使管理者对下属有更深层次的了解，满足他们的需要，激发他们的积极性。深层沟通有助于有效地管理好下属，它一般不在工作时间进行，通常只在两个人或在小群体内部进行，最终改善相互间的人际关系；它比浅层沟通更难进行，更容易发生沟通的障碍。

2. 单向沟通和双向沟通

根据沟通时是否有反馈，可把沟通分为单向沟通和双向沟通。

(1) 单向沟通是指没有反馈的信息传递，例如，电话通知、书面通知等。单向沟通一般比较适合下列情况：①沟通的内容简单，并要求迅速传递的信息；②下属易于接受和理解解决问题的方案；③下属没有了解问题的足够信息，反馈不仅无益于澄清事实，反而容易出现沟通障碍；④情况紧急而又必须坚决执行的工作和任务。双向沟通是指有反馈的信息传递，是发送者和接收者相互之间进行信息交流的沟通，例如，讨论会、面谈等。

(2) 双向沟通比单向沟通，对促进人际关系和加强双方紧密合作方面有更重要的作用，能更加准确地传递消息，有助于提高接收者的理解能力，提高信息沟通的质量。双向沟通比较适用于下列情况：①沟通时间充裕，沟通的内容复杂；②下属对解决问题的方案的接受程度非常重要；③上级希望下属能对管理中的问题提供有价值的信息和建议。除了前述的一些原因外，领导者个人的素质对单向沟通和双向沟通的选择也有影响。如比较擅长双向沟通，并能够有建设性地处理负面的反馈意见的上级，可能在管理工作中多选择双向沟通；而缺乏处理下属负面反馈意见的能力，并容易感情用事的上级，可能在管理工作中多选择单向沟通。

小阅读

孔子的一位学生在煮粥时，发现有脏的东西掉进锅里去了。他连忙用汤匙把它捞起来，正想把它倒掉时，忽然想到，一粥一饭都来之不易啊，于是便把它吃了。刚巧孔子走进厨房，以为他在偷食，便教训了那位负责煮食的同学。

经过解释，大家才恍然大悟。孔子很感慨地说："我亲眼看见的事情也不确实，何况是道听途说呢？"

3. 口头沟通、书面沟通、非语言沟通与电子沟通

根据传递信息的方式不同，沟通可分为口头沟通、书面沟通、非语言沟通与电子沟通。

1) 几种沟通方式的含义

(1) 口头沟通是采用口头语言进行信息传递的沟通，也是最常见的交流方式，如会谈、会议、演说、电话等。

(2) 书面沟通是指采用书面文字的形式进行沟通，如备忘录、报告、信函、文件、通知、内部通信等。

(3) 非语言沟通是指不通过口头或语言文字发送许多有意义的信息的传递方式，最常见的非语言沟通就是体态语言和语调。

(4) 电子沟通即依赖于各种各样复杂的电子媒介传递信息的沟通。除了极为常见的媒介(电话及公共邮寄系统)外，将闭路电视、计算机、静电复印机、传真机等一系列电子设备，与语言和纸张结合起来就产生了更有效的电子沟通方式。

2) 几种沟通方式的优点

(1) 口头沟通胜过书面沟通的好处在于：它是一种能比较快速传递和反馈且较灵活的方法，很少受时间、地点和场合的限制，信息可以在最短的时间里被传送，并在最短时间内得到对方的回复。当沟通双方对信息有疑问时，迅速反馈可使发送者及时检查其中不够

明确的地方并进行改正。口头沟通不适用需要经过多人传送的信息,在信息传递过程中,信息传递经过的人越多,信息失真的潜在可能性就越大。因此,组织中的重要决策如果通过口头方式在权力金字塔中上下传送,则信息失真的可能性更大。

(2) 书面沟通传达的信息准确性高,沟通比较正式,信息权威性强,并可以长时间保存,接收者可以反复阅读等。书面沟通的好处就来自其过程本身。除个别情况外(如一个正式演说),书面语言比口头沟通考虑得更全面。把东西写下来促使人们对自己要表达的东西更认真地思考。因此书面沟通显得更为周密、逻辑性强、条理清楚。但书面沟通也存在不足:一是沟通周期比较长、缺乏亲近感;二是沟通双方的应变性比较差,难以得到及时反馈。有的心理学家曾对口头沟通和书面沟通的效果进行比较研究,结果发现:口头与书面混合方式的沟通效果最好,口头沟通方式次之,书面沟通方式效果最差。

(3) 非语言沟通较其他的沟通方式的好处在于:它能十分明确地表达信息意义,而且内涵丰富,含义隐含灵活,但也存在传送信息距离有限、界限含糊以及只能意会不能言传等不足。值得注意的是,任何口头的沟通都包含有非语言信息。研究者曾发现,在口头交流中,信息的55%来自面部表情和身体姿态,38%来自语调,而仅有7%来自真正的词汇。

(4) 随着科学技术的不断进步与发展,沟通技术发生了日新月异的变化,电子沟通正在成为主要而且高效的沟通类型。其中,主要是手机通信、电子邮件、视听会议和组织内相互网络或局域网的迅速发展与普及。电子沟通不但显著改变了沟通模式,降低了信息传递和共享成本,提高了灵活性,而且正在改变组织和整个管理的程序及模式。特别是各类网络化的"群体支持系统"和"电子会议系统"的研制与应用,使得许多员工可以在同一时间发言、倾听和分享数据信息,迅速实现多位沟通,使其成为强化团队工作、提高工作效率和工作满意度的有效途径。

4. 正式沟通与非正式沟通

从组织系统来看,沟通可以分为正式沟通与非正式沟通。

(1) 正式沟通是指以企业正式组织系统为渠道进行信息的传递和交流。例如,组织规定的汇报制度,定期或不定期的会议制度,上级的批示按组织系统逐级下达,下级的情况逐级向上反映,等等,都属于正式沟通。

(2) 非正式沟通是指以企业非正式组织系统或个人为渠道进行信息传递和交流。例如,员工之间私下交换意见、议论某人某事以及传播小道消息等。现代管理中很重视非正式沟通的研究,因为人们真实的思想和动机往往是在非正式的沟通中表露出来的。

小案例

美国惠普公司创造了一种独特的"周游式管理办法",鼓励部门负责人深入基层,直接接触广大职工。

为此目的,惠普公司的办公室布局采用美国少见的"敞开式大房间",即全体人员都在一间敞厅中办公,各部门之间只有矮屏分隔,除少量会议室、会客室外,无论哪级领导都不设单独的办公室,同时不称头衔,即使对董事长也直呼其名。这样有利于上下左右沟通,营造无拘束和合作的气氛。

单打独斗、个人英雄的闭门造车工作方式在现今社会是越来越不可取了，反而团队的分工合作方式正逐渐被各企业认同。管理中打破各级各部门之间无形的隔阂，促进相互之间融洽、协作的工作氛围是提高工作效率的良方。

不要在工作中人为地设置屏障分隔，敞开办公室的门，制造平等的气氛，同时也敞开了彼此合作与心灵沟通的门。

5. 垂直沟通与水平沟通

根据信息的流向不同，沟通还可分为垂直沟通和水平沟通。

(1) 垂直沟通还可以进一步分为下行沟通和上行沟通两种。下行沟通是指从一个较高层次向下一个较低层次进行的沟通。例如，管理者给下属指定目标、进行工作指导、告知政策与程序等，往往采取下行沟通的方式。上行沟通是指从较低层次向较高层次的沟通。员工用它向上级(管理者)提供反馈，汇报工作进度，并告知当前存在的问题。管理者也经常依赖于这种沟通了解哪些工作需要改进。

(2) 当沟通发生在同一工作群体的成员之间，同一等级的工作群体成员之间，同一等级的管理者之间以及任何等级相同的人员之间时，就称为水平沟通或横向沟通。

互动话题

第一步
1. 发给每位学员一张8开的纸。
2. 培训者发出单向指令。
(1) 大家闭上眼睛，全过程不许睁开眼睛，也不许发问。
(2) 将纸对折。
(3) 再对折。
(4) 再一次对折。
(5) 把左上角撕下来，转180°，再把右下角撕下来。
(6) 睁开眼睛，把纸打开。
3. 学员会发现，他们撕出来的形状五花八门。

第二步
1. 培训者请一位学员上台。
2. 重复上述动作，只是这次学员可以提问。

相关讨论
1. 完成第一步后可以问大家，为什么大家会有这么多不同的答案？
2. 完成第二步后问大家，为什么允许交流后还存在误差？

第二节 有 效 沟 通

一、有效沟通及其特征

(一)有效沟通的含义

有效沟通，简单地说就是传递和交流信息的可靠性和准确性高，它表明了沟通主体(发送者和接收者)对内外噪声的抵抗能力。一个有效的沟通不仅要求信息发送者清晰地表达信息的内涵，以便信息接收者能确切理解，还要求信息发送者重视信息接收者的反应并根据其反应及时修正信息的传递，免除不必要的误解，两者缺一不可。

(二)有效沟通的特征

有效沟通一般具有以下几个特征。

1. 有效沟通的信息具有真实性

有效沟通必须是有意义、真实的信息被传递，如果传递的信息是无意义的、不真实的，就会浪费大量的人力、物力资源，甚至有可能带来负面影响。

2. 有效沟通的信息具有完整性

有效沟通的信息在传递过程中是完好无损的，信息既没有被任意添加，也没有被任意减少或扭曲。

3. 有效沟通的主体具有共时性

有效沟通的信息是由适当的主体发出，并通过适当的渠道传递给适当的另一主体接收，这两者缺一不可。此外，信息接收者必须真正了解或体验或理解管理信息发出者所发出信息的真正含义或意义。

4. 有效沟通的代码具有相同性

有效沟通的主体传递信息时，使用的是相同的信息代码系统，即信息在发出者那边是以何种代码被编码的，在接收者那里也必须以相同的代码系统来对接收到的信息代码进行解码。

5. 有效沟通的及时性

有效的沟通要求沟通的主体及时地传递信息并给予及时的反馈，提高沟通的效率。任何信息传递和反馈的延迟都会影响沟通的效果。

6. 有效沟通的渠道是适当的

有效的沟通需要将信息通过适当和必要的沟通渠道进行传递。不同的信息对于传递渠道的选择是有要求的。选择正确适当的沟通渠道有助于进行有效沟通，而错误的渠道选择则会产生信息遗失、误读或信息扭曲，导致管理沟通受挫或失败。

7. 有效沟通的方式具有灵活性

同一个问题可以用不同的方式进行沟通，不同的时间、地点和场合，沟通方式是不同的，适当的沟通方式会带来更好的沟通效果。

8. 有效沟通的结果和目标具有一致性

最终评价一次沟通的有效性应该看沟通的结果是否与沟通的目标相一致，即沟通应该能够解决组织所面临的现实问题，促进组织的高效运转。

二、沟通障碍

(一)沟通障碍的来源

在人们沟通信息的过程中，常常会受到各种因素的影响和干扰，使沟通受到阻碍。沟通障碍主要来自三个方面：发送者的障碍、接收者的障碍和沟通通道的障碍。

1. 发送者的障碍

在沟通过程中，信息发送者的情绪、倾向、个人感受、表达能力、判断力等都会影响信息的完整传递。障碍主要表现在：①表达能力不佳；②信息传送不全；③信息传递不及时或不适时；④知识经验的局限；⑤对信息的过滤。

2. 接收者的障碍

从信息接收者的角度来看，影响信息沟通的因素主要有以下几个方面：①信息译码不准确；②对信息的筛选；③对信息的承受力；④心理上的障碍；⑤过早地评价；⑥情绪。

3. 沟通通道的障碍

沟通通道的问题也会影响到沟通的效果。沟通通道障碍主要有以下几个方面：①选择沟通媒介不当；②几种媒介相互冲突；③沟通渠道过长；④外部干扰。

(二)沟通障碍在日常管理中的表现

在企业日常的管理中，经常会发生一些信息沟通上的障碍，这些障碍的产生都源于上述因素的影响，具体表现可以做以下罗列。

(1) 距离。上级与下级之间的物理距离减少了他们面对面的沟通。

(2) 曲解。当一个人分不清实际材料和自己的观点、感受、情绪的界限时，就容易发生曲解。

(3) 语义。这涉及沟通语言、文字、图像和身体语言等。

(4) 缺乏信任。这种障碍与上下级相处的经历有关。在以往经历的基础上，一方面，如果下级觉得把坏消息报告给上级于己无益，他就会隐瞒这些消息。另一方面，如果他觉得上级能体谅并且帮助人，他就不会把坏消息或不利信息过滤掉。

(5) 不可接近性。在一些企业中，会有这样的管理人员，他们经常外出，或者把自己置身于烦琐的小事，下级没有机会与他们进行商谈、讨论或得到他们的指导。

(6) 职责不明确。当一个下级的职责不明确时，他们就会找替罪羊或者捏造理由。我们常常听人说："我以为这是你要我做的"或者"我以为该由××来做"。职责不明会导致职务和作用的含糊，这恰恰意味着下级对其所处的职位以及所履行的职责模糊不清。

(7) 个性不相容。上下级的个性不相容，常常发生冲突，并因此而产生沟通障碍。

(8) 拒绝倾听。一些管理人员，或是自高自大，或是漫不经心，拒绝倾听上级或下级的意见。

(9) 没有利用恰当的媒介。在组织环境下进行沟通，可以利用好几种媒介。沟通的有效性依赖于管理人员如何根据自己的情况选择恰当的媒介。

(10) 沟通缺口。这指的是沟通的正式网络中所存在的缺陷与漏洞。在一些规模较大、较复杂的组织中，这种障碍是一种普遍现象。正式沟通网络是沿着组织的权责路线而建立的。随着组织的增长和扩大，这些网络便倾向于变得大而复杂，同时又没有很多的计划工作。在这种情况下，沟通网络便开始出现缺陷，过分依赖于正式沟通而不利用其他来源和方法，导致沟通系统产生缺口。

(11) 方向迷失。信息内容缺乏导向可能会导致沟通障碍。有些信息分两部分内容：外显的或明显的意义和潜在的或真正的含义。在有些情况下，消息的外显意义被弄得过分吸引人，从而导致真正意义的丢失。

(12) 负载过重。当人们负载的信息过度时，他们就倾向于业绩完成不佳，其绩效比接收信息不足的员工要低。

三、有效沟通的管理

为促进有效沟通，组织可以从信息、沟通者、沟通方法、组织等多方面加强对沟通活动的管理。

(一)有效地管理信息

沟通首先就是在交流的双方之间传递信息，信息是沟通得以发生的实质内容，因此，要有效地沟通，必须加强对信息的管理。
(1) 信息要具有价值。
(2) 信息的传递要多、快、好、省。
(3) 要把握信息传递的"度"。
(4) 要注意信息的反馈。

(二)有效地管理沟通者

沟通者是沟通活动的主体，沟通能否顺利进行，在很大程度上受沟通双方的影响，因此，加强对沟通者的管理是能够做到有效沟通的关键。

1. 加强组织中沟通双方对沟通重要性的认识

通常人们认为沟通是件非常简单的事，并不重视沟通的重要性，同时又在某种程度上对沟通存在着误解。例如，人们常常认为向对方讲述一件事后，沟通就完成了，没有考虑"语言"本身并不代表"意思"，其中还存在一个破译转化的过程。沟通虽然非常普遍，看起来非常容易，但是有效沟通却常常是一项困难和复杂的行为。

2. 改进沟通者的沟通态度

信息沟通不仅仅是信息符号的传递，它还包含着更多的情感因素，所以在沟通过程中，沟通双方采取的态度对于沟通的效果有很大的影响。只有双方坦诚相待、相互信任时，才能消除彼此间的隔阂，从而求得对方的合作。另外，在信息沟通过程中还要以积极的、开放的心态对待沟通，要愿意并且有勇气用恰当的方法展示自己的真实想法，在沟通过程中顾虑重重，会导致很多误解。

3. 提高沟通者的沟通技能

信息发送者和信息接收者都要努力增强自己的沟通技能，进而提高有效沟通水平：①提高自己的语言表达能力；②培养积极倾听的技能。

小阅读

有一天，美国知名主持人林克莱特采访一位小朋友，问他说："你长大后想要当什么呀？"小朋友天真地回答："嗯……我要当飞机的驾驶员！"林克莱特接着问："如果有一天，你的飞机飞到太平洋上空，所有引擎都熄火了，你会怎么办？"小朋友想了想："我会先告诉坐在飞机上的人绑好安全带，然后我挂上我的降落伞跳出去。"当在现场的观众笑得东倒西歪时，林克莱特继续注视着这个孩子，想看他是不是自作聪明的家伙。没想到，接着孩子的两行热泪夺眶而出，这才使得林克莱特发觉这孩子的悲悯之情远非笔墨所能形容。于是林克莱特问他说："为什么要这么做？"小孩的答案透露出一个孩子真挚的想法："我要去拿燃料，我还要回来！"

你听到别人说话时，你真的听懂他说的意思了吗？你懂吗？如果不懂，就请听别人说完吧，这就是"听的艺术"。

(三)有效地管理组织沟通渠道

合理顺畅的沟通渠道是组织中维系人与人之间良好工作关系的关键因素，是组织沟通活动的血管。为实现有效的组织沟通，应结合正式沟通渠道和非正式沟通渠道的优缺点，通过对组织结构的调整，设计一个包含正式和非正式沟通渠道的信息传递网络，同时缩短信息传递的链条，以便使组织的信息沟通更加迅速、及时、有效。组织沟通渠道的设置必须与组织的结构、管理模式相匹配、相适合，才能有利于组织整体目标的完成。

在沟通管理中，组织一方面要尽量建立完善的正式沟通渠道并疏通之。由于组织结构和管理问题带来的阻塞，尽量控制使用非正式渠道。另一方面也要正视非正式沟通渠道的存在，对其加以适当的引导和合理的利用，让其成为正式沟通的一个有益补充。现代管理理论提出了一个新概念，即"高度的非正式沟通"。它指的是利用各种场合，通过各种方式，排除各种干扰，来保持他们之间经常不断的信息交流，从而在一个团体、一个企业中形成一个巨大的、不拘形式的、开放的信息沟通系统。实践证明，高度的非正式沟通可以节省很多时间，避免正式场合的拘束感和谨慎感，使许多长年累月难以解决的问题在轻松的气氛下得到解决，减少了团体内人际关系的摩擦。

总之，为了达到管理沟通的最佳效果，根据不同的沟通时机、对象与内容，正式沟通模式与非正式沟通模式会发挥自己各自不同的沟通作用。现实生活中，既没有纯粹的正式管理沟通，也没有纯粹的非正式管理沟通，而是正式与非正式管理沟通相互配合，各有其突出和必要的作用。

(四)采用合适的沟通方法和技术

选用恰当的沟通方法对增强组织沟通的有效性也十分重要，因为组织沟通的内容千差万别，针对不同的沟通需要，应该采取不同的沟通方式。从沟通的速度方面考虑，利用口头和非正式的沟通方法，就比书面的和正式的沟通速度快。从反馈性能来看，面对面交谈，可以获得立即的反应，而书面沟通，则有时得不到反馈。从可控性来看，在公开场合宣布某一消息，对于其沟通范围及接收对象毫无控制；反之，选择少数可以信赖的人，利用口头传达某种信息则能有效地控制信息。从接受效果来看，同样的信息，可能由于渠道的不同，被接受的效果也不同。以正式书面通知，可能使接收者十分重视；反之，在社交场合所提出的意见，却被对方认为讲过就算了，并不加以重视。因此，要根据沟通渠道的不同性质，采用不同的沟通方式，这样沟通效果才会更好。另外，组织还应该尽可能地给员工提供良好的办公设施，如电脑、互联网等，充分发挥现代化的信息技术给沟通带来的种种便利。

(五)改革沟通的制度，创建良好的沟通氛围

针对组织的特点及发展的需要，组织可以对原有的沟通制度进行不断的改革和补充，利用制度性的措施来保障一个良好的沟通氛围获得有效的沟通效果。一般可以从以下几方面进行。

1. 建立信息沟通检查制

这种方法是将信息沟通看成是实现组织目标的一种方式，而不是为了沟通而沟通，因而就可以把组织内外的信息沟通看成是一个与组织目的相关的一组沟通因素。利用这种信息沟通检查制，可以分析所设计的许多关键性管理活动中的沟通。它既可以用于出现问题之际，也可用于事前防范。

2. 设立建议制度

建议制度主要针对企业内的普通员工，鼓励他们就任何关心的问题提出意见，实际上也是为了避免向上沟通的信息被滤掉所采取的强行向上沟通的办法。因此，单纯的鼓励是不够的，因为等级和权力的差别肯定会形成阻碍。企业内部必须建立一套有效的建议制度，保证强行向上沟通，诸如接待日、意见箱、领导者直接深入基层、物质奖励等。只要有经常性的沟通制度，公司员工的向心力和凝聚力就会增强，员工就会把公司看成自己的家，就会热心参与公司的一切事务。员工心情舒畅了，工作效率和机构效能就会提高。

3. 建立定期的例会制度，使有关的工作情况在会上得到及时沟通

经常召开员工会议，让各类员工聚集在一起，发表意见和提出看法，这是非常有价值的沟通形式。这种员工会议不是指每年一两次的员工代表大会，而是针对具体问题，利用会议形式鼓励大家发表意见。例会制度在企业中一般都有，但绝大多数例会属于同级人员的聚会，信息沟通因此而受到限制。相反，员工会议则由一定范围内的管理人员和普通员工共同参加，实行不同等级的成员直接接触、直接沟通。

4. 进行员工调查和反馈

对组织中员工的态度和意见进行调查，是组织的一种有用的自下而上的沟通手段。这种形式的调查使员工感到他们可以自由表达他们真实的观点。当调查结果反馈到员工那里时，则变成了自上而下的沟通。调查反馈使员工感到他们的意见已被管理者所知悉并考虑到，因而增强了组织与员工的有效沟通。

第三节 冲突管理

冲突是指有关双方在观念和行为上的对立或对抗,是一种在满足各自需要的过程中遇到挫折、阻力或力图超越现状时的心理紧张和压力及其外部表现。

一、冲突的类型

在组织的经营活动中,按照冲突发生的层次来划分,冲突可以分为以下几种类型。

1. 个人内心的冲突

个人内心的冲突一般发生于组织中个人面临多种难以做出的选择时,对一些目标、认知或情感的冲突。

2. 人际关系冲突

人际关系冲突是指组织中两个或两个以上的个人感觉到他们的态度、行为或目标的对立,所发生的冲突。

3. 团队间的冲突

团队间的冲突是组织内团队之间由于各种原因而发生的对立情形,包括垂直冲突、水平冲突、指挥系统与参谋系统间的冲突、正式系统与非正式系统间的冲突四种形式。

4. 组织之间的冲突

组织之间的冲突是指组织在与其生存环境中的其他一些组织发生关系时,由于目标、利益的不一致而发生的冲突。

二、冲突形成的原因

相互依赖性和相互间的差异是冲突形成的客观基础,组织内资源的稀缺和机制的不完善推动了冲突的实现。在组织的活动中,发生冲突的具体原因可以归纳为以下几个方面。

1. 组织内各成员之间的高度依赖性和差异性

组织内的专业分工导致了不同的岗位人员、部门之间高度的依赖,因此一个人、一个部门的行动结果经常会直接影响到其他人、其他部门的工作效果。一旦一方的行动妨碍了另一方目标的实现,冲突就会产生。另外,主体个性差异较小则在许多方面容易达成共识,而个性差异显著的主体之间就不易接受对方(包括其行为)。组织内成员的个性差异越大,共性就会越少,成员间合作的可能性就越小,存在的分歧、矛盾就越普遍,工作和交往中的阻碍、争执和冲突也就越频繁。具有一定的相互依赖关系的双方差异性越大,就越容易导致最后冲突的发生。

2. 组织资源的稀缺

充足的人力、物力、财力资源是工作目标得以实现的必要保证。组织的资源稀缺时,不同的员工、不同的部门会因为资源的分配方式而发生冲突。

3. 组织机制的不完善

组织中各种机制的不完善也是导致冲突的重要原因。这表现在诸多方面，如组织的结构上存在功能缺陷。现存的源于以功能为根本的组织结构设计由于过于强调组织功能的实现，一个完整的企业组织被切割成业务、财务、人事等许多部分，由于信息不对称和利益不一致，不可避免地导致企业组织冲突的产生。组织中缺乏良好的沟通机制，会使组织由于沟通的不畅导致企业组织信息沟通过程中的误解或传递的无效，极易导致个人或群体之间产生隔阂、引起冲突。组织不能够有效协调个人、组织及社会目标，个人、企业及社会的目标存在着对立，这种对立是引起个人、企业和社会目标冲突的重要原因。另外，没有统一的组织文化、个人文化与组织文化匹配的不协调也会带来许多组织关系的不和谐和矛盾。

三、管理冲突的策略

通常的五种不同的管理冲突的策略是：回避策略，指既不合作又不武断的策略；强制策略，指高度武断且不合作的策略；克制策略，指一种高度合作而武断程度较低的策略；合作策略，指在高度的合作精神和武断的情况下采取的策略；妥协策略，指合作性和武断程度均处于中间状态的策略。

结合组织的运行特点，在组织的冲突管理中，可以采取以下几种具体措施。

1. 树立新的冲突管理观念

现代组织理论认为，在组织中冲突是平常事，是企业组织中的成员在相互交往、相互作用过程中发生的一种关系而已。它本身具有两面性——建设性功能和破坏性功能。关键在于如何对冲突进行管理，使其消极作用最小，积极作用最大。因此组织应该建立积极的冲突观，以积极的态度对待冲突。冲突不再只是双方关系不融洽或利益等对立的具体表现，冲突所暴露出的冲突双方之间的不协调，为双方的发展与自我完善提供机会。冲突主体应改变过去的被动地位，参与到冲突管理过程中，努力实现自我管理，成为真正的冲突管理参与者与实施者。

2. 建立灵活多变的弹性组织结构

这种弹性结构具有应变功能和预测功能，动中有静，灵活多变，它能从根本上消除产生和激化冲突的结构根源，而且也能应付变化无常的冲突问题。

3. 加强对员工的管理

采取各种有力的措施来提高组织成员的主观认识水平，减少由于个性、观点差异导致的冲突，减少冲突的发生。

4. 建立全方位的信息疏通渠道，形成良好的沟通效果

有相当数量的企业冲突是因为缺乏有效的沟通而产生的，而其中畅通的沟通渠道至关重要。要使整个组织成为一个全方位信息传递交流的关系渠道，每个成员都应成为该渠道

中的一个节点，同时减少信息传递的间接层次，弱化等级观念，增强沟通双方的心理接受程度。

5. 构建和谐统一的组织文化

组织文化像一根纽带，把员工和组织紧密联系在一起，它能最大限度地激发员工的积极性和创造性。和谐统一的组织文化使组织全体员工有了共同的价值观念，对很多问题的认识趋于一致。此外，组织文化经过潜移默化能形成一种群体道德规范和行为准则，对员工具有无形的约束力，减少了冲突的发生，使企业的各项活动更加协调。

管理故事

囚徒困境

在博弈论中有一个经典案例——囚徒困境，非常耐人寻味。"囚徒困境"说的是两个囚犯的故事。这两个囚徒一起做坏事，结果被警察发现并抓了起来，分别关在两个独立的不能互通信息的牢房里进行审讯。在这种情形下，两个囚犯都可以做出自己的选择：或者供出他的同伙(即与警察合作，从而背叛他的同伙)，或者保持沉默(也就是与他的同伙合作，而不是与警察合作)。这两个囚犯都知道，如果他俩都能保持沉默的话，就都会被释放，因为只要他们拒不承认，警方无法给他们定罪。但警方也明白这一点，就给了这两个囚犯一点儿刺激：如果他们中的一个人背叛，即告发他的同伙，那么他就可以被无罪释放，同时还可以得到一笔奖金。而他的同伙就会被按照最重的罪来判决，并且为了加重惩罚，还要对他施以罚款，作为对告发者的奖赏。当然，如果这两个囚犯互相背叛的话，两个人都会被按照最重的罪来判决，谁也不会得到奖赏。

那么，这两个囚犯该怎么办呢？是选择互相合作还是互相背叛？从表面上看，他们应该互相合作，保持沉默，因为这样他们俩都能得到最好的结果：自由。但他们不得不仔细考虑对方可能采取什么选择。A犯不是个傻子，他马上意识到，他根本无法相信他的同伙不会向警方提供对他不利的证据，然后带着一笔丰厚的奖赏出狱，让他独自坐牢。这种想法的诱惑力实在太大了。但他也意识到，他的同伙也不是傻子，也会这样来设想他。所以A犯的结论是，唯一理性的选择就是背叛同伙，把一切都告诉警方，如果他的同伙笨得只会保持沉默，那么他就会是那个带奖出狱的幸运者了。如果他的同伙也根据这个逻辑向警方交代了，那么，A犯反正也得服刑，起码他不必在这之上再被罚款。所以其结果就是，这两个囚犯按照不顾一切的逻辑得到了最糟糕的报应：坐牢。

在与其他企业打交道的过程中，我们不可避免地也会遇到类似的两难境地，这个时候需要相互之间有足够的了解与信任，没有起码的信任做基础，切不可贸然合作。在对对方有了足够的信任之后，诚意也是必不可少的，如果没有诚意或者太过贪婪，就可能闹到双方都得不到好处的糟糕情况。

(资料来源：http://www.ibook8.com/Artid/Catalog10/1426.html)

管理定律

刺猬法则——保持最佳距离

两只困倦的刺猬，由于寒冷而挤在一起，可各自身上的刺，却刺得对方怎么也睡不着。它们分开了，又冷得受不了，于是又凑到一起。几经折腾，两只刺猬终于找到了一个合适的距离，既能互相获得对方的体温又不至于被扎。刺猬法则就是人际交往中的"心理距离效应"。管理者要搞好工作，就要学会运用刺猬法则，与下属保持"亲密有间"的关系，既不能高高在上，也不能把自己混同于下属。只有这样，才能获得下属的尊重，并避免在工作中丧失原则。

知识测试

(一)选择题

1. 假设你召集下属开会，研究解决领导所布置的一项紧急任务，结果其中有位比较啰唆的人大讲特讲与主题无关的教条理论，耽误很多时间。你认为如何应对这种情况为好？
   A. 任其讲下去，让其他与会者群起而攻之
   B. 不客气地打断其讲话，让别人发言
   C. 有策略地打断其讲话，指出时间很宝贵
   D. 允许其畅所欲言以表示广开言路
2. 组织中上级向下级发布各种指令、指示、命令、文件或规定等，被称为(　　)。
   A. 下行沟通 B. 上行沟通
   C. 横向沟通 D. 斜向沟通
3. 使信息持久、可以核实、查询的沟通方式是(　　)。
   A. 口头沟通 B. 书面沟通
   C. 非言语沟通 D. 情感沟通
4. 沟通带有强制性，比较规范，约束力强的沟通渠道是(　　)。
   A. 正式沟通渠道 B. 非正式沟通渠道
   C. 语言沟通渠道 D. 非语言沟通渠道
5. (多选)沟通过程中的干扰因素包括(　　)。
   A. 个人因素 B. 人际因素
   C. 渠道因素 D. 方式因素
6. (多选)沟通的障碍主要来自(　　)。
   A. 发送的过程 B. 发送者
   C. 接收者 D. 反馈过程

(二)论述题

1. 我们常说"秀才遇到兵，有理说不清"，请你用沟通的原理进行剖析。
2. 如何实现管理的有效沟通？

素 质 拓 展

沟 通 训 练

【实训目标】

1. 培养与陌生人交际的能力。
2. 培养与别人沟通的能力。

【实训内容与要求】

1. 主动同一位相关专业的陌生人士交往,交流某个专业问题。
2. 同一位认识的人,通过沟通解决一个难题。
3. 运用交际与沟通的理论,讲究交际与沟通的艺术。
4. 事先要有精心的策划,必要时要进行简要的小结。

【成果与检测】

1. 完成下表。
2. 课上班级组织一次交流,每组推荐两人介绍交际与沟通过程及体会。
3. 由教师与学生进行评估与打分。

沟通实录卡

沟通主体		沟通对象		单位及职务	
沟通目标		时间		地点	
沟通前计划					
沟通过程实录					
沟通后体会					

案例分析

"人才有用不好用，奴才好用没有用"

一位业绩一直第一的员工，认为一项具体的工作流程是应该改进的，她也和主管包括部门经理提出过，但没有受到重视，领导反而认为她多管闲事。

一天，她就私自违反工作流程进行改变，被主管发现了，就带着情绪批评了她。她不但不改，反而认为主管有私心，于是就和主管吵翻了，并退出了工作岗位。主管反映到部门经理那里，经理也带着情绪严肃批评了她，她置若罔闻。

于是经理和主管就决定严惩，要扣她三个月奖金。这位员工拒不接受。于是部门经理就把问题报告到老总这里。

老总把这位早有耳闻的业务尖子叫到办公室谈话。没有一上来就批评她，而是让她先叙述事情的经过，通过和她交谈，交换意见和看法。老总发现这位员工确实很有思路，她违反的那项工作流程确实应该改进，而且还谈出了许多现行的工作流程和管理制度中存在的不完善之处。

老总的这种朋友式的平等的交流，真诚地聆听她的意见，让她感觉受到了重视和尊重，反抗情绪渐渐平息下来，从而开始冷静地反思自己的行为，从开始的只认为主管有错，到最后承认自己做得也不对。在老总策略性地询问下，她也说出了她认为自己的错误应该受到的处罚程度。最后高兴地离开了办公室。

此后，老总与部门经理以及主管交换了意见和看法，经理和主管也都认同了"人才有用不好用，奴才好用没有用"的道理。

大家讨论后决定，以该位员工自己认为应受的罚金减半罚款，让她在班前会上公开做了自我检讨，并补一个工作日。她十分愉快地甚至可以说是怀着感激之情接受了处罚，而且公司还以最快的速度把那项工作流程给改进了。

事情过后，发现这位员工一下子改变了原来的傲气和不服的情绪，并积极配合主管的工作，工作热情大增，大家说她好像变了个人似的。

（资料来源：豆丁网 https://www.docin.com）

思考题：
1. 通过本案例，请你谈谈冲突管理的积极意义。
2. 请用书本上有关冲突管理的知识说说这次冲突的产生和解决体现的知识点。

第十一章 控 制

你不能衡量它，就不能管理它。

——管理大师彼得·杜拉克

【学习目标】

知识点：
- 理解控制的必要性。
- 了解控制的类型和控制方法。
- 掌握控制的几个步骤。
- 理解有效控制的特征。

技能点：
掌握控制过程的几个环节，学习如何有效控制自己的大学生涯。

【引例】

扁鹊论医术

魏文王问名医扁鹊说："你们家兄弟三人，都精于医术，到底哪一位最好呢？"扁鹊答："长兄最好，中兄次之，我最差。"文王再问："那么为什么你最出名呢？"扁鹊答："长兄治病，是治病于病情发作之前。由于一般人不知道他事先能铲除病因，所以他的名气无法传出去；中兄治病，是治病于病情初起时。一般人以为他只能治轻微的小病，所以他的名气只及本乡里。而我是治病于病情严重之时。一般人都看到我在经脉上穿针管放血、在皮肤上敷药等大手术，所以以为我的医术高明，名气因此响遍全国。"

控制有事前控制、事中控制、事后控制。事后控制不如事中控制，事中控制不如事前控制，可惜大多数的事业经营者均未能体会到这一点，等到错误的决策造成了重大的损失才寻求弥补。而往往是即使请来了名气很大的"空降兵"，结果也于事无补。

(资料来源：百度文库 https://wenku.baidu.com)

管理的控制职能，是对组织内部的管理活动及其效果进行衡量和校正，以确保组织的既定目标以及为此而拟订的计划得以实现。控制职能是每一位负责执行计划的主管人员的主要职责，也是各级一线主管人员的主要职责。

第一节 控制概述

一、控制的含义

控制作为一个专门的术语，其概念来自"控制论"，是由美国数学家、生物学家、通讯工程师诺伯特·维纳在 1948 年创立的一门科学理论。

所谓控制就是指组织在动态变化的环境中，为确保实现既定目标而进行的检查、监督、纠偏等管理活动。控制既可以理解为一系列管理活动，也可以理解为实施检查、监督和纠偏的管理活动过程，即控制过程。

控制的概念主要包括以下三点内容。

(1) 控制有很强的目的性，即控制是为了保证组织中的各项活动按计划进行。
(2) 控制是通过"监督"和"纠偏"来实现的。
(3) 控制是一个过程。

二、控制的必要性

(一)环境的变化

如果企业面对的是一个完全静态的市场，其中各个影响企业活动的因素永不变化，例如，市场供求、产业结构、技术水平等，那么，企业管理人员便可以年复一年、日复一日地以相同的方式组织企业经营，工人也可以相同的技术和方法进行生产作业，因而，控制工作、管理的计划职能都将成为完全多余的东西。事实上，这样的静态环境是不存在的，企业外部的一切每时每刻都在发生着变化。这些变化必然要求企业对原先制订的计划的内容做相应的调整。

(二)管理权力的分散

只要企业经营达到一定规模，企业主管就不可能直接地、面对面地组织和指挥全体员工的劳动。时间与精力的限制要求他委托一些助手代理部分管理事务。由于同样的原因，这些助手也会再委托其他助手帮助自己工作。这便是企业管理层次形成的原因。为了使助手们有效地完成受托的部分管理事务，高一级的主管必然要授予他们相应的权限。因此，任何企业的管理权限都制度化或非制度化地分散在各个管理部门和层次。企业分权程度越高，控制就越有必要。每个层次的主管都必须定期或非定期地检查直接下属的工作，以保证授予他们的权力得到正确的利用，利用这些权力组织的业务活动符合计划与企业目的的要求。如果没有控制，没有为此建立的相应控制系统，管理人员就不能检查下级的工作情况。即使出现权力的滥用，或活动不符合计划要求等其他情况，管理人员也无法发现，更无法采取纠正行动。

(三)工作能力的差异

即使企业制订了全面完善的计划，经营环境在一定时期内也相对稳定，对经营活动进行控制也仍然是必要的。这是由不同组织成员的认识能力和工作能力的差异所造成的。完善计划的实现要求每个部门的工作严格按计划的要求来协调进行。然而，由于组织成员是在不同的时空进行工作的，他们的认识能力不同，对计划要求的理解可能发生差异，即使每个员工都能完全正确地理解计划的要求，但由于工作能力的差异，他们的实际工作结果也可能在质和量上与计划要求不符。某个环节可能产生的这种偏离计划的现象，会对整个企业活动的运行造成冲击。因此，加强对这些成员的工作控制是非常必要的。

小阅读

苏联实行高度计划经济时期，有人问过苏联专家："地里收获 100 个土豆，送到厨房的有多少个？"回答是："由于挖土豆的机械质量不好，要挖烂 20 个；运到城里卸车用耙子要损失 30 个；仓库保管不好，又要损失 10 个，最后进入厨房的只剩下 40 个。"在这里，60%的土豆被"过程"吞噬了。这个过程变成了生产低效率的机器。

三、控制工作职能与计划工作职能的关系

计划和控制是一个问题的两个方面。主管人员首先制订计划，然后计划又成为用以评定行动及其效果是否符合需要的标准。计划越明确、全面和完整，控制的效果也就越好。这个基本观点在实际工作中有下列几种意义。

(1) 一切有效的控制方法首先就是计划方法，例如预算、政策、程序和规则，这些控制方法同时也是计划方法或计划本身。

(2) 如果不首先考虑计划以及计划的完善程度，就试图去设计控制系统的话，是不会有效果的。换句话说，之所以需要控制，就是因为要实现目标和计划。控制到什么程度、怎么控制都取决于计划的要求。

(3) 控制职能绝不是仅限于衡量计划执行中出现的偏差，控制的目的在于通过采取纠正措施，把那些不符合要求的管理活动引回到正常的轨道上来，使管理系统稳步地实现预定目标。纠正的措施可能很简单，例如批评某位负有责任的主管人员。但是更多的情况下，纠正措施可能涉及重新拟订目标、修订计划、改变组织机构、调整人员配备并对指导或领导方式做出重大的改变等。这实际上是开始一个新的管理过程。从这个意义上说，控制工作不仅是实现计划的保证，而且可以积极地影响计划工作。

四、控制的内容

组织的控制范围很广泛，主要可以分成三大块，即对组织目标计划的控制、对资源投入的控制和对组织运行活动的控制。

(一)对组织目标计划的控制

对组织目标计划的控制包括两个方面的内容：一是为了保证组织目标的实现，必须把总目标制定成各个层次的计划，只有当各层次的计划都完成了，组织的目标才能得以实现。组织目标计划控制就是要对各层次计划的执行过程进行监督，当出现偏差时，及时采取措施进行纠正。二是当环境发生了改变时，要对计划进行相应的调整，以保证组织目标的实现。

(二)对资源投入的控制

对资源投入的控制主要包括人员控制、信息控制、资金使用控制、设备和技术装备控制、物资消耗控制、库存控制等。

(1) 人员控制。组织的目标是要由人来实现的，员工应该按照管理者制订的计划去执

行，为了做到这一点，就必须对员工进行控制。一种有效常用的方法是对人员控制直接巡视，发现问题马上进行纠正；另一种有效的方法是对员工进行系统化的评估，通过评估，对绩效好的予以奖励，使其维持或加强良好的表现，对绩效差的管理者就采取相应的措施，纠正出现的行为偏差。

(2) 信息控制。随着人类步入信息社会，信息在组织运行中的地位越来越高，不精确、不完整、不及时的信息会大大降低组织的效率。因此，在现代组织中对信息的控制显得尤为重要。对信息的控制就是要建立一个管理信息系统，使它能及时地为管理者提供充分、可靠的信息。

(3) 资金使用控制。为了保证效率，维持组织正常运转，必须进行资金使用的控制。这主要包括审核各期的财务报表，以保证一定的现金存量，保证债务的负担不至于过重，保证各项资产都得到有效的利用。预算是最常用的资金控制衡量标准，是一种有效的控制工具。

(4) 设备和技术装备控制。主要是为了保证在一定成本条件下使生产技术条件达到最佳、生产效率达到最高。主要工作内容为：选择与组织规模及其发展规划相适应的设备和技术；提高现有设备和技术装备的利用率；对设备和各种技术装备进行定期的维护、保养和修理，以保证生产的顺利进行等。

(5) 物资消耗控制。即尽量在保证正常生产经营的情况下，减少物资消耗，从而达到降低成本、提高产出率的目的。例如，可通过提高产品合格率来降低物资消耗，还可以通过对制品的数量控制来降低物资的占用量。

(6) 库存控制。库存控制的目的就是在保证生产正常运行、产品及时供货的情况下，使采购费用和仓库保管费用之和最低。

(三)对组织运行活动的控制

对组织运行活动的控制主要包括组织绩效控制、生产作业控制以及公关行为控制。

(1) 组织绩效控制。组织绩效是组织上层管理者的控制对象，组织目标的达成与否都从这里反映出来。无论是组织内部的人员，还是组织外部的人员，如潜在的投资者、贷款银行、供应商以及政府部门都十分关注组织的绩效。一个组织的整体效果很难用一个指标来衡量，生产率、产量、市场占有率、员工福利、组织的成本等都可能成为衡量指标，关键是看组织的目标取向，即要根据组织完成目标任务的实际情况并按照目标所设置的标准来衡量组织绩效。

(2) 生产作业控制。所谓作业，就是指从劳动力、原材料等资源到最终产品和服务的转换过程。组织中的作业质量很大程度上决定了组织提供的产品或服务的质量，而作业控制就是通过对作业过程的控制，来评价并提高作业的效率和效果，从而提高组织提供的产品或服务的质量。

(3) 公关行为控制。组织还通过公关手段搞好与有业务关系的其他组织的关系；与有影响力的竞争对手或技术领先者建立各种合作关系；通过各种方式促进主管单位、政府部门给予包括政策方面的各种支持。

第二节 控制的类型

由于管理对象不同，管理目标不同，系统状态不同，所运用的控制方式不同，就形成了不同的控制类型。下面介绍控制类型的四种分类。

一、按控制点的位置划分

控制活动可以按控制点处于事物发展进程的哪一阶段,而划分为预先控制、过程控制和事后控制三种类型。

1. 预先控制

预先控制是指控制点处于事物发展的初始端,这个点既是整个活动过程的开始点,又是整个活动时间的开始点,而使控制具有特殊意义。它可以防止组织使用不合要求的资源,保证组织投入资源在数量和质量上达到预定的标准,在整个活动开始之前剔除那些在事物发展进程中难以挽回的先天缺陷。

2. 过程控制

过程控制是指控制点处于事物发展进程的过程中,是对正在进行的活动给予指导与监督,以保证活动按规定的政策、程序和方法进行。

3. 事后控制

事后控制是指控制点处于事物发展的结尾,这是历史最久的控制类型。事后控制的控制点位于活动过程的终点,把好最后一关以保证使错误的态势不再扩大。而这种控制的缺点在于整个活动已告结束,活动中出现的偏差已在系统内造成无法弥补的损害。

二、按控制性质划分

根据控制的性质,可以把控制分为预防性控制和纠正性控制。

1. 预防性控制

预防性控制是在事情发生之前所进行的管理上的努力。采取预防控制是为了避免产生错误,尽量减少今后的纠正活动,防止资金、时间和其他资源的浪费。例如,国家强调法制,制定较详细的法律条文并大力宣传,就是预防性措施,人人知法、人人懂法,可最大限度地减少那些由于不知法、不懂法而导致的违法行为。一般而言,规章制度、工作程序、上岗培训等都起着预防控制的作用。在设计预防性控制措施时,人们所遵循的原则都是为了有效地完成组织目标,但要使这些预防性规章制度等能真正被遵从,还要有良好的监控机构加以保证。使用预防性控制,要求对整个活动的关键点有比较深刻的理解,能事先预见到问题并提出相应的对策措施。

2. 纠正性控制

纠正性控制是在事情发生之后所进行的管理上的努力。在实际管理工作中,纠正性控制使用得更普遍。采取纠正性控制往往由于管理者能预见到问题,其目的是,当出现偏差时采取措施使行为或活动返回到事先确定的或所希望的水平。例如,根据审计制度对企业不定期进行检查,以便及时发现问题、解决问题等。

三、按控制时所采用的控制方式划分

按控制时所采用的控制方式划分,控制活动可分为集中控制、分层控制和分散控制。

1. 集中控制

集中控制就是在组织中建立一个控制中心,由它来对所有的不良信息进行集中统一的加工、处理,并由这一控制中心发出指令,操纵所有的管理活动。如果组织的规模和信息量不大,用控制中心对信息的取得、存储、加工效率及可靠性都很高时,采用集中控制的方式有利于实现整体的优化控制。企业中的生产指挥部、中央调控室都是集中控制的例子。

当组织十分庞大,规模和信息量极大时,就难以在一个控制中心中进行信息存储和处理。在这种情况下,集中控制会拉长信息传递时间,造成反馈时滞,使组织反应迟钝、决策延误时机,并且一旦中央控制发生故障或失误,整个组织就会陷入瘫痪。由于无其他替代系统存在,风险很大,在这种情况下就宜采用分层控制方式。

2. 分层控制

分层控制是一种集中控制的分散控制结合起来的控制方式。它有两个特点:一是各子系统都具有各自独立的控制能力和控制条件,从而有可能对子系统的管理实施独立的处理;二是整个管理系统分为若干层次,上一层次的控制机构对下一层次各子系统的活动进行指导性、导向性的间接控制。在分层控制中,要特别注意防止缺乏间接控制、自觉或不自觉地滥用直接控制,并多层次地向下重叠实施直接控制的弊病。

3. 分散控制

分散控制对信息存储和处理能力的要求相对较低,易于实现;由于反馈环节少,因此反应快、时滞短、控制效率高、应变能力强;由于采用分散决策方式,即使个别控制环节出现了失误或故障,也不会引起整个系统的瘫痪。但分散控制可能会带来一个严重后果,即难以促成各分散系统相互协调,难以保证各分散系统的目标与总体目标的一致性,从而会危及整体的优化,严重的甚至会导致失控。

四、按逻辑发展划分

按逻辑发展的不同阶段,可以把管理控制划分为试探性控制、经验控制、推理控制和最优控制四种类型。

1. 试探性控制

试探性控制也叫随机控制,是一种最原始的控制类型,也是其他类型的基础。试探性控制是完全建立在偶然机遇的基础上的,是"试试看"思想在控制活动中的体现,是在人们对解决问题的必要条件不了解,对控制对象的性质不清楚的情况下所能采取的唯一方法。

2. 经验控制

经验控制又称记忆控制,是一种广泛应用的控制类型。试探性控制所得到的直接成果就是经验,把由试探性控制得出的结果用于指导下一次控制,就是经验控制。单纯的试探性控制不强调记忆,只是一个个试下去,有时要花费较长的时间。而经验控制是给试探性控制增加一个记忆装置,以便把不能达到目标状态的输入从下一个过程中排除出去。可见经验控制能够提高效率。

3. 推理控制

推理控制又叫逻辑控制,是试探性控制和经验控制相结合的产物,它通过在中间起过渡作用的媒介来实现控制,因此又叫共轭控制。推理控制就是根据事物之间的相似性,用类比的方法将对一种事物的控制方法再用于对另一种事物的控制。由于推理控制归根到底是使用别处的经验,所以也叫经验转移。

4. 最优控制

最优控制是控制类型发展的高级阶段,是在前三种控制类型的基础上,通过精确分析推导得出的,是"选优求好"的思想在控制活动中的具体体现,是人的主观能动性高度发挥的产物。最优控制是指符合最优标准的控制。

第三节 控制工作的过程

一、控制工作的步骤

尽管控制类型多种多样,但控制的基本工作是相同的。控制工作分为三个步骤:确定控制标准;根据标准衡量执行情况;纠正实际执行中偏离标准或计划的偏差。

(一)确定控制标准

确定控制标准是控制过程的起点。由于计划是进行控制的依据,所以从逻辑上讲,控制过程的第一步是制订计划。但是计划内容详尽、环节复杂,各级管理人员在实际管理活动中,往往不便于掌握其中的每个细节,因而有必要建立一整套的控制标准。

1. 控制标准与控制标准体系

控制标准就是计量实际或预期工作成果的尺度。这些是衡量工作的规范,是在一个完整计划中选出的计量工作成果的关键点。

控制标准体系是指多层次、多形式地围绕着管理组织及其内部各环节所要完成的目标体系,而制定的控制标准的总和。控制标准的确定,也就是选择关键控制点。选择关键控制点的能力乃是一项管理艺术,有效的控制就取决于这种能力。在实际管理工作中,要根据管理系统所要达到的目标来确定关键点。这个目标可以是系统的总目标,也可以是各个子系统以至各个人的分目标。由于人们在实现目标中所达成的最终成果是衡量计划完成情况的最好尺度,因而建立起一个可以考核的、完整的目标体系,也就获得了最好的控制体系。

2. 控制体系的内容

一个较好的控制体系,在内容上一般包括数量标准、质量标准、综合标准和时间标准等，并要求有较大的稳定性和较强的适应性，在文字表述上要明确具体，便于考核，所以这些标准要落实到下列标准中。

(1) 实物标准。这是一类非货币标准，一般适用于原材料、人员、提供劳务和产品的基本单位。

(2) 财务标准。它是一类货币标准，同实物标准一样普遍适用于基层单位。它的内容具体包括费用标准、资金标准和收入标准。

(3) 无形标准。这是一类既不能用实物也不能用货币来计量的标准。这类问题很难确定为定量或定性的标准。

(4) 目标标准。即在各级管理机构中，建立一个可考核的完整目标网络，这样就可以使无形标准的作用逐渐减少。可考核的目标分为定量目标和定性目标两种，定量目标多半是可以准确考核的，而定性目标则难以准确考核。不过，定性目标可以用详细说明计划或其他具体目标的特征和完成日期的方法来提高可考核的程度。

小资料

企业高精度管理——六西格玛模式

企业运营千头万绪，管理与质量是永恒不变的真理。在经济全球化背景下，一项全新的管理模式在美国摩托罗拉和通用电气两大巨头中试行并取得立竿见影的效果后，逐渐引起了欧美各国企业的高度关注，这项管理便是六西格玛模式。

该模式由摩托罗拉公司于1993年率先开发，采取六西格玛模式管理后，该公司平均年提高生产率12.3%，由于质量缺陷造成的费用消耗减少了84%，运作过程中的失误率降低了99.7%。该模式真正名声大振，是在20世纪90年代后期。通用电气于1995年始引入六西格玛模式，此后六西格玛模式所产生的效益呈加速度递增，1998年公司因此节省资金75亿美元，经营率增长4%，达到了16.7%的历史最高纪录；1999年六西格玛模式继续为通用电气节省资金达150亿美元。

西格玛原文为希腊字母sigma，学过概率统计的人都知道其含义为"标准偏差"。六西格玛意为"六倍标准差"，在质量上表示每百万坏品率少于3.4。但是，六西格玛模式的含义并不简单的是指上述这些内容，而是一整套系统的理论和实践方法。应用于生产流程，它着眼于揭示每百万个机会中有多少缺陷或失误，这些缺陷和失误包括产品本身、产品生产的流程、包装、转运、交货延期、系统故障、不可抗力等。大多数企业运作在3~4西格玛的水平，这意味着每百万个机会中已经产生6210~66800个缺陷。这些缺陷将要求生产者耗费其销售额的15%~30%进行弥补。而从另一方面来看，一个六西格玛模式的公司仅需耗费年销售额的5%来矫正失误。六西格玛模式的理念要求企业从上至下都必须改变"我一直都这样做，而且做得很好"的惯性思维。也许你确实已经做得很好，但是距六西格玛模式的目标却差得很远。

(二)根据标准衡量执行情况

这是控制过程的第二个步骤，常常把这个步骤称为控制过程的反馈。

1. 明确衡量的手段和方法，设置监测机构，落实进行衡量和检查的人员

为准确地测定执行情况，必须凭借切实可行的测定手段，还要考虑测定的精度和频率。测定精度是指对执行情况的衡量结果能在多大程度上反映出被控制对象的变化。精度越高，越能反映被控制对象的状态，但衡量工作就越复杂。因此，总的原则是衡量的精度要适度。测定频率是指对被控制对象多长时间进行一次测量和评定。频率越高，越能掌握状态变化，但同时会增加机构的工作量，或有时根本做不到。因此，总的原则是测定频率要适当。

2. 通过衡量工作，获得大量信息

一方面，反映出计划的执行进程，使主管人员了解实际成效，以便对他们进行协调；另一方面，可使主管人员发现那些已经发生或预期将要发生的偏差，把实际与标准进行比较，对工作做出评价。

(三)纠正偏差

1. 发现偏差，找出产生偏差的原因是采取控制措施的基础

这一步是在衡量工作的基础上，针对被控制对象的状态相对于标准的偏离程度，及时找出产生偏差的原因。产生偏差的原因是多方面的，有的是执行部门或当事人的责任；有的是外部条件的突然变化造成的；有的甚至是计划预测阶段预测不准或决策失误所致等。

2. 采取控制措施

找出了产生偏差的原因，还要采取措施予以纠正。而纠正偏差，往往要结合其他管理职能。可以把控制看成是整个管理系统的一个组成部分，这是因为管理系统只有不断发现并纠正执行中的偏差，才能实现目标。

上述控制过程的三个基本步骤构成了完整的控制体系，三个步骤完成一个控制周期。通过每一次循环，使偏差不断缩小，保证管理活动向目标方向健康发展。

小阅读

有一个小和尚担任撞钟一职，半年下来，觉得无聊至极，"做一天和尚，撞一天钟"而已。有一天，住持调他到后院劈柴挑水，原因是他不能胜任撞钟一职。小和尚很不服气地问："我撞的钟难道不准时、不响亮？"老住持耐心地告诉他："你撞的钟虽然很准时，也很响亮，但钟声空泛、疲软、没有感召力。钟声是要唤醒沉迷的众生，因此，撞出的钟声不仅要洪亮，而且要圆润、浑厚、深沉、悠远。"

本故事中的住持犯了一个常识性管理错误，"做一天和尚，撞一天钟"是由于住持没有提前公布工作标准造成的。如果小和尚进入寺院的当天就明白撞钟的标准和重要性，我想他也不会因怠工而被撤职。工作标准是员工的行为指南和考核依据。缺乏工作标准，往往导致员工的努力方向与公司整体发展方向不统一，造成大量的人力和物力资源浪费。因为缺乏参照物，时间久了，员工容易形成自满情绪，导致工作懈怠。制定工作标准尽量做到数字化，要与考核联系起来，注意可操作性。

二、控制工作的要求

控制是管理的基本职能，为了使控制有成效，必须满足以下要求。

1. 控制的目的性

控制必须有明确的目的性。控制作为管理职能，它为组织目标服务。由于不同的组织具有不同的层次、不同的工作性质、不同对象，所以控制的目的也是不同的。无论什么性质的工作都能列举出许多目标，但总有一个或几个目标是最关键的。达到这些关键目标，其他目标就可能随之达到，即使有些次要目标不能达到也无碍大局。

2. 控制的及时性

控制的及时性是指及时发现偏差，并能及时采取措施加以纠正。时滞现象是反馈控制的一个难以克服的困难，较好的解决办法是采用前馈控制，使管理者尽早发现乃至预测到偏差的产生，采取预防性措施。为此，控制的及时性就要依靠现代化的信息管理系统，随时传递信息，随时掌握工作进度，才能尽早发现偏差，以便及时采取措施进行控制。

3. 控制的经济性

控制的经济性是指控制活动所需费用同控制所产生的结果进行比较，当通过控制获得的价值大于所需费用的时候，才实施控制。控制的费用是否合理是相对的，因为控制的效益随业务活动的重要性、业务规模的大小的不同而有所不同。当费用成为控制系统的限制因素，会促使主管人员在他们认为重要的业务领域中，选择一些关键因素来加以控制。

4. 控制的客观性

控制的客观性是指管理者对绩效评价工作应客观公正，防止主观片面。实现客观的控制，首先要尽量采用客观的计量方法，即尽量把绩效用定量的方法记录并评价，把定性的内容具体化；其次是管理者要从组织目标的角度来观察问题，应避免形而上学的观点，避免个人偏见和成见。

5. 控制的灵活性

控制的灵活性是指控制必须保证在发生了未能预测的事件时，包括环境突变、计划的疏忽、计划变更等，控制工作仍然有效、不受影响。在某些特殊情况下，一个复杂的管理计划可能失常。控制系统应当有足够的灵活性，以便在失常情况下保持对运行过程的管理控制。这就要求在制订计划时，要考虑各种可能情况来拟定备选方案。一般来说，灵活的计划最有利于灵活的控制。应注意，这仅仅是应用于计划失常的情况，不适用于在正确计划指导下人们工作不当的情况。

6. 控制的适应性

控制的适应性是指所有的控制系统都应反映所制订的有待实施的计划；控制应该同组织结构、职位分工相适应。每项计划和每个方面的业务活动都有独特之处，主管人员必须针对不同的计划采取不同的控制措施。

7. 控制的关键点与例外情况

控制的关键点是指主管人员把有限的精力，投入到对计划的执行和完成具有举足轻重的关键问题上，尽可能选择计划的关键点作为控制标准，使控制工作更有效。

例外情况是指在一个职责分明的组织机构中，每个问题应由相应的职能部门或主管人员去处理，最高主管处理各部门权限以外的问题。在实际工作中只有坚持例外原则，控制才能有效率。应注意到，在偏离标准的各种情况中，某些方面的微小偏离比其他方面的较大偏离情况影响更大。

第四节　控制方法

一、预算控制

预算也是计划的一种形式，是用数字反映组织在未来某一时期的综合计划，并通过形式把计划数字化，并把这些计划分解落实到组织的各个层次和各个部门中去，达到实施管理控制的目的。所以，预算在组织中的作用主要表现在明确工作目标、协调部门关系、控制日常活动和考核业绩标准四个方面。

(一) 预算的种类

1. 按综合程度不同划分

按综合程度不同可将预算分为一般预算和全面预算。

(1) 一般预算。一般预算是以货币及其他数量形式所反映的有关组织未来一段时期内局部经营活动各项目标的行动计划与相应措施的数量说明。

(2) 全面预算。全面预算是以货币及其他数量形式所反映的有关组织未来一段时期内全部经营活动各项目标的行动计划与相应措施的数量说明。在现代管理实践中，全面预算处于承上启下的地位，即以经营决策的结果为依据，是决策的继续，同时又是控制的先导与考核业绩的前提条件。

2. 按预算的内容划分

按预算的内容可将预算分为收支预算、产品预算、基本建设费用预算、现金预算及资产负债预算。

(1) 收支预算。这是以货币来表示组织经营管理的收支计划。其中最基本的是销售预算，它是表示销售预测的详细正式说明，也是预算控制的基础。

(2) 产品预算。这是一种以实物单位来表示的预算，常用的实物预算单位有直接工时数、台时数、原材料的数量、占用的面积、空间和生产量。

(3) 基本建设费用预算。它主要用于投资厂房、机器设备等方面的费用支出。

(4) 现金预算。这实际上是一种现金的收支预测，可用来衡量实际的现金使用情况。

(5) 资产负债预算。它可用来预测将来某一特定时期的资产、负债和资本等账户的情况。

(二)预算编制方法

(1) 固定预算与弹性预算。只依赖一种业务量编制预算的方法称为固定预算。弹性预算是为了克服固定预算的缺点而设计的，它是在成本性态分析的基础上，按一系列可能达到的预计业务量水平(如按一定百分比间隔)编制能适应多种情况的预算方法。由于它能规定不同业务量条件下的预算收支，适用面宽，机动性强，具有弹性，故称为弹性预算。也有人将其称为变动预算或滑动预算。

(2) 增量预算与零基预算。增量预算一般是以现有成本费用水平为出发点，结合预算期的业务量水平及有关降低成本的措施，调整有关费用项目而编制预算的方法。这种预算往往不加分析地保留或接受原有成本项目，或按主观臆断平均削减，或只增不减，容易造成浪费，并使不必要的开支合理化。零基预算是区别于传统的增量预算而设计的一种编制费用预算的方法。它不是以现有费用为前提，而是一切从零做起，从实际需要和可能出发，逐项审议各种费用，进行综合平衡，从而确定预算成本的一种方法。

需要指出的是，预算是一种普遍使用的行之有效的计划和控制方法，但它也存在不足，即容易导致控制过细，从而出现预算过细过死的危险；容易导致本位主义；容易导致效能低下和缺乏灵活性。

二、作业控制

(一)成本控制

成本控制是指使用成本核算方法，通过制定成本、可比产品成本降低率以及相关责任等实现对组织活动有效控制的目的的管理活动与过程。

进行成本控制最重要的是制定控制标准。一般组织可以采用预算成本或标准成本作为成本控制的标准。预算成本是指用财务核算方法为各部门或各项活动规定的在资金、劳动、材料、能源等方面支出的额度。标准成本则是根据组织一段时间内各成本项目的实际耗费情况来确定的。

在控制方法上，可以采用成本中心法控制成本。各部门、分厂或车间都可以被当作独立的成本中心，其主管人员对其产品的成本负责。加强成本控制，必须建立健全有关的基础性工作，主要是建立分级控制和归口控制的责任制度；建立费用审批制度；加强和完善流程管理工作以及组织发动员工开展各种降低成本的活动。

多年来，零售巨头沃尔玛一直在不停地削减成本。20 世纪 80 年代以前，沃尔玛控制成本的方法主要依赖于山姆·沃尔顿的个人节约意识。他规定采购人员进货时，费用必须低于采购成本的 1%，于是沃尔玛的许多高级经理住在最便宜的旅店，甚至在深夜或者凌晨与供货商见面，以便节约住宿费。即使到了 21 世纪的今天，改革后的沃尔玛，其差旅费的报销标准依然是两人同住一间客房，伙食标准是 15 美元。

到 20 世纪 70 年代，沃尔玛节约成本的理念已发展为利用信息技术实现流程管理的科学化。沃尔玛能实现低成本，关键在于沃尔玛强大的流程管理。沃尔玛在电脑数字管理系统、卫星通信系统和物流运营控制上的投资已超过数十亿美元，它所采取的尖端信息技术也是为了在更大程度上降低成本。公司于 70 年代花费巨资安装完成了第一套覆盖整个公司的计算机终端网络系统后,沃尔玛对这一系统的改进就从未停止过,这也为沃尔玛低成本目标的实现提供了坚实的基础。80年代,世界最大的零售商之一的凯玛特,其1美元的销售额需要花费5美分的配货费用(这也是当时零售业的平均费用),而沃尔玛只有不到2美分。

(二)采购控制

物料成本是产品成本的重要部分,在一些产品中可达70%以上。因此,有效地控制物料成本自然就成了企业降低成本和增加利润的重要渠道。而组织对物料成本的控制很大程度上依靠采购控制。

采购控制的主要内容是供应商交付的物料的性能、质量、数量和价格等,以及寻找、评价、决定能够提供最好产品或服务的供应商。采购控制的目标是确保原材料来源正当、质量可靠、价格合理,同时减少采购流程,降低成本。目前,国内一些企业采用"比价采购"的方法,对企业的采购工作进行价格控制以降低采购成本,多数都收到了比较好的效果。

小阅读

沃尔玛将采购控制系统与其开发应用的客户管理系统紧密相连,客户管理系统主要是通过高智能的电子技术,系统地收集、存储和分析客户的有关知识信息,如顾客的购买特点及习惯、购买时间、一次性购买商品的种类等,由此得出货架的使用效率、畅销商品的类别、商品在不同地区的销售对比、经常光顾的顾客群等数据,将客户的需求不断细化、整合,实现距离较近的连锁店之间不同的售卖重点或是根据不同店面销售差别进行货物调配。商品种类繁多,而且许多生鲜商品时效短,这就要求零售企业的系统能实时监控整个企业资源,并且能根据资源发出正确指令,沃尔玛完全实现了这一管理流程。

(三)质量控制

质量控制是指通过对作业系统运行全过程的监控,确保产品质量满足预先制定的标准。其主要注重:一是管理者应明确对产品是采用全数检测的方法还是抽样检测的方法。二是管理者应该确定何时、何地检测。在制造业中,检测主要用于六个方面:当供应商生产时在其厂检测;从供应商处收到货时进行检测;在高成本或不可逆转的工序之前检测;依次在生产工序、完工产品、装运之前检测。在有条件的地方,还应该尽量采用源头检测的方法,即在有可能产生缺陷之前检测。三是管理者还要考虑是采用计数值检测还是计量值检测。前者是将产品简单地分成合格品和不合格品,并不标出缺陷的程度;后者则需要设置一个可接受的偏差范围,然后衡量诸如重量、速度、尺寸或强度等指标,看是否落在可接受的范围内。

最有影响的质量管理方法被称为全面质量管理(Total Quality Management,TQM)。全面质量管理主要通过组织的战略承诺、员工参与、技术和物料、方法等步骤来实现,同时,也要注重使用一些特定的工具和技术来提高质量。比较常见的是增值分析、设立标杆、外包、缩短周转时间以及统计质量控制。

(四)库存控制

与企业物料采购相关的另一项需要控制的内容是库存,对库存的控制不仅可以提供准确的关于采购数量和采购时间等的信息，更重要的是通过对库存的控制，可以减少库存，降低各种占用，提高经济效益。库存控制包括对原材料库存、在制品库存、制成品库存和在途库存的控制，但不同库存由于目的、用途和存储方式的差异，控制方法也不相同。

进行库存控制可以借助 ABC 分类法确定不同库存物资控制的重要程度。在库存物资的补充时间控制方面，常用的方法是订货点法和定期补充法。订货点法是指设置一个订货点，当现有库存量降低到订货点时，就向供应商发出订货，每次的订货量均为固定的值，如经济订购批量。而近年来比较流行的是准时制(Just-in-time，JIT)，它给库存管理带来了重大变化，不仅有效地降低了库存空间与投资，也实现了原材料在需要时的准时到达。

三、审计控制

审计是常用的一种控制方法，从审计内容分，包括财务审计和管理审计两大类。从审计主体分，有外部审计和内部审计。

(一)财务审计

财务审计是由专职机构和人员，依法对审计单位的财务、财政收入及有关经济活动的真实性、合法性、效益性进行审查，评价其经济责任，以维护财经法纪，改善经营管理，提高经济效益，促进宏观调控的独立性的经济监督活动。财务审计的主要方法有以下几种。

(1) 审计检查法。审计检查法是指在审计项目实施过程中所采用的各种检验、查证方法。按检查的对象不同，审计检查法可分为资料检查法和实物检查法。资料检查法亦称查账法，是对会计凭证、账簿、报表以及其他有关资料进行检查的方法。实物检查法是指收集书面以外的信息及其载体，证实书面资料及其反映的经济活动的真实性、合法性的一种方法。

(2) 审计调查法。审计调查法是指审计人员通过调查，对被审计单位的会计资料和有关事实进行查证的一种方法。其具体方法包括审计查询法、观察法和专题调查法等。

(3) 审计分析法。审计分析法是指审计人员利用各种分析技术对审计对象进行比较、分析和评价的一种方法。主要用来查找可疑事项的线索，验证和评价各种经济资料所反映经济活动的真实性、合法性和效益性。常用的方法有账户分析法、账龄分析法、逻辑推理分析法、经济活动分析法、经济技术分析法和数学分析法等。

(4) 抽样审计法。它是先从被查总体中抽取一部分资料作为样本进行审查，然后根据审查结果来推断被查总体正确性和合法性的一种方法。常用的方法有任意抽样审计法、判断抽样审计法和统计抽样审计法。

(二)管理审计

管理审计是指以管理原理为评价准则，系统地考查、分析和评价一个组织的管理水平和管理成效，进而采取措施克服存在的缺点或问题。管理审计目标不是评价个别主管人员的工作质量和管理水平，而是从系统的观点出发来评价一个组织整个管理系统的管理质量。

应该把管理审计和经营审计区别开来，二者的差别类似于评价主管人员的管理能力及评价主管人员在制定和实现目标方面的能力。管理审计的方法与财务审计的一般方法基本一致，其中查明事实真相是管理审计工作的最基本任务。

(三)内部审计与外部审计

1. 内部审计

内部审计是指企业的经营审核。从广义上说，经营审核就是企业内部的审计人员对会计、财务和其他业务经营活动所做的定期的和独立的评价。内部审计提供了检查现有控制程序和方法能否有效地达成既定目标和执行既定政策的手段。内部审计是对经营活动进行全面评价所采用的主要形式。

2. 外部审计

外部审计是由外部机构选派的审计人员和专家对组织财务报表及其反映的财务状况进行独立的评估。外部审计的主要目标是为股东、政府和其他感兴趣的团体证实组织的财务管理和报告以及文件的合法与恰当。法律规定，公众持股公司必须进行外部审计。

小案例

"过程"是细小的、平凡的，而卓越的终极成果恰恰出自"过程"。美国联邦航空局(FAA)在质量管理方面实行严格的"过程"控制是很有名的，他们认为好的质量和批量生产的稳定性，必须以有效的中间"过程"控制为保障。中美联合生产"麦道 82(MD-82)"大型客机时，申请生产"麦道"整机许可证的上海航空工业公司，就着实领教了 FAA 代表的严厉。例如铆接工序用的铆钉，工艺要求是淬火后放入冰箱保存，在规定时间内取出使用。在一次检查中，FAA 代表发现一枚铆钉被随意丢在一个盛水的碗里，而原始记录又表明这批铆钉已全部用完。为此，FAA 毫不留情，毅然中断认证检查回国。其理由是这枚铆钉的不明不白和公然违反规程的放置，已经很难使人相信"上航"生产的、需要飞行 5 万小时的高级客机的质量。正是 FAA 这种一丝不苟的"过程"管理，才使上航在后来终成"正果"。

互动话题

你日常生活开支是如何控制的，你是如何控制大学学习过程的？

第五节 有效控制

控制的目的是保证企业活动符合计划的要求，以有效地实现预定目标。为此，有效的控制应具有下述特征。

一、实时控制

企业经营活动中产生的偏差只有及时采取措施加以纠正，才能避免其扩大，或防止偏差对企业不利影响的扩散。及时纠偏，要求管理人员及时掌握能够反映偏差产生及其严重程度的信息。如果等到偏差已经非常明显，且对企业造成了不可挽回的影响后，反映偏差的信息才姗姗来迟，那么即使这种信息是非常系统、绝对客观、完全正确的，也不可能对纠正偏差带来任何指导作用。

纠正偏差的最理想方法应该是在偏差产生以前，就注意到偏差产生的可能性，从而预先采取必要的防范措施，防止偏差的产生；或者企业由于某种无法抗拒的原因，偏差的出现不可避免，那么这种认识也可以指导企业预先采取措施，消除或遏制偏差产生后可能对企业造成的不利影响。

预测偏差的产生，虽然在实践中有许多困难，但在理论上是可行的，即可以通过建立企业经营状况的预警系统来实现。我们可以为需要控制的对象建立一条警戒线，反映经营状况的数据一旦超过这条警戒线，预警系统就会发出警报，提醒人们采取必要的措施防止偏差的产生和扩大。

二、适度控制

适度控制是指控制的范围、程度和频度要恰到好处。这种恰到好处的控制要注意以下几个方面的问题。

1. 防止控制过多或控制不足

控制常常会给被控制者带来某种不愉快，但是缺乏控制又可能导致组织活动的混乱。有效的控制应该既能满足对组织活动监督和检查的需要，又能防止与组织成员发生激烈的冲突。适度的控制应能同时体现这两个方面的要求。一方面，要认识到，过多的控制会对组织中的人造成伤害，对组织成员行为的过多限制，会扼杀他们的积极性、主动性和创造性，会抑制他们的首创精神，从而影响个人能力的发展和工作热情的提高，最终会影响企业的效率。另一方面，也要认识到，过少的控制，将不能使组织活动有序地进行，就不能保证各部门活动进度成比例地协调，从而造成资源的浪费；过少的控制还可能使组织中的个人无视组织的要求，我行我素，不提供组织所需的贡献，甚至利用在组织中的便利谋求个人利益，最终导致组织的涣散和崩溃。

控制程度适当与否，受许多因素的影响。判断控制程度或额度是否适当的标准，通常要随活动性质、管理层次以及下属受培训的程度等因素而变化。一般来说，科研机构的控制程度应小于生产劳动组织；企业科室人员工作的控制要少于现场的生产作业；对受过严格训练而能力较强的管理人员的控制要低于那些缺乏必要训练的新任管理者或单纯的执行者。此外，企业环境的特点也会影响人们对控制严厉程度的判断：往往市场疲软时期，为了共渡难关，部分职工会同意接受比较严格的行为限制；而在经济繁荣时期则希望工作中有较大的自由度。

2. 处理好全面控制与重点控制的关系

任何组织都不可能对每一个部门、每一个环节的每一个人在每一个时刻的工作情况进行全面的控制。由于存在对控制者的再控制的问题，这种全面控制甚至会造成组织中控制人员远远多于现场作业者的现象。全面系统的控制不仅代价极高，而且是不可能的，也是不必要的。适度的控制要求企业在建立控制系统时，利用 ABC 分析法和例外原则等工具，找出影响企业经营成果的关键环节和关键因素,并据此在相关环节上设立预警系统或控制点,进行重点控制。

3. 使花费一定费用的控制得到足够的控制收益

任何控制都需要一定的费用。衡量工作成绩、分析偏差产生的原因,以及为了纠正偏差而采取的措施,都需支付一定的费用;同时,任何控制,由于纠正了组织活动中存在的偏差,都会带来一定的收益。一项控制,只有当它带来的收益超出其所需成本时,才是值得的。控制费用与收益的比较分析,实际上是从经济角度去分析上面考察过的控制程度与控制范围的问题。

三、客观控制

控制工作应该针对企业的实际状况,采取必要的纠偏措施,或促进企业活动沿着原先的轨道继续前进。因此,有效的控制必须是客观的、符合企业实际的。客观的控制源于对企业经营活动状况及其变化的客观了解和评价。为此,控制过程中采用的检查、测量的技术与手段必须能正确地反映企业经营在时空上的变化程度与分布状况,准确地判断和评价企业各部门、各环节的工作与计划要求的相符或相背离程度,这种判断和评价的正确程度还取决于衡量工作成效的标准是否客观和恰当。为此,企业还必须定期检查过去规定的标准和计量规范,使之符合现实的要求。另外,由于管理工作带有许多主观评定,因此,对一名下属人员的工作是否符合计划要求,不应不切实际地加以主观评定,只要是凭主观来控制的地方,都会影响对业绩的判断。没有客观的标准和准确的检测手段,人们对企业的实际工作就不易有一个正确的认识,从而难以制定出正确的措施,进行客观的控制。

四、弹性控制

企业在生产经营过程中可能会经常遇到某种突发的、无法抗拒的变化,这些变化会使企业计划与现实条件严重背离。有效的控制系统应在这样的情况下仍能发挥作用,维持企业的运营,也就是说,应该具有灵活性或弹性。

弹性控制通常与控制的标准有关。比如说,预算控制通常规定了企业各经营单位的主管人员在既定规模下能够用来购买原材料或生产设备的经营额度。如果这个额度被规定得绝对化,那么一旦实际产量或销售量与预测数值存在差异,预算控制就可能失去意义:经营规模扩大,会使经营单位感到经费不足;而销售量低于预测水平,则可能使经费过于富绰,甚至造成浪费。有效的预算控制应能反映经营规模的变化,应该考虑到未来的企业经营可能呈现出的不同水平,从而为经营规模的参数值规定不同的经营额度,使预算在一定范围内是可以变化的。

通常,弹性控制要求企业制订弹性的计划和弹性的衡量标准。

除此以外,一个有效的控制系统还应该站在战略的高度,抓住影响整个企业行为或绩效的关键因素。有效的控制系统往往集中精力于例外发生的事情,即例外管理原则,凡已出现过的事情,皆可按规定的控制程序处理,第一次发生的事例,需投入较大的精力。

管 理 故 事

厨 房 失 火

有位客人到某人家里作客，看见主人家厨房的灶上烟囱是直的，旁边又有很多木材。

客人告诉主人说："烟囱要改曲，木材须移去，否则将来可能会导致厨房火灾。"主人听了不以为然，没有做任何表示。

不久主人家厨房果然失火，四周的邻居赶紧跑来救火，最后火被扑灭了，于是主人烹羊宰牛，宴请四邻，以酬谢他们救火的功劳，但是并没有请当初建议他将木材移走、烟囱改曲的客人。

有人对主人说："如果当初你听了那位先生的话，今天也不用准备筵席了，而且没有火灾的损失，现在论功行赏，原先给你建议的人没有被感恩，而救火的人却是座上客，真是很奇怪的事呢！"

主人顿时省悟，赶紧去邀请当初给予建议的那位客人来吃酒。

一般人认为，足以摆平或解决企业经营过程中的各种棘手问题的人，就是优秀的管理者，其实这是有待商榷的。俗话说："预防重于治疗"，能防患于未然之前，更胜于治乱于已成之后。由此观之，企业问题的预防者，其实是优于企业问题的解决者。

习以为常的生活方式，也许是最有危险的生活方式。因为习惯了的东西很难改变，而当你觉醒时，往往是回天乏术了。

(资料来源：百度文库 https://wenku.baidu.com)

管 理 定 律

热炉法则——惩处原则

热炉法则形象地阐述了惩处原则：①热炉火红，不用手去摸也知道炉子是热的，是会灼伤人的——警告原则。领导者要经常对下属进行规章制度教育，警戒他们不要触犯规章制度。②每当你碰到热炉时，肯定会被火灼伤——一致性原则。"说"和"做"是一致的，说到就会做到。也就是说只要触犯组织的规章制度，就一定会受到惩处。③当你碰到热炉时，立即就被灼伤——即时性原则。惩处必须在错误行为发生后立即进行，绝不能拖泥带水，绝不能有时间差，以便达到及时改正错误行为的目的。④不管是谁碰到热炉，都会被灼伤——公平性原则。在组织的规章制度面前人人平等。不论是领导者还是下属，只要触犯组织的规章制度，就要受到惩处。

知 识 测 试

(一)选择题

1．"治病不如防病，防病不如讲究卫生"根据这一说法，以下几种控制方式中，最重要的一种是(   )。

A. 预先控制　　B. 实时控制　　C. 反馈控制　　D. 前馈控制
2. 管理控制工作的一般程序是(　　)。
   A. 确立控制标准、分析差异产生原因、采取矫正措施
   B. 采取矫正措施、分析差异产生原因、建立控制标准
   C. 确立控制标准、采取矫正措施、分析差异产生原因
   D. 分析差异产生原因、采取矫正措施、建立控制标准
3. 种庄稼需要水,但这一地区近年老不下雨,怎么办?一种办法是灌溉,以弥补天不下雨的不足。另一种办法是改种耐旱作物,使所种作物与环境相适应。这两种措施分别是(　　)。
   A. 正偏差和调整计划　　　　　B. 调整计划和纠正偏差
   C. 反馈控制和前馈控制　　　　D. 前馈控制和反馈控制
4. 现场控制的弊端是(　　)。
   A. 容易受到管理者时间、精力、业务水平的制约
   B. 应用范围较窄
   C. 容易在控制者和被控制者之间形成对立
   D. 不能提高能力及自我控制能力
5. (多选)按控制点的位置划分,控制分为(　　)。
   A. 预先控制　　　　　　　　　B. 过程控制
   C. 事后控制　　　　　　　　　D. 分散控制
6. (多选)对组织运行活动的控制主要包括(　　)。
   A. 组织绩效控制　　　　　　　B. 生产作业控制
   C. 公关行为控制　　　　　　　D. 财务控制

(二)论述题

1. 结合实际生活论述控制工作的重要性。
2. 现代管理信息系统会给管理者的工作带来哪些变化?

素 质 拓 展

控制感知与质量问题分析

【实训目标】

1. 感知控制过程与方法。
2. 了解管理信息系统。
3. 树立全面质量管理观。

【实训内容与要求】

1. 各组选择邻近校园的一家企业,学校图书馆、教务处、后勤处、学生管理中心、院办公室等,围绕资源信息系统运行、质量目标、控制与质量问题分析,考核方法等进行调查。

2. 利用课余时间实施调查，写出调查报告。

【成果与检测】

1. 以小组为单位提交调查报告。
2. 课堂报告：各组陈述，交流体会。
3. 由教师根据调查报告及课堂报告表现综合评分。

案 例 分 析

客户服务质量控制

美国某信用卡公司的卡片分部认识到高质量客户服务是多么重要。客户服务不仅影响公司信誉，也和公司利润息息相关。比如，一张信用卡每早到客户手中一天，公司可获得33美分的额外销售收入，这样一年下来，公司将有140万美元的净利润，及时地将新办理的和更换的信用卡送到客户手中是客户服务质量的一个重要方面，但这远远不够。

决定对客户服务质量进行控制来反映其重要性的想法，最初是由卡片分部的一个地区副总裁凯西·帕克提出来的。她说，"一段时间以来，我们对传统的评价客户服务的方法不大满意。向管理部门提交的报告有偏差，因为它们很少包括有问题但没有抱怨的客户，或那些只是勉强满意公司服务的客户"。她相信，真正衡量客户服务的标准必须基于和反映持卡人的见解。这就意味着要对公司控制程序进行彻底检查。第一项工作就是确定用户对公司的期望。对抱怨信件的分析指出了客户服务的三个重要特点：及时性、准确性和反应灵敏性。持卡者希望准时收到账单、快速处理地址变动、采取行动解决抱怨。

了解了客户期望，公司质量保证人员开始建立控制客户服务质量的标准。所建立的180多个标准反映了诸如申请处理、信用卡发行、账单查询反应及账户服务费代理等服务项目的可接受的服务质量。这些标准都基于用户所期望的服务的及时性、准确性和反应灵敏性上。同时也考虑了其他一些因素。

除了客户见解，服务质量标准还反映了公司竞争性、能力和一些经济因素。比如：一些标准因竞争引入，一些标准受组织现行处理能力影响，另一些标准反映了经济上的能力。考虑了每一个因素后，适当的标准就成型了，所以开始实施控制服务质量的计划。

计划实施效果很好，比如处理信用卡申请的时间由35天降到15天，更换信用卡从15天降到2天，回答用户查询时间从16天降到10天。这些改进给公司带来的潜在利润是巨大的。例如，办理新卡和更换旧卡节省的时间会给公司带来1750万美元的额外收入。另外，如果用户能及时收到信用卡，他们就不会使用竞争者的卡片了。

该质量控制计划潜在的收入和利润对公司还有其他的益处，该计划使整个公司都注重客户期望。各部门都以自己的客户服务记录为骄傲。而且每个雇员都对改进客户服务做出了贡献，使员工士气大增。每个雇员在为客户服务时，都认为自己是公司的一部分，是公司的代表。

信用卡部客户服务质量控制计划的成功，使公司其他部门纷纷效仿。无疑，它对该公司的贡献将是巨大的。

(资料来源：豆丁网 https://www.docin.com)

思考题：
1. 该公司控制客户服务质量的计划是前馈控制、反馈控制还是现场控制？
2. 找出该公司对计划进行有效控制的三个因素。
3. 为什么该公司将标准设立在经济可行的水平上，而不是最高可能的水平上？

第十二章 创　　新

创新是唯一的出路，淘汰自己，否则竞争将淘汰我们。

——英特尔公司总裁安迪·格罗夫

【学习目标】

知识点：
- 掌握创新的基本内容。
- 了解创新活动的过程。
- 理解创新的障碍。

技能点：
依据熊彼特的创新理论培养创新能力。

【引例】

> **喝凉开水**
>
> 这是一个下岗女工的家，她的家里有三个水瓶。女工很勤劳，也很节俭。平时，只要哪个水瓶没有水了，她总会及时去烧水，把那空着的水瓶注满。女工的家一年四季没有断过开水，可是一家人一年四季都在喝着凉开水。原因是什么？家人每次倒开水的时候，女工总是说："先喝先前烧开的，这是自家花了煤气的，在家不比在单位，有公司出钱，凉了就倒掉。"家人便顺从地喝了凉开水。于是女工家天天喝凉开水。
>
> 不改变观念就只有天天喝凉开水，哪怕你再勤劳。
>
> (资料来源：http://www.doc88.com/p-143805649406.html)

人类社会的发展史是不断创新的历史，创新是人类社会的永恒主题，是企业进步和社会进步的根本途径。世界企业发展的历史已经充分表明，只有创新才是企业生命力的无穷源泉。

本章旨在分析创新的职能及作用、企业技术创新、企业组织创新等内容，以揭示创新的规律，指导创新职能的履行。

第一节　创新概述

"创新"并不是陌生的词汇，它经常出现在各类管理学著作和教材之中。人们通常将它与设备的更新、产品的开发或工艺的改进联系在一起。无疑，这些技术方面的革新是创新的重要内容，但不是全部内容。创新首先是一种思想及在这种思想指导下的实践，是一种原则以及在这种原则指导下的具体活动，是管理的一种基本职能。

一、创新的含义

对创新的系统论述最早出自美籍奥地利经济学家约瑟夫·熊彼特(Schunpeter Joseph Alois)1912年出版的《经济发展理论》一书。在该书中，他确定了创新的含义，并论证了创新在经济发展过程中的重要作用。

熊彼特认为，创新就是"新的组合"，它包括下列五种情况。

(1) 采用一种新产品——消费者还不熟悉的产品，或一种产品的一种新的特性。

(2) 采用一种新的生产方法，也就是在有关的制造部门中尚未通过鉴定的方法，这种新的方法绝不需要建立在新的科学发现的基础之上。

(3) 开辟一个新的市场，也就是开辟有关国家的某一制造部门以前不曾进入的市场，不管这个市场以前是否存在过。

(4) 掠取或控制原材料或半成品的一种新供应来源，也不管这种来源是已经存在的，还是第一次创造出来的。

(5) 实现一种工业的新的组织，比如造成一种垄断地位(例如通过"托拉斯化")或打破一种垄断地位。在这里，熊彼特用列举具体创新领域的方法对创新进行了描述，尽管其所涉及的创新领域包括了产品创新、技术创新、市场创新、环境创新和组织创新等方面，但他并没有直接明确地揭示创新的实质。

自从熊彼特提出创新的概念以来，人们曾对创新赋予了各种各样的定义。归纳起来，创新一般被定义为是对原有事物的改变或新事物的引入，是创造新理念并将其付诸实践的过程。

二、创新的作用

组织作为一个有机体，也和某些生物有机体一样，都是处于不断变化和演变过程之中的，任何组织管理只有维持工作显然是不够的，它无法实现组织的可持续发展。管理的创新职能就是要突出"物竞天择，适者生存"的基本规律对组织的作用。

创新对组织来说是至关重要的，其原因如下。

首先，创新是组织发展的基础，是组织获取经济增长的源泉。在过去的一个世纪中，人类的经济获得了迅猛的增长，20世纪大部分时期的增长率超过了第一次工业革命时期。这种发展和增长的根源就是美国哈佛大学教授约瑟夫·熊彼特所说的创新。创新是经济发展的核心，创新使得物质繁荣的增长更加便利。

其次，创新是组织谋取竞争优势的利器。当今社会，各类组织的迅速发展，使得组织间的相互竞争成为普遍现象。特别是世界经济一体化的深入，使工商业的竞争更加激烈。要想在竞争中谋取有利地位，就必须将创新放在突出的地位。竞争的压力要求企业家们不得不改进已有的制度，采用新的技术，推出新的产品，增加新的服务。有数据表明，在创造性思维和组织效益之间具有直接的正相关性。

最后，创新是组织摆脱发展危机的途径。这里所说的发展危机是指组织明显难以维持现状，如果不进行改革组织就难以为继的状况。发展危机对于组织来说是周期性的，组织每一步的发展都有其工作重心的转变和新的发展障碍。企业在创业期间，管理目标主要是对需求快速、准确的反应,资金的充裕和安全问题;进入学步期和青春期,组织管理的目标更多在于利润的增加和销售量及市场份额的扩大;组织成熟期后管理目标转向维持已有的市场地位。相应的组织在各阶段可能会出现领导危机、自主性危机、控制危机和硬化危机。组织只有不断创新、再创新才能从容渡过各种难关,持续健康地发展。

小案例

美国,华尔街,某大银行。

一位提着豪华公文包的犹太老人来到贷款部前,大模大样地坐了下来。

"请问先生,您有什么事情需要我们效劳吗?"贷款部经理一边小心地询问,一边打量着来人的穿着:名贵的西服、高档的皮鞋、昂贵的手表,还有镶着宝石的领带夹子……

"我想借点钱。"

"完全可以,您想借多少呢?"

"1美元。"

"只借1美元?"贷款部的经理惊愕了。

"我只需要1美元。可以吗?"

"当然,只要有担保,借多少我们都可以照办。"

"好吧。"犹太人从豪华公文包里取出一大堆股票、国债、债券等放在桌上:"这些作担保可以吗?"

贷款部经理清点了一下,"先生,总共50万美元,作担保足够了,不过先生,您真的只借1美元吗?"

"是的。"犹太老人面无表情地说。

"好吧,到那边办手续吧,年息为6%,只要您付6%的利息,一年后归还,我们就把这些作保的股票和证券还给您……"

"谢谢……"犹太富豪办完手续,准备离去。

一直在一边冷眼旁观的银行行长怎么也弄不明白,一个拥有50万美元的富豪,怎么会跑到银行来借1美元呢?

他从后面追了上去,有些窘迫地说:"对不起,先生,可以问您一个问题吗?"

"你想问什么?"

"我是这家银行的行长,我实在弄不懂,您拥有50万美元的家当,为什么只借1美元呢?要是您想借40万美元的话,我们也会很乐意为您服务的……"

"好吧,既然你如此热情,我不妨把实情告诉你。我到这儿来,是想办一件事情,可是随身携带的这些票券很碍事,我问过几家金库,要租他们的保险箱,租金都很昂贵,我知道银行的安保很好,所以嘛,就将这些东西以担保的形式寄存在贵行了,由你们替我保管,我还有什么不放心呢!况且利息很便宜,存一年才不过6美分……"

三、创新的类别与特征

系统内部的创新可以从不同的角度去考察。

(1) 从对创新的规模以及创新对系统的影响程度来考察,可将其分为局部创新和整体创新。①局部创新是指在系统性质和目标不变的前提下,系统活动的某些内容、某些要素的性质和其相互组合的方式、系统的社会贡献的形式和方式等发生变动。②整体创新则往往改变目标和使命，涉及系统的目标和运行方式，影响系统的社会贡献的性质。

(2) 从创新与环境的关系来分析，可将其分为消极防御型创新与积极攻击型创新。①防御型创新是指由于外部环境的变化对系统的存在和运行造成了某种程度的威胁，为了避免威胁或由此造成的系统损失扩大，系统在内部展开的局部或全局性调整。②攻击型创新是在观察外部世界运动的过程中，敏锐地预测到未来环境可能提供的某种有利机会，从而主动地调整系统的战略和技术，以积极地开发和利用这种机会，谋求系统的发展。

(3) 从创新发生的时期来看，可将其分为系统初建期的创新和运行中的创新。系统的组建本身就是社会的一项创新活动。系统的创建者在一张白纸上绘制系统的目标、结构、运行规划等蓝图，这本身就要求有创新的思想和意识，创造一个截然不同于现有社会(经济组织)的新系统，寻找最满意的方案，取得最优秀的要素，并以最合理方式组合，使系统进行活动。但是"创业难，守业更难"，在动荡的环境中"守业"，必然要求积极地以攻为守，要求不断地创新。创新活动更大量地存在于系统组建完毕开始运转以后。系统的管理者要不断地在系统运行的过程中寻找、发现和利用新的创业机会，更新系统的活动内容，调整系统的结构，扩展系统的规模。

(4) 从创新的组织程度上看，创新可分为自发创新与有组织的创新。任何社会经济组织都是在一定环境中运转的开放系统，环境的任何变化都会对系统的存在和存在方式产生一定影响。系统内部与外部直接联系的各子系统接收到环境变化的信号以后，必然会在其工作内容、工作方式、工作目标等方面进行积极或消极的调整，以应付变化或适应变化的要求。同时，社会经济组织内部的各个组成部分是相互联系、相互依存的，系统的相关性决定了与外部有联系的子系统根据环境变化的要求自发地做了调整后，必然会对那些与外部没有直接联系的子系统产生影响，从而要求后者也做相应调整。系统内部各部分的自发调整可能产生两种结果：一种情况是，各子系统的调整均是正确的，从整体上说是相互协调的，从而给系统带来的总效应是积极的，可使系统各部分的关系实现更高层次的平衡——除非极其偶然，这种情况一般不会出现；另一种情况是，各子系统的调整有的是正确的，而另一些则是错误的——这是通常可能出现的情况。因此，从整体上来说，调整后各部分的关系不一定协调，给组织带来的总效应既有可能为正，也可能为负(这取决于调整正确与失误的比例)，也就是说，系统各部分自发创新的结果是不确定的。

第二节　创新的基本内容

系统在运行中的创新要涉及许多方面，为了便于分析，我们以社会经济生活中大量存在的企业系统为例来介绍创新的内容。

一、目标创新

企业是在一定的经济环境中从事经营活动的，特定的环境要求企业按照特定的方式提供特定的产品。一旦环境发生变化，则要求企业的生产方向、经营目标以及企业在生产过程中与其他社会经济组织的关系进行相应的调整。我国的社会主义工业企业，在高度集权的计划经济体制背景下，必须严格按照国家的计划要求来组织内部的活动。实行经济体制改革以来，企业同国家和市场的关系发生了变化，企业必须通过其自身的活动来谋求生存和发展。因此，在新的经济背景下，企业的目标必须调整为："通过满足顾客需要来获取利润。"至于企业在各个时期的具体经营目标，则更需要适时地根据市场环境和消费需求的特点及变化趋势加以整合，每一次调整都是一种创新。

二、技术创新

技术创新是企业创新的主要内容，企业中出现的大量创新活动是有关技术方面的，因此，有人甚至把技术创新视为企业创新的同义语。

现代工业企业的一个主要的特点是在生产过程中广泛运用先进的科学技术。技术水平是反映企业经营实力的一个重要标志，企业要在激烈的市场竞争中处于主动地位，就必须在顺应甚至引导社会技术进步的方面，不断地进行技术创新。由于一定的技术都是通过一定的物质载体和利用这些载体的方法来体现的，因此企业的技术创新主要表现在要素创新、要素组合方法的创新以及产品创新三个方面。

(一)要素创新

企业的生产过程是一定的劳动者利用一定的劳动手段作用于劳动对象使之改变物理、化学形式或性质的过程。参与这个过程的要素包括材料和设备两类。

(1) 材料创新。材料是构成产品的物质基础，材料费用在产品成本中占有很大比重，材料的性能在很大程度上影响着产品的质量。材料创新的内容包括：开辟新的来源，以保证企业扩大再生产的需要；开发和利用大量廉价的普通材料(或寻找普通材料的新用途)，替代量少价昂的稀缺材料，以降低产品的生产成本；改造材料的质量和性能，以保证和促进产品质量的提高。现代科学技术的迅速发展，为企业的原材料创新提供了广阔的前景。

(2) 设备创新。现代企业在生产过程中广泛地利用机器和机器设备体系，劳动对象的加工往往由机器设备直接完成，设备是现代企业进行生产的物质技术基础。

设备创新主要表现在下述几个方面：①通过利用新的设备，减少手工劳动的比重，以提高企业生产过程机械化和自动化的程度；②通过将先进的科学技术成果用于改造和革新原有设备，以延长其技术寿命，提高其效能；③有计划地进行设备更新，以更先进、更经济的设备来取代陈旧的、过时的老设备，使企业建立在先进的物质技术基础上。

(二)要素组合方法的创新

利用一定的方式将不同的生产要素加以组合，这是形成产品的先决条件。要素的组合包括生产工艺和生产过程的时空组织两个方面。

(1) 生产工艺是劳动者利用劳动手段加工劳动对象的方法，包括工艺过程、工艺配方、工艺参数等内容。工艺创新既要根据新设备的要求，改变原材料、半成品的加工方法，也要在不改变现有设备的前提下，不断研究和改进操作技术和生产方法，以求使现有设备得到更充分的利用，使现有材料得到更合理的加工。工艺创新与设备创新是相互促进的，设备的更新要求工艺方法做出相应的调整，而工艺方法的不断完善又必然促进设备的改造和更新。

(2) 生产过程的时空组织包括设备、工艺装备、在制品以及劳动者在空间上的布置和时间上的组合。空间上的布置不仅影响设备、工艺装备和空间的利用效率，而且影响人机配合，从而直接影响工人的劳动生产率；各生产要素在时空上的组合，不仅影响在制品、设备、工艺装备的占用数量，而且影响生产成本，从而影响产品的生产周期。因此，企业应不断地研究和采用更合理的空间布置和时间组合方式，以提高劳动生产率，缩短生产周期，从而在不增加要素投入的前提下，提高要素的利用效率。20世纪最伟大的企业生产组织创新，莫过于福特将泰罗的科学管理原理与汽车生产实践相结合而产生的流水生产线。流水线的问世引起了企业生产率的革命。

(三)产品创新

生产过程中各种要素组合的结果是形成企业向社会贡献的产品。企业是通过生产和提供产品来得到社会承认、证明其存在的价值；也是通过销售产品来补偿生产消耗、取得盈余，实现其社会存在的。产品是企业的生命，企业只有不断地创新产品，才能更好地生存和发展。

产品创新包括许多内容，这里主要分析物质产品本身的创新，而关于产品使用价值在实现过程中的创新，我们将在本节后面的"五、环境创新"中分析。物质产品创新主要包括品种创新和结构的创新。

(1) 品种创新要求企业根据市场需要的变化，根据消费者偏好的转移，及时地调整企业的生产方向和生产结构，不断开发出用户欢迎的适销对路的产品。

(2) 产品结构的创新，在于不改变原有品种的基本性能，对现在生产的各种产品进行改进和改造，找出更加合理的产品结构，使其生产成本更低，性能更完善，使用更安全，从而更具市场竞争力。

产品创新是企业技术创新的核心内容。它既受制于技术创新的其他方面，又影响其他技术创新效果的发挥：新的产品、新的结构，往往要求企业利用新的机器设备和新的工艺方法；而新设备、新工艺的运用又为产品的创新提供了更优越的物质条件。

小案例

"北有王麻子，南有张小泉"。北京"王麻子"在长江以北地区几乎家喻户晓，"王麻子"剪刀以质量好、服务佳而远近闻名，赢得了美誉，不同地区的人们都慕名争相选购。经过几百年的发展，"王麻子"剪刀更是名扬四海。但是，2003年年初，始创于1651年，已经有三百多年历史的王麻子剪刀厂宣布破产。

有关资料显示，1997年，该厂在岗职工697人，退休职工却已达500多人。企业机制、管理方式、产品开发及外部环境等方面的不足与制约，导致"王麻子"处境日趋艰险。而且，"王麻子"在宣传上投入较少，更多地依赖于一些老消费者的口碑传播，知名度已呈降低的迹象。1995年，王麻子剪刀厂与北京市文教器材厂等毫不相干的十几个工厂合并成立王麻子工贸集团公司，并重新注册了王麻子商标，这应被视作"王麻子"品牌延伸和盲目扩张的一大败笔。"王麻子"的品牌联想在于刀剪产品，而合并后新的"王麻子"，在产品的商标使用上，新、老商标紊乱，市场上"王麻子"产品杂乱无章，造成"王麻子"品牌资产严重分流和破坏，并削弱了消费者对"王麻子"品牌的忠诚度维系，直接导致产品滞销，仅合并当年就亏损100多万元。

由于"王麻子"在经营中没能紧跟市场的变化，巩固住自己的品牌，产品创新跟不上，盲目地进行品牌延伸，导致了最后以破产收场。

三、制度创新

要素组合的创新主要是从技术角度分析了人、机、料等各种结合方式的改进和更新，而制度创新则需要从社会经济角度来分析企业系统中各成员间的正式关系的调整和变革。

制度是组织运行方式的原则规定，企业制度主要包括产权制度、经营制度和管理制度三个方面的内容。

(1) 产权制度是决定企业其他制度的根本性制度，它规定着企业最重要的生产要素的所有者对企业的权力、利益和责任。不同的时期，企业各种生产要素的相对重要性是不一样的。在经济学的分析中，生产资料是企业生产的首要因素，因此，产权制度主要指企业生产资料的所有制。目前存在的相互对立的两大生产资料所有制——私有制和公有制(或更准确地说是社会成员共同所有的"共有制")在实践中都不是纯粹的。私有制正越来越多地渗入"共同所有"的成分，被"效率问题"所困扰的公有制则正在或多或少地添进"个人所有"的因素(如我国目前试行中的各种形式的"股份制")。企业产权制度的创新也许应朝向寻求生产资料的社会成员"个人所有"与"共同所有"的最适度组合的方向发展。

(2) 经营制度是有关经营权的归属及其行使条件、范围、限制等方面的原则规定。它表明了企业的经营方式，确定了谁是经营者，谁来组织企业生产资料的占有权、使用权和处置权的行使，谁来确定企业的生产方向、生产内容、生产形式，谁来保证企业生产资料的完整性及其增值，谁来向企业生产资料的所有者负责以及负何种责任。经营制度的创新方向应是不断寻求企业生产资料最有效利用的方式。

(3) 管理制度是行使经营权，组织企业日常经营的各种具体规则的总称，包括对材料、设备、人员及资金等各种要素的取得和使用的规定。在管理制度的众多内容中，分配制度是极重要的内容之一。分配制度涉及如何正确地衡量成员对组织的贡献并在此基础上如何提供足以维持这种贡献的报酬。由于劳动者是企业诸要素的利用效率的决定性因素，因此，提供合理的报酬以激发劳动者的工作热情对企业的经营就有着非常重要的意义。分配制度的创新在于不断地追求和实现报酬与贡献的更高层次上的平衡。

产权制度、经营制度、管理制度这三者之间的关系是错综复杂的(实践中相邻的两种制度之间的划分甚至很难界定)。一般来说，一定的产权制度决定相应的经营制度。但是，在产权制度不变的情况下，企业具体的经营方式可以不断地进行调整；同样，在经营制度不变时，具体的管理规则和方法也可以不断改进。而当管理制度的改进一旦发展到一定程度，则会要求经营制度做相应的调整；经营制度的不断调整，必然会引起产权制度的革命。因此，管理制度的变化会反作用于经营制度；经营制度的变化也会反作用于产权制度。

企业制度创新的方向是不断调整和优化企业所有者、经营者和劳动者三者之间的关系，使各个方面的权力和利益得到充分的体现，使组织的各种成员的作用得到充分的发挥。

四、组织机构和结构的创新

企业系统的正常运行，既要求有符合企业及其环境特点的运行制度，又要求具有与之相适应的运行载体，即合理的组织形式。因此，企业制度创新必然要求组织形式的变革和发展。

从组织理论的角度来考虑，企业系统是由不同的成员担任的不同职务和岗位的结合体。这个结合体可以从结构和机构这两个不同层次去考察。所谓机构是指企业在构建组织时，根据一定的标准，将那些类似的或为实现同一目标有密切关系的职务或岗位归并到一起，形成不同的管理部门。它主要涉及管理劳动的横向分工问题，即把对企业生产经营业务的管理活动分成不同部门的任务。而结构则与各管理部门之间，特别是与不同层次的管理部门之间的关系有关，它主要涉及管理劳动的纵向分工问题，即所谓的集权和分权(管理权力的集中和分散)问题。不同的机构设置，要求不同的结构形式；组织机构完全相同，但机构之间的关系不一样，也会形成不同的结构形式。由于机构设置和结构的形式要受到企业活动的内容、特点、规模、环境等因素的影响，因此，不同的企业，有不同的组织形式；同一企业，在不同的时期，随着经营活动的变化，也要求组织的机构和结构不断调整。组织创新的目的在于更合理地组织管理人员，努力提高管理劳动的效率。

五、环境创新

环境是企业经营的土壤，同时也制约着企业的经营。企业与环境的关系，不是单纯地去适应，而是在适应的同时去改造、去引导，甚至去创造。环境创新不是指企业为适应外界变化而调整内部结构或活动，而是指通过企业积极的创新活动去改造环境，去引导环境朝着有利于企业经营的方向变化。例如，通过企业的公关活动，影响社区政府政策的制定；通过企业的技术创新，影响社会技术进步的方向等。就企业来说，环境创新的主要内容是市场创新。

市场创新主要是指通过企业的活动去引导消费，创造需求。成功的企业经营不仅要适应消费者已经意识到的市场需求，而且要去开发和满足消费者自己可能还没有意识到的需求。新产品的开发往往被认为是企业创造市场需求的主要途径。其实，市场创新的更多内容是通过企业的营销活动来进行的，即在产品的材料、结构、性能不变的前提下，或通过市场的地理转移，或通过揭示产品新的物理使用价值，来寻找新用户。或通过广告宣传等促销工作，来赋予产品一定的心理使用价值，影响人们对某种消费行为的社会评价，从而诱发和强化消费者的购买动机，增加产品的销售量。

小阅读

成功并不像你想象的那么难。

并不是因为事情难，我们不敢做，而是因为我们不敢做事情才难的。

1965年，一名韩国学生到剑桥大学主修心理学。在喝下午茶的时候，他常到学校的咖啡厅或茶座听一些成功人士聊天。这些成功人士包括诺贝尔奖获得者，一些领域的学术权威人士和一些创造了经济界神话的人，这些人幽默风趣、举重若轻，把自己的成功都看得非常自然和顺理成章。时间长了，他发现，在国内时，他被一些成功人士欺骗了。那些人为了让正在创业的人知难而退，普遍把自己的创业艰辛夸大了，也就是说，他们在用自己的成功经历吓唬那些还没有取得成功的人。

作为心理学系的学生，他认为很有必要对韩国成功人士的心态加以研究。1970年，他把"成功并不像你想象的那么难"作为毕业论文，提交给现代经济心理学的创始人威尔·布雷登教授。布雷登教授读后，大为惊喜，他认为这是个新发现，这种现象虽然在东方甚至在世界各地普遍存在，但此前还没有一个人大胆地提出来并加以研究。惊喜之余，他写信给他的剑桥校友——当时正坐在韩国政坛第一把交椅上的人——朴正熙。他在信中说："我不敢说这篇论文对你有多大的帮助，但我敢肯定它比你的任何一个政令都能产生震动。"

后来这篇论文果然伴随着韩国的经济起飞了。这篇论文鼓舞了许多人，因为它从一个新的角度告诉人们，成功与"劳其筋骨，饿其体肤""三更灯火五更鸡""头悬梁，锥刺股"没有必然的联系。只要你对某一事业感兴趣，长久地坚持下去就会成功，因为上帝赋予你的时间和智慧够你圆满做完一件事情。后来，这位青年也获得了成功，他成了韩国泛业汽车公司的总裁。

第三节 创新过程及其管理

一、创新的障碍

从管理实践来看，管理创新的失败大多是由于管理不善所致。妨碍一个组织管理创新工作开展的障碍来自组织层面和个体层面，主要包括以下几个方面。

1. 资源短缺与缺少管理层的支持

管理创新的最大障碍之一是组织缺乏对管理创新的投入和支持。在绝大多数企业中，管理者注重的是经营活动和日常管理工作，对管理者没有创新方面的要求，也没有安排一定的时间、资金和人力管理创新。在管理创新过程中，没有一定的资源作保障，创新活动就难以开展。

造成这种局面的本质原因是许多企业没有意识到管理创新的重要性，单纯地把企业发展的希望寄托在抓机会、抢资源或技术创新、营销创新上，没有把管理创新列为组织的战略目标之一。由于对管理创新既没有要求，也没有投入，有组织的管理创新活动自然也不可能产生。

2. 僵化的组织机构与官僚主义

在变化多端、难以预测的环境中，我们最需要创造和创新。反过来，创造与创新也需要有一个对环境变化做出迅速反应的组织结构。也就是说，一个对环境能做出快速反应的组织机构是有效创新的必要条件，只有这样的机构，才能迅速地发现管理中的问题，并及时地通过管理创新予以解决。层次太多、办事刻板、缺乏生气、部门本位主义和官僚主义盛行的组织机构必然会阻碍创新工作的开展。

3. 害怕失败、抵制变化

害怕自己的行为受到批评，观点受到嘲笑，这是人类的通病。人们之所以不愿意发表自己的创新性、建设性的观点，多半是因为害怕受到嘲笑与批评。与此同时，经过5000年历史的考验，我们不少人还生怕犯错误，因而养成了循规蹈矩、因循守旧的习惯，习惯于走老路，按老皇历办事，只唯书、只唯上、不唯实，过分依赖权威，不敢存疑，过分相信书本，不敢深究。

不论我们做什么，都有成功和失败的可能，如果我们害怕批评与失败，不敢冒一点风险，就会虚度此生，一事无成。不少人主次不分，本末倒置。他们关心的只是自己的完美形象，为得到别人的赞赏行事；他们的时间和精力全部用于避免失败，而不是锐意进取。这种不求有功但求无过的精神状态使他们谨慎小心、疲于奔命，至于创新，只好靠边。传统的教育向学生灌输"成者为王，败者为寇"的以成败论英雄的思想，灌输失败就是错误、失败没有价值的思想，也导致了人们害怕失败。而事实上，创新的一个基本成分便是不怕失败。

创新确实有风险，而且有很大的风险。若因为此而不去创新，则大错特错，殊不知，企业不创新是最大的风险。为什么许多企业取得巨大成功后，就开始走下坡路？就是因为面对成功，害怕失败，创新意识淡化，结果不进则退。因此，我们要有创新意识，敢于冒风险。与此同时，通过对创新过程实施有效管理，最大限度地减少创新工作中的不确定性，以最终取得创新成功。

4. 从众或对创新行为过分挑剔

创新就意味着其观念有别于一般人，这样就与组织现有的行为规范不一致，那么创新者就有可能被认为行为古怪或思想偏执。一旦被压迫认为是古怪的，那么对创新就极为不利，创新性的观点就得不到重视，管理者也不把他们创新性的想法当作一回事。这种群体规范压制了创新，使得多数人更愿意服从现有的规范和标准，跟着多数人的意见走。

为了减少创新风险，对创新行为进行评价与分析，以确保这项创新是好的、有价值的，这本身无可厚非，但如果到了过分挑剔的地步，就会导致时间的浪费和竞争优势的丧失。因为创新本身就包含着时间的先机，把大量的时间和精力用于检验观念的优劣，往往会错过许多机遇，导致新奇感和影响力的消失。创新过程中的不确定因素始终是存在的，不管做什么样的分析、分析到什么程度都无法消除。

5. 创新中贪大求洋、急于求成

创新中，有的企业热衷于引进国外先进管理模式，希望通过创新一下子解决所有的管理问题，有的管理者则为创新而创新，为求"政绩"而创"亮点"。但创新只立足于现实，结合本组织的实际进行，才能取得效果。制度创新也好，资本经营也罢，都需要在一定的条件下进行。管理创新是多层次、全方位的，而且多数创新都是从细节开始的，贪大求洋、急于求成的结果往往会适得其反。海尔集团管理创新就是从制定企业内部管理的十条规定开始的，在十条规定中，其中一条是"禁止在车间里大小便"。就是这样的起点，经过十几年坚持不懈的管理创新，形成了以"日清日高"为代表的海尔管理模式。因此，管理创新要从小事做起，从细节做起，从点点滴滴做起。如果管理创新一味贪大求洋，就可能演变为大的创新搞不了，小的创新不想搞，企业就在两难中、轰轰烈烈中消亡。

二、创新活动的过程

就"一般创新"来说，它们必然依循一定的步骤、程序和规律。总结众多成功企业的经验，成功的变革与创新要经历寻找机会、提出构想、迅速行动、坚持不懈这样几个阶段的努力。

(一)寻找机会

创新是对原有秩序的破坏。原有秩序之所以要打破，是因为其内部存在着或出现了某种不协调的现象，这些不协调对系统的发展提供了有利的机会或造成了某种不利的威胁。创新活动正是从发现和利用旧秩序内部的这些不协调现象开始的。不协调为创新提供了契机。

1. 系统外部的创新契机

旧秩序中的不协调既可存在于系统内部，也可产生于对系统有影响的外部。就系统的外部来说，有可能成为创新契机的变化主要有以下几种。

(1) 技术的变化，从而可能影响企业资源的获取、生产设备和产品的技术水平。

(2) 人口的变化，从而可能影响劳动市场的供给和产品销售市场的需求。

(3) 宏观经济环境的变化，迅速增长的经济背景可能给企业带来不断扩大的市场，而整个国民经济的萧条则可能降低企业产品需求者的购买能力。

(4) 文化与价值观念的转变，从而可能改变消费者的消费偏好或劳动者对工作及其报酬的态度。

2. 系统内部的创新契机

就系统内部来说，引发创新的不协调现象主要有以下两种。

(1) 生产经营中的瓶颈，可能影响了劳动生产率的提高或劳动积极性的发挥，因而始终困扰着企业的管理人员。这种卡壳环节，既可能是某种材料的质量不够理想，且始终找不到替代品，也可能是某种工艺加工方法的不完善，或是某种分配政策的不合理。

(2) 企业意外的成功和失败，如派生产品的销售额和利润贡献出人意料地超过了企业的主营产品；老产品经过精心整顿改进后，结构更加合理，性能更加完善，质量更加优异，但并未达到预期数量的订单……这些出乎企业意料的成功和失败，往往可以把企业从原先的思维模式中驱赶出来，从而可成为企业创新的一个重要源泉。

企业的创新，往往是从密切地注视、系统地分析社会经济组织在运行过程中出现的不协调现象开始的。

(二)提出构想

敏锐地观察到了不协调现象的产生以后，还要透过现象究其缘由，并据此分析和预测不协调的未来变化趋势，估计它们可能给组织带来的积极或消极后果，并在此基础上，努力利用机会或将威胁转换成为机会，采用头脑风暴、德尔菲、畅谈会等方法提出多种解决问题、消除不协调的方案，使系统在更高层次实现平衡的创新构想。

(三)迅速行动

创新成功的秘密主要在于迅速行动。提出的构想可能还不完善，甚至可能很不完善，但这种并非十全十美的构想必须立即付诸行动才有意义。"没有行动的思想会自生自灭"，这句话对于创新思想的实践尤为重要，一味追求完美，以减少受讥讽、被攻击的机会，就可能坐失良机，把创新的机会白白地送给自己的竞争对手。T. 彼得斯(Peters T. J.)和 W. 奥斯汀(Austin N. K.)在《志在成功》一书中介绍了这样一个例子：20 世纪 70 年代，施乐公司为了把产品搞得十全十美，在罗彻斯特建造了一座全由工商管理硕士(MBA)占有的 29 层高楼，这些 MBA 们在大楼里对第一件可能开发的产品设计了拥有数百个变量的模型，编写了一份又一份的市场调查报告……然而，当这些人继续不着边际地分析时，当产品研制工作被搞得越来越复杂时，竞争者已把施乐公司的市场抢走了 50%以上。创新的构想只有在不断的尝试中才能逐渐完善，企业只有迅速地行动才能有效地利用"不协调"提供的机会。

(四)坚持不懈

构想经过尝试才能成熟，而尝试是有风险的，是不可能"一打就中"的，是可能失败的。创新的过程是不断尝试、不断失败、不断提高的过程。因此，创新者在开始行动以后，为取得最终的成功，必须坚定不移地继续下去，绝不能半途而废，否则会前功尽弃。要在创新中坚持下去，创新者必须有足够的自信心，有较强的忍耐力，能正确对待尝试过程中出现的失败，既为减少失误或消除失误后的影响采取必要的预防或纠正措施，又不把一次"战役"(尝试)的失利看成整个"战争"的失败，创新的成功只能在屡屡失败后才姗姗来迟。伟大的发明家爱迪生曾经说过："我的成功乃是从一路失败中取得的。"这句话对创新者应该有所启示。创新的成功在很大程度上要归因于"最后五分钟"的坚持。

互动话题

把班级成员分成若干小组进行讨论。请他们想出使用回形针的尽可能多的方法。每组指定一人负责统计，只需统计想出的方法的数目，不一定要把方法本身也记录下来。一分钟以后，请各组长首先报告想出的方法的数目，再请他们说出一些看起来极其"疯狂"、极其"不着边际"的想法。向与会人员报告，有时这些貌似"愚蠢"的想法其实是行之有效的。

三、领导创新

创新工作的重要内容就是根据创新与变革活动的规律，领导和组织创新与变革活动。
管理学家 J. 科特(John P. Kotter)提出成功的变革与创新的领导包括以下八个环节。

(1) 树立紧迫感是创新工作的一项关键责任。领导创新与变革管理需要仔细审视现实中的竞争压力，认清危机和机遇。市场竞争环境的压力既为组织的变革与创新提供了动力，也为变革与创新指明了方向。

(2) 建立强有力的领导联盟是创新工作必须有的组织保障。组织一个强有力的领导创新的群体，赋予他们领导创新足够的权力，鼓励领导群体的成员协同作战。组织的创新与变革工作常常由于缺乏强有力的领导联盟而导致失败。

(3) 构建愿景规划能够引导创新的方向。组织的愿景既是创新工作的出发点，也是创新的归宿。一个清晰可信的、令人鼓舞的愿景确定了组织存在的理由和目标，它说明组织的经营哲学和经营理念，对组织的活动起指导作用；它能够统一员工的信念，争取利益相关者的依赖和支持。组织的愿景是由组织成员的个人愿景汇集而成，是组织成员的共同愿景。

(4) 沟通创新愿景就是利用各种可用的媒介工具，与其他人沟通新的愿景规划和战略，通过领导联盟的示范传授新的行为。

(5) 广泛的授权运动是实现组织创新愿景的基础。授权以实施愿景规划就是要扫清创新途中的障碍；改革阻碍组织实现创新的体制和机构；鼓励敢冒风险与非传统的观点、活动与行为。

(6) 夺取短期胜利就是不只是等待愿景的完全实现，而是计划取得一些小的胜利，让每个人都能看到进步。要夺取短期胜利就是要制订逐步改进绩效的规划；实施规划，改进绩效；表彰和奖励参与绩效改进并获得成效的员工。尽可能做到将短期胜利的积极影响扩展到整个组织。

(7) 巩固已有成果、深化创新就是利用对前一阶段成果的良好信任，改革与愿景规划不相适应的体制、结构、政策；培养、任用、晋升能执行愿景规划的员工；选用新项目、新观点和创新推动者再次激活整个创新过程。

(8) 将创新成果制度化就是将创新的活动融入组织文化中，展示创新的积极成果，表明新的行为方式和改进结果之间的联系，不断地寻找新的变革力量和领导者，不断吸引创新先导者共同对变革和创新负起责任。

小案例

1998年年底，原伊利副总牛根生走出伊利，创办蒙牛。对中国乳业来说，伊利就是一所黄埔军校。伊利把牛根生从一个刷奶瓶的小工培养成一个呼风唤雨的人物，伊利依托公司连基地、基地连农户的生产经营模式也被蒙牛当仁不让地拿来，并且做得更到位、更彻底。牛根生还别出心裁地在产品包装盒上印上为民族工业争气，向伊利学习的口号，蒙牛的第一块广告牌也非常巧妙地写着做内蒙古第二品牌。正是因为这种学习中竞争的模式，伊利和蒙牛的发展速度都非常惊人。尤其是蒙牛，创造了中国企业史无前例的1947.31%的成长速度，由名不见经传的小企业飙升到现在的前五名之列。

四、创新管理的技能

有效的创新工作需要管理者能够为部属的创新提供条件、创造环境，有效地组织系统内部的创新。

(一)正确理解并扮演"管理者"的角色

管理人员往往是保守的。他们往往以为组织雇用自己的目的是维持组织的运行，因此自己的职责首先是保证预先制定的规则的执行和计划的实现，"系统的活动不偏离计划的要求"便是优秀的管理象征。因此，他们往往自觉或不自觉地扮演着现有规章制度的守护神的角色。为了减少系统运行中的风险，防止大祸临头，他们往往对创新尝试中的失败吹毛求疵，随意惩罚在创新尝试中失败的人，或轻易地奖励那些从不创新、从不冒险的人……在分析了前面的关于管理的维持与创新职能的作用后，再这样来狭隘地理解管理者的角色，显然是不行的。管理人员必须自觉地带头创新，并努力为组织成员提供和创造一个有利于创新的环境，积极鼓励、支持、引导组织成员进行创新。

(二)创造促进创新的组织氛围

促进创新的最好方法是大张旗鼓地宣传创新、激发创新，树立"无功便是有过"的新观念，使每一个人都奋发向上、努力进取、跃跃欲试、大胆尝试。要造成一种人人谈创新、时时想创新、无处不创新的组织氛围，使那些无创新欲望或有创新欲望却无创新行动，从而无所作为者感觉到在组织中无立身之处，使每个人都认识到组织聘用自己的目的不是要自己简单地用既定的方式重复那也许重复了许多次的操作，而是希望自己去探索新的方法，找出新的程序，只有不断地去探索、去尝试才有继续留在组织中的资格。

(三)制订有弹性的计划

创新意味着打破旧的规则，意味着时间和资源的计划外占用，因此，创新要求组织的计划必须具有弹性。

创新需要思考，思考需要时间。把每个人的每个工作日都安排得非常紧凑，对每个人在每时每刻都实行"满负荷工作制"，创新的许多机遇就不可能被发现，创新的构想也就无从产生。美籍犹太人宫凯尔博士对日本人的高节奏工作制度就不以为然，他说："一个人成天在街上奔走，或整天忙于做某一件事……没有一点清闲的时间可供他去思考，怎么会有新的创见？"他认为，每个人"每天除了必需的工作时间外，必须抽出一定时间去供思考用"。美国成功的企业，也往往让职工自由地利用部分工作时间去探索新的设想。据《创新者与企业革命》一书介绍，IBM、3M、奥尔—艾达公司及杜邦公司等都允许职工利用5%~15%的工作时间来开发他们的兴趣和设想。同时，创新需要尝试，而尝试需要物质条件和试验的场所。要求每个部门在任何时间都严格地制订和执行严密的计划，创新就会失去基地，而永无尝试机会的新构想就只能留在人们的脑子里或图纸上，不可能给组织带来任何实际的效果。因此，为了使人们有时间去思考、有条件去尝试，组织制订的计划必须具有一定的弹性。

(四)正确地对待失败

创新的过程是一个充满着失败的过程。创新者应该认识到这一点，创新的组织者更应该认识到这一点。只有认识到失败是正常的，甚至是必需的，管理人员才可能允许失败、支持失败，甚至鼓励失败。当然，支持尝试、允许失败，并不意味着鼓励组织成员马马虎虎地工作，而是希望创新者在失败中取得有用的教训，学到一点东西，变得更加明白，从而使下次失败到创新成功的路程缩短。美国一家成功的计算机设备公司在它那只有五六条的企业哲学中甚至这样写道："我们要求公司的人每天至少要犯10次错误，如果谁做不到这一条，就说明谁的工作不够努力。"

(五)建立合理的奖酬制度

要激发每个人的创新热情，还必须建立合理的评价和奖惩制度。创新的原始动机也许是个人的成就感、自我实现的需要，如果创新的努力不能得到组织或社会的承认，不能得到公正的评价和合理的奖酬，继续创新的动力就会渐渐失去。促进创新的奖酬制度至少要符合下述条件。

(1) 注意物质奖励与精神奖励的结合。奖励不一定是金钱至上的,而往往是不需要金钱的,精神上的奖励也许比物质报酬更能满足驱动人们创新的心理需要。而且,从经济的角度来考虑,物质奖励的效益要低于精神奖励,金钱的边际效用是递减的,为了激发或保持同等程度的创新积极性,组织不得不支付越来越多的奖金。对创新者个人来说,物质上的奖酬只在一种情况下才是有用的:奖金的多少首先被视作衡量个人工作成果和努力程度的标准。

(2) 奖励不能视作"不犯错误的报酬",而应是对特殊贡献,甚至是对希望做出特殊贡献的努力的报酬;奖励的对象不仅包括成功以后的创新者,而且应当包括那些成功以前,甚至是没有获得成功的努力者。就组织的发展而言,也许重要的不是创新的结果,而是创新的过程。如果奖酬制度能促进每个成员都积极地去探索和创新,那么对组织发展有利的结果必然会产生。

(3) 奖罚制度要既能促进内部的竞争,又能保证成员间的合作。内部的竞争与合作对创新都是重要的。竞争能激发每个人的创新欲望,从而有利于创新机会的发现、创新构想的产生,而过度的竞争则会导致内部的各自为政、互相封锁;合作能综合各种不同的知识和能力,从而可以使每个创新构想都更加完善,但没有竞争的合作难以区别个人的贡献,从而会削弱个人的创新欲望。要保证竞争与协作的结合,在奖励项目的设置上,可考虑多设集体奖,少设个人奖,多设单项奖,少设综合奖;在奖金的数额上,可考虑多设小奖,少设甚至不设大奖,以给每一个人都有成功的希望,避免"只有少数人才能成功的超级明星综合征",从而防止相互封锁和保密、破坏合作的现象。

管 理 故 事

黄 帝 问 路

上古时代,黄帝带领六位随从到贝茨山见大傀,在半途迷路了。他们巧遇一位放牛的牧童。

黄帝上前问道:"小孩,贝茨山要往哪个方向走,你知道吗?"

牧童说:"知道呀!"于是便指给他们方向。

黄帝又问:"你知道大傀住哪里吗?"

他说:"知道啊!"

黄帝吃了一惊,便随口问道:"看你小小年纪,好像什么事你都知道啊!"接着又问道:"你知道如何治国平天下吗?"

那牧童说:"知道,就像我放牧的方法一样,只要把牛的劣性去除了,那一切就平定了呀!治天下不也是一样吗?"

黄帝听后,非常佩服:真是后生可畏,原以为他什么都不懂,却没想到这小孩从日常生活中得来的道理,就能理解治国平天下的方法。

在公司,有许多领导或者"老前辈",总喜欢倚老卖老,开口闭口"以我十几年的经验……"来否定新人的创见,以为后辈太嫩,社会阅历不多,绝对要服从他们。其实,领导或"老前辈"的经验值得后辈学习,但年轻一代的新见解、新创见,也值得领导或"老前辈"去研究和重视？正所谓"活到老，学到老"，两代人的思想交流，一定可以惠及大家。

一个人的工作也许有完成的一天，但一个人的教育却没有终止。

(资料来源：360个人图书馆 http://www.360doc.com)

管 理 定 律

马 蝇 效 应

马蝇效应——提拔能人。

林肯少年时和他的兄弟在肯塔基老家的一个农场里犁玉米地。林肯吆马，他兄弟扶犁，而那匹马很懒，走走停停。可是有一段时间马走得飞快。林肯感到奇怪，到了地头，他发现有一只很大的马蝇叮在马身上，他就把马蝇打落了。看到马蝇被打落了，他兄弟就抱怨说："哎呀，你为什么要打掉它，正是那家伙使马跑起来的嘛！"没有马蝇叮咬，马慢慢腾腾，走走停停；有马蝇叮咬，马不敢怠慢，跑得飞快。这就是马蝇效应。马蝇效应给我们的启示是：一个人只有被叮着咬着，他才不敢松懈，才会努力拼搏，不断进步。

知 识 测 试

(一)选择题

1. 在下列创新策略中，创新度最高的是(   )。
   A. 首创型创新策略 B. 改仿型创新策
   C. 仿创型创新策略 D. 模仿型创新策
2. (多选)技术创新包括(   )。
   A. 要素创新 B. 产品创新
   C. 要素组合方法创新 D. 环境创新
3. (多选)企业制度主要包括(   )。
   A. 产权制度 B. 经营制度 C. 管理制度 D. 服务制度
4. 创新的基本内容包括(   )。
   A. 目标创新 B. 技术创新 C. 制度创新
   D. 环境创新 E. 结构创新
5. (多选)有可能成为创新契机的变化主要有(   )。
   A. 技术的变化 B. 人口的变化
   C. 宏观经济环境的变化 D. 文化与价值观念的转变
6. (多选)熊彼特为，创新就是"新的组合"，它包括的几种情况有(   )。
   A. 采用一种新产品 B. 采用一种新的生产方法
   C. 开辟一个新的市场 D. 掠取或控制原材料

E. 实现一种工业的新的组织

(二)论述题

1. 创新主要涉及哪些方面？
2. 创新的过程经历了几个阶段？

素 质 拓 展

创意"对对碰"

【实训目标】

1. 培养创新能力。
2. 训练对创意与计划的策划与论证能力。

【实训内容与方法】

1. 由教师指定或由学生自选题目(或所要解决的问题)。在调研的基础上，运用创造性思维，策划一项活动，形成一个创意。选题尽可能与所学专业业务相关。
2. 搜集资料，开展调研，对所要解决的问题有较为深刻的认识。
3. 每个人要运用创造性思维与创新技法，进行深入思考，形成所策划活动的创意。
4. 以小组为单位，运用"头脑风暴法"等方法，深入研讨，集思广益，形成公司的创意。
5. 组织召开创意方案论证会，一家公司提出其策划创意，其余人可现场质疑、建议、启发与完善。

【成果与检测】

1. 能运用创造性思维形式与技法，以及创意形成程序，形成有创意的方案。
2. 评估：①每个人都要提出一个创意，作为一次作业；②每个小组要形成一份体现创意的策划方案；③对各小组的策划创意与论证表现进行评估。

案 例 分 析

80后2800元起家 捞偏门年赚1500万元

据报道，一本薄薄的《业主手册》就是一本简单的房屋使用说明书。如果配上拉风的广告插图，效果会怎样？

85后大学生曹志远就把这样一个突发奇想的点子，变成了滚滚而来的"米米"。5月30日，在雨花区创新创业典型交流会上，他从2800元起家到年赚1500万元的"捞偏门"创业经，让人大开眼界。

从楼书中琢磨出"头桶金"

买过房的人都知道，交房时会收到一本楼书——《业主手册》。寥寥几页纸，通常只有该楼盘的房屋使用说明和业主文明公约等内容。没啥可看的，但你又不得不看。

"大家都司空见惯的东西，我琢磨出了商机。"1985年出生的曹志远，娃娃脸上稚气未脱，但谈起创业却牛气十足。2006年大学毕业后，他在一家装修公司跑业务，几乎跑遍了长沙各小区的物业公司。

"楼书每个新房业主必读，而且业主买房后必定考虑装修、家居、电器，何不从中做广告？"2008年的一天，曹志远灵光一闪，与雨花区一家楼盘物业公司商量：你不花一分钱，我来帮你设计印刷楼书，只要一个条件，你允许我打广告。

这么"便宜"的事，物业公司当然欢迎。接下来十几天里，小曹在物业公司每天打电话，约来十几个建材家居电器品牌商看楼盘，他的理念和这些商家一拍即合。

商家破天荒地在《业主手册》上登广告，他又用兜里仅有的2800元钱请人排版设计，最后在印刷厂蹲了一天一晚，印了1000册"史上第一本"彩页杂志版的《业主手册》送到物业公司。业主和物业管理人员看了这本拉风的楼书，都赞不绝口。创去印刷费用，曹志远净赚3万元！

欲办中国首本楼书杂志

2009年，初试创业甜头的曹志远辞掉工作，成立公司。从一台电脑、两部电话、三个员工、40平方米的场地起家。"公司成立后，和朋友吃了顿开张饭，我兜里只剩2600元。"

2010年在他最困难的时候，雨花区为他争取到了市、区两级创业富民帮扶资金4.5万元，用这笔钱，他租了一个500平方米的大办公室。"我当时月薪只有2000元。"曹志远说，这笔钱还帮他以两倍于自己的工资挖到了一个杂志的编辑高手。

如今，历经3年打拼，曹志远已和碧桂园、保利、绿城、长城等全国十强物业企业建立合作，在上海、深圳、福州、南京等17个城市有了市级代理商。2800元起家，2012年盈利可望达到1500万元。

"我要把业主手册办成中国第一本在报刊亭热卖的楼书杂志！"曹志远透露，2012年公司已注册了文化商标《百阅家居》，并注册刊号，即将在各地报刊亭出售。他还要在2012年推出APP移动版和网络版。两年内，他要把杂志覆盖全国100座城市4000个高端住宅社区，发展200万名读者。

(资料来源：简书网 https://www.jianshu.com)

思考题：
1. 创新的源泉来源于哪些方面？
2. 创新活动的过程包括哪些方面？通过本案例，你认为在曹志远的成功创新活动中，哪些环节是必不可少的？

参 考 文 献

1. [美]斯蒂芬·P. 罗宾斯. 管理学[M]. 7版. 北京：中国人民大学出版社，2004.
2. [美]加里·德斯勒. 人力资源管理[M]. 北京：中国人民大学出版社，1999.
3. [美]德鲁克. 21世纪的管理挑战——德鲁克管理经典[M]. 北京：机械工业出版社，2006.
4. [美]泰罗. 科学管理原理[M]. 北京：中国社会科学出版社，1994.
5. [美]迈克尔·波特. 竞争战略[M]. 北京：华夏出版社，2005.
6. 王凯. 管理学基础[M]. 北京：高等教育出版社，2000.
7. 周三多，陈全明. 管理学——原理与方法[M]. 上海：复旦大学出版社，2004.
8. 曾旗，高金章. 管理学原理[M]. 武汉：武汉理工大学出版社，2006.
9. 杨文士，焦权斌，张雁，等. 管理学原理[M]. 北京：中国人民大学出版社，2004.
10. 芮明杰. 管理学——现代观点[M]. 上海：上海人民出版社，2007.
11. 邢以群. 管理学[M]. 2版. 杭州：浙江大学出版社，2005.
12. 程国平，刁兆峰. 管理学原理[M]. 武汉：武汉理工大学出版社，2006.
13. 袁淑君. 管理学原理[M]. 成都：西南财经大学出版社，2006.
14. 李品媛. 管理学原理[M]. 大连：东北财经大学出版社，2007.
15. 王毅捷. 管理学原理[M]. 武汉：武汉理工大学出版社，2008.
16. 王林雪. 管理学——原理、方法与技能[M]. 西安：西安电子科技大学出版社，2007.
17. 阎毅. 管理学原理[M]. 西安：西安交通大学出版社，2003.
18. 王兆峰. 管理学原理[M]. 长沙：中南大学出版社，2007.
19. 阮文彪. 管理学原理[M]. 北京：中国农业大学出版社，2007.
20. 胡建宏，刘雪梅. 企业管理实务与操作[M]. 大连：大连理工大学出版社，2006.
21. 胡建宏，等. 现代企业管理[M]. 北京：清华大学出版社，2008.
22. 饶君. 管理学基础[M]. 2版. 北京：高等教育出版社，2019.
23. 周三多，贾启定. 管理学(第五版)习题与案例[M]. 北京：高等教育出版社，2018.
24. 崔宏秀. 管理学原理与应用[M]. 北京：清华大学出版社，2019.
25. 中国精品课程导航，http://www.core.org.cn
26. 中国自动化网，http://www.ca800.com
27. 经理人网，http://www.manaren.com
28. 慧聪网，http://ba.hc360.com
29. 211就业网，http://job.211jiuye.com
30. 西祠胡同，http://www.xici.net/
31. 世界经理人网站，http://forum.ceconline.com
32. 中国智慧，http://www.ebie.org
33. 人力资源论坛，http://bbs.17hr.com